山西师范大学博士科研启动经费资助（编号：21040100372）

现代汉语附缀“是”研究

吕佩 著

XIANDAI HANYU
FUZHUI "SHI" YANJIU

上海三联书店

目　录

绪　　论

一、研究对象和预期目标

汉语中“是”的使用频率很高，且具有多样性。例如：

(1) 下周六是博士研究生答辩的日子。

(2) 安太太道：“你父亲，你公公这话，说的很是。”(清·文康《儿女英雄传》第二十八回)

(3) 是小明给我买的早点，不是你。

(4) 是可忍孰不可忍？

(5) 我一定可以准时完成任务，您尽管放心就是了。

上述五则例句中的“是”分别是判断词[①]、形容词、副词、代词

---

① “是”作为动词，有些学者称为判断词，有些学者称为系(动)词。为了行文统一方便，我们采用“判断词”的说法。

和词缀(affix)[①],这几类“是”相对来说容易判定[②]。但是汉语中还存在一类“是”,句法分布和意义用法均与上述五例不尽相同。例如:

(6) 林氏家族抵达厦门岛后,先买了大厝居住,无奈地小人多,厝旁的巷子太窄小,出入不方便,后来才迁到“万国租界”鼓浪屿择地置业。幸亏是,林氏当初选择了鼓浪屿,不然,就不会有菽庄花园的出现。(《厦门日报》2003 年 2 月 19 日)

(7) 这个新的星系之所以逃过了人们的“视线”,是由于构成它的许多恒星分布在一个非常广阔的区域里,很难把它们与银河系的恒星区分开来。(《人民日报》1994 年 4 月 8 日)

例句中画线部分“是”既像是判断词或副词,又像是词缀。仔细分析后发现,这类“是”失去了判断词或副词的部分典型范畴特征,但还未完全成为词缀,这类“是”是附缀(clitic),准确地说,例句(6)中的“是”是一个后附缀(enclitic),例句(7)中的“是”是一个前附缀(proclitic)。本文要研究的正是这类附缀“是”。

本书试图达到的预期目标是:在附缀化(cliticization)等相关理论的指导下,基于汉语实际情况,从不同角度考察和分析附缀“是”以及附缀结构(clitic group)“X 是”或“是 X”,由此归纳出附缀“是”的相关判定标准,描写附缀“是”的表现特征,分析“是”附缀化的相关动因(motivation)和机制(mechanism),以及附缀结构“X 是”或“是 X”的相关功用等等。

---

① 董秀芳(2004)一文使用的是“词内成分”[关于“词内成分”和“词缀”的详细论述,具体请参阅董秀芳(2004)和吴福祥(2005)]。考虑到“词内成分”包括词根和词缀,而附缀“是”属于定位粘着成分,需要贴附于宿主“X”,与词缀“是”有更大的相似性,与词根“是”则有较为明显的差别。因此,我们不采用“词内成分”这一笼统的说法,统一使用“词缀”,下同。只在引用他人原话时,使用“词内成分”。

② 关于判断词“是”和副词“是”的相关论述,具体请参阅张谊生(2003)、石毓智(2005)和丁声树等(2002:83-85),这里不再赘述。“是”作为形容词或代词,在现当代汉语中较少单独使用,几乎都保留在固定用法中,如“是是非非”“是日”等。

二、研究现状与相关评述

本节打算从两个方面评述研究现状[①]：汉语附缀研究现状和附缀“是”研究现状。

2.1 汉语附缀研究现状

2.1.1 附缀的定义

附缀一词，来源于古希腊语中的动词 klinein，意思是“依附(to lean)”(转引自白鸽、刘丹青等 2012)。附缀作为词，第一次被词典 The Oxford English Dictionary 明确收录是在 1946 年(Anderson 2005)。附缀最初是针对具有形态曲折变化的印欧语中的一类特殊现象而提出的一个概念，如英语中的 is 在 He's a good boy 中的性质表现，再比如克罗地亚语中代词 mi 在 Taj pesnik mi je napisao knjigu 中的特征。

附缀是什么？基于不同的研究理念和研究方法，国内学者们提出了不尽相同的定义。

王力先生(1995：197)认为：附缀，指附加在词、仂语(即短语)或句子形式前面或后面，以表示它们性质的语法成分。石毓智(2003：174)认为：附缀是介于实词和形态标记之间的一种语言形式，它们具有实词的性质，但是不能独立应用，必须依附一个语音重音才能出现。于红举(2004)认为：附缀是不能单独使用，必须得有另外一个词作为依靠，同时一般又不能在它及依靠词之间加上任何东西的词。刘丹青(2008/2017：547)认为：附缀指失去语音独立性、必须依附于一个独立的词，但句法上仍有词的地

① 国外附缀理论的相关介绍和评述，具体请参阅严艳群(2013：9－36)、张斌(2013：17－37)和董思聪(2014：38－59)，这里不再赘述，我们重点综述国内附缀研究现状。

位（而非词内语素）的词。徐杰（2012）认为：附缀指的是介于实词和词缀之间的一种虚化语法成分。张斌（2013：79）认为：附缀是一种以词内成分或零形式为演化终点的语法化形式，身份一般介于词和词缀之间，虽具有词的性质，但不具有词汇意义，句法和语义上均失去独立性，必须依附于相邻的成分，有时改变所依附词的语法类别。杨炎华（2013：10、2015）认为：附缀是一种介于实词和词缀之间的语言形式，它在句法上仍具有词的地位，但是不能独立使用而只能附着在结构相邻的词、短语或者句子上，它在语音形式上的明显特征一般为韵律上的不自足。董思聪（2014：40）认为：附缀指的是具有独立词的句法特点和独立的句法地位，而语音上依附于另一个词或短语的粘着句法成分，它作用于短语或句子层面，并非词内语素。

上述学者从不同的角度对附缀加以了定义，相同之处是：都认为附缀在语音上具有依附性，句法上仍有一定的地位。但这些定义似乎未能准确揭示附缀的接口性质，即附缀不仅仅是语音-句法现象，而且是涉及韵律、语义和语用等方面的多界面研究。

印欧语有丰富的形态变化，附缀的界定多数是从语音-形态-句法界面入手的（Zwicky 1977、1994；Anderson 2005）。Spencer & Luís（2012：7－12）认为附缀问题将音系学、形态学、句法学、语义学甚至语用学结合在了一起，附缀之所以具有特殊的属性与表现，是由于它位于音系、形态、句法等语法主要构成模块的交接层面。汉语没有严格意义上的形态变化，语音形式上（尤其是书面语中）几乎无法判定是否失去了独立性，是否发生了依附，因此我们需要结合汉语的类型特征来加以定义。张斌（2013：79）的定义可以说是做了这方面的尝试：从句法-语义-语音接口入手，把握汉语附缀的特征，由此来界定汉语中的附缀。董秀芳（2004、2002/2011、2004/2016）和张谊生（2010、2014、2017、2018）的系列研究成果表明，汉语中附缀之所以会发生依附，很大一部分是由于韵律的制约和要求，需要达到韵律和谐及节奏整齐的效果。这样看来，汉语中的附缀是句法-语义-韵律-语音-语用的多界面接口研究，我们暂时将附缀定义为：附缀，指的是语音上失去了独立性，韵律不自足，必须贴附于紧邻的拥有重音的语言单位，句法上处于词到词缀的过渡阶段，语义上属于羡余成分，但有一定语用功能的语法成分。

2.1.2　附缀的鉴定原则或判定标准

汉语没有严格意义上的形态变化，这为区分汉语中附缀与独立词（尤其是虚词）、附缀与词缀增加了一定的困难。如何有效地区分汉语中的独立词、附缀和词缀呢？学者们做了许多有益的探索。

刘丹青（2008/2017：550）基于汉语的类型特征，提出了“句法从严，语音从宽”的原则。白鸽、刘丹青等（2012）在 Birgit (2002)、Zwicky & Pullum (1983)和 Zwicky (1985)提出的鉴别标准基础上，总结出 15 条区分汉语中独立词、附缀和词缀的相关标准。张斌（2013：71－75）在刘丹青（2008/2017）的基础上，根据汉语的实际情况，作了适当的补充，并增加了附缀与标记的区分内容。叶狂、潘海华（2014）借鉴了 Spencer & Luís (2012)的典范附缀理论，在此基础上，提出了符合汉语类型特征的 4 条判定标准。

综观这些原则或标准，也只是具有一定的倾向性，并不能完全区分开独立词、附缀和词缀。其中的原因主要包括主客观两个方面：客观原因是独立词、附缀和词缀之间是一个连续统，没有明确的界限，无法“一刀切”；主观原因是大家对附缀本身的定义都不尽相同，因而鉴别标准存在一定的差异也是情理之中的。正如 Zwicky (1985)所言，附缀的句法身份不像独立词和词缀那样明确，是语言中的一种有标记现象，如能分析为独立词或词缀，就不必分析为附缀。Spencer & Luís (2012：1－2)同样认为：附缀和词缀之间不应该也不可能划出一条明确的界线。刘丹青（2008/

2017：550)也持有类似的看法，认为：“附缀化操作不明显，对句法结构影响不大的，可优先分析为某种虚词或词缀”。

2.1.3　汉语的附缀类型

基于不同的标准，附缀可以进一步细分为不同的小类。其一，按照附缀与宿主(host)句法线性位置的先后顺序，附缀可以分为前附缀、中附缀(endoclitic)与后附缀。汉语里几乎不存在中附缀的情况，前附缀数量较少，以后附缀占绝大多数(刘丹青 2008/2017；白鸽、刘丹青等 2012；陆丙甫、完权 2020)。其二，按照附缀的专用与否，附缀可以分为一般附缀(simple clitic)和专用附缀(special clitic)。北京话中表引介处所成分的轻声“得”是专用附缀，如：别就那么坐得那儿。其余的附缀几乎都是一般附缀，只是句子中临时附缀化的产物，可以恢复其独立词的原形(刘丹青 2008/2017)。其三，按照紧邻出现附缀数量的多少，可以分为单个附缀和叠加附缀。刘丹青(2008/2017：563)指出附缀可以叠加，张谊生(2013)论述了“于”和“在”的累积叠加，曹秀玲(2012)讨论了“说”和“是”的累积叠加，张斌(2013：84－85)描写了部分附缀的叠加情况。

汉语中有哪些不同类型的附缀呢？不同的学者有不同的看法，我们这里选取了具有代表性的观点。石毓智(2003：174)认为汉语中的附缀主要包括：结构助词、量词、复数标记“们”、语气词和一些高频率的结果补语等。刘丹青(2008/2017：552－560)归纳和描写了附缀研究对象，指出汉语中的附缀主要包括：代词、助动词、句子助词、句子关联词、系词、单音节方位词等。徐杰(2012)和杨炎华(2013：26－27、2015)认为汉语中的附缀主要包括：各种助词(结构助词和语气助词)、量词、复数标记“们”，以及某些经常充任结果补语的语法单位等。张斌(2013：86－88)指出，汉语中的附缀，常常表现为语法性附缀，包括实源附缀和虚源附缀，而汉语中的助词类是附缀来源的大本营。左思民(2010：

271－287)认为,“汉语中最典型的附缀是助词及语气词”。

由上可以看出,各位学者对汉语中到底有哪些类型的附缀也存在着分歧,但一致比较认同汉语中典型的附缀是助词。[①] 为什么会这样? 需要从助词和附缀两方面的特征来看。张谊生(2002: 5－6、2018: 5)和张斌主编(2010: 226)都认为,助词是附着在词、短语或句子上的,虚化、粘着、定位的表示各种特定附加意义的虚词,附着在后面的一律读轻声。对比助词的定义和上文中关于附缀的定义,可以看出: 其一,助词和附缀都具有粘附的特征,需要附着在一定的句法单位之上。其二,助词和附缀都表现出独立的词性地位。其三,后附的助词或附缀在语音上均表现出弱化的倾向。这样看来,汉语中的助词和附缀存在着很大的交叉,把助词认为是典型的附缀研究对象有着充分的理由。正如Spencer & Luís (2012: 323－324)所说的“很多被贴上‘助词’标签的形式,原则上应该属于附缀”。不论如何,从附缀的角度来研究助词也不失为一种新的分析思路和方法。

虽然助词和附缀存在很大的共性特征,但二者仍有一定的差异,张谊生(2018: 8)从语法化程度的高低和句法语义功能等方面区分了助词和附缀,指出“助词是虚化、粘着、定位的表示一定附加意义的虚词,本身都具有各种独特的句法语义功能,而附缀是汉语中一部分虚词和准虚词向词缀过渡的中间阶段。”

2.1.4　汉语附缀研究视角

目前汉语学界对附缀的研究视角主要体现在以下三个方面: 方言研究视角、普通话研究视角和类型学研究视角。

---

① 吕叔湘先生(1984)指出,现代汉语助词似乎成了汉语词类划分中剩余虚词的“收容所”,成了一个“收容‘编余’”的杂类(转引自张谊生 2018)。这样看来,助词属于独立性最差的一类词(吕叔湘 1980)。“助词”是一个前语法概念,应该称为“功能词”。考虑到目前研究状况,我们仍采用助词的说法。

2.1.4.1 方言视角

方言中附缀的研究成果可以细分为两大类。①

第一，这类方言成果主要是采用描写为主的方法，代表性成果是张惠英(2011)。张文主要调查和描写了湖北大冶话中的附缀“a”“个”“些”、湖南娄底话里的附缀“滴”“只”“条”、广西平朔葡萄平声话中的附缀“支笔”“个人”等、青海西宁话中的附缀“家”和仡佬话中的附缀“$a^{33/35}$”“ma^{55}”等。文章最后还指出西南官话中“个老子”中的“个”和晋方言中出现在词头的“圪”等也可以认为是附缀。这类成果描写细致，归纳合理，可惜的是缺乏一定的理论解释。

第二，这类方言成果借鉴和吸收了附缀化等相关理论，在对方言附缀现象细致描写的基础上，加以理论上的解释。代表性的成果有：白鸽、刘丹青等(2012)、宗守云、张素玲(2013)、宗守云(2014)和董思聪(2014、2019)。白鸽、刘丹青等(2012)对北京话中的代词附缀“人”进行了细致的描写，然后从附缀化的理论角度进行了解释，认为附缀“人”是从“人家”发展而来的，附缀化后不能进行话题化、焦点化等句法操作，并得到了其他方言的验证。宗守云、张素玲(2013)和宗守云(2014)分别描写和分析了晋语中“往CV”与“往DV”结构的分布及其相关用法，进一步论证了“往CV”与“往DV”结构的来源，认为是“往C里V”“往D里V”中附缀“里”进一步脱落造成的，指出“与‘里’的附缀性质是分不开的”，并得到了柯理思(2009)相关研究的旁证。董思聪(2014、2019)则在全面评述附缀及附缀化相关理论的基础上，描写和分

① 方言研究的很大一部分成果中，语缀(附缀)实质上说的是词缀，如汪国胜(1993)、王芳(2000)和田佳佳(2003)等等。吕叔湘先生(1979/2017：40－41)在论述语缀的分类问题时，将附缀和词缀统一称作语缀。这样做的好处是“可以概括不仅是词的而且是短语的接头接尾成分，连那些不安于位的助词也不愁没有地方收容了。”考虑到本书的研究对象，我们还是明确区分词缀和附缀，而不采用语缀这一说法。

析了重庆方言中的附缀“之”、粤语中的附缀“仔”“阿”“佢”和“先（至）”、汉语方言中的复指代词和方言中的言说动词附缀。相比第一类方言研究成果而言，第二类研究做到了“观察充分”“描写充分”和“解释充分”。

2.1.4.2 普通话视角

相比方言中附缀研究成果而言，普通话中的研究成果可谓丰硕。这类研究成果，既考察了附缀本身的性质特征，也分析了附缀化所带来的相关结果；既基于附缀化理论本身，又综合了词汇化、语法化、构式化或主观化等相关理论。

基于附缀本身的研究，主要探讨附缀的句法、语音等特征，以及附缀的变化所带来的一系列句法影响等等。刘丹青（2003：174－178）把动词后的轻读介词（如“在”“到”）从附缀化的角度加以重新分析，指出：此类介词轻读存在韵律和句法的错配。吴福祥（2005）从语法化单向性的角度出发，结合汉语的类型特征，指出汉语附缀进一步发展演化的结果是成为词内成分，包括助动词“当”、副词“只”“也”、代词“自”、连词“以”“而”、介词“在”“于”、系词“是”“为”等等。董秀芳（2002/2011：210－213）从词汇化的角度探讨了汉语中部分附缀进一步演化为词缀的情况，包括“者”“所”“相”等。刘红妮（2009：183、233）分析“副＋动”“连＋动”时，也谈到了“而”和“以”的附缀化及整个跨层结构的词汇化问题。张谊生（2003、2007、2008、2010、2014、2017、2018）结合词汇化、语法化或构式化等理论，分别讨论了附缀“零”“门”“客”“于”“有所”“有加”和“得慌”的相关情况及其发展演化。曹秀玲（2012）对比分析了关联词后附附缀“说”和“是”的相关情况，指出：附缀“说”和“是”与关联成分的组合在很多情况下既是对立又是中和的。叶狂、潘海华（2014）在借鉴典型附缀理论的基础上，探讨了汉语“把”字句中附缀“给”的相关性质，认为“给”具备典范附缀的所有特征，满足句法、语音、韵律和辖域等方面的要求。张斌（2013）的博士学位论文《现代汉语附缀研究》，是目前国内首次系统研究现代汉语普通话中不同类型附缀个案的成果。该论文不仅从共时平面对汉语普通话中的实源附缀与虚源附缀进行了深入细致的描写与分析，而且从历时平面对不同类型附缀的来源与发展进行了一定的探讨；不仅分析了单音节的附缀，如“说”“是”“个”“以”“着”“们”“所”“于”“不”，而且还分析了双音节的附缀，如“起来”“的话”；既讨论了附缀本身的性质特征，又论述了附缀结构的语用功能。董思聪(2014)的博士学位论文《汉语语缀：理论问题与个案研究》第五章详细讨论了汉语中与骂詈语有关的附缀现象，指出“詈词用作插入语时，虽然在分布环境和所插入的对象上存在差异，但是它们的性质都是语缀”[①]；第七章第一节论述了现代汉语中附缀“说”，该文不同意张斌(2013)的相关观点，认为“X说”中的“说”是词内成分，不是附缀。

上述学者的研究可谓丰硕，其中值得关注的是张谊生和董秀芳二位先生的成果。他们将附缀的相关研究纳入词汇化、语法化或构式化的框架下，研究附缀的特征及其发展演化。董秀芳(2002/2011：210－213)分析句法结构到双音词时，指出：名词化标记“者”不是词缀，而是附缀，或称为短语缀，包含“者”的一些双音结构经过意义的专指化后变成了词，如“记者”“作者”等。张谊生(2010)认为“于”满足附缀的相关要求，是一个典型的附缀，在双音节宿主之后的进一步发展演化是走向脱落，成为零形式，且“于”的脱落对前面的宿主带来了句法上的重大影响，导致形容词和不及物动词宿主走向了及物化。张谊生(2014、2017、2018)分别讨论了双音节附缀“有所”“有加”和“得慌”的相关情况，从词汇化的角度论述了“有所”从韵律词到语法词再到词汇词的发展历程；从构式化的角度讨论了“X有加”的构式化历程及表达功用等

① 董思聪采用的术语是“语缀”，而非“附缀”。

问题，这种研究范式与“语法化的扩展观”不谋而合；从发展演化的角度分析了“得慌”的不同表达功用。

2.1.4.3　类型学视角

从类型学的角度讨论汉语附缀，成果主要集中在徐杰(2012)、杨炎华(2013、2015)和严艳群(2013)。徐杰(2012)认为“语缀多，词缀少”是汉语语法系统类型学意义下攸关全局的特点。杨炎华(2013)的博士学位论文《词缀、语缀与现代汉语语法体系》是目前国内第一次从附缀角度讨论汉语类型特征的成果。二位学者基于附缀的相关理论，在区分词缀和附缀的基础上，重新分析与探讨汉语的语法体系。他们认为朱德熙先生(1985)提出的汉语“两大特点”并不能准确概括和说明汉语中存在的诸多疑惑，如汉语的疑问句为何没有采用类似英语的移位方法等。针对朱先生“两大特点”的不足，他们提出“语缀多，词缀少”①是汉语特有的类型特征，对整个汉语语法体系产生了一系列广泛而深远的影响，是导致汉语语法不同于印欧语等语言的本质原因。严艳群(2013)的博士学位论文《汉语中的附缀：语言类型学视野》，基于类型学的宏观视野，重点考察了汉语中的代词附缀和否定词附缀两大类型。上述三位学者的研究，既基于汉语类型特征，但又不完全局限于汉语类型特征，做出了试图摆脱印欧语影响的尝试，这一做法值得肯定。

总体来看，对比国外丰硕的研究成果(Spencer & Luís 2012)，国内的附缀研究可以说是十分薄弱。之所以会出现这种情况，主要原因包括以下几个方面：

第一，从语言类型特征上看，汉语没有严格意义上的形态变化，而印欧语有着丰富的形态变化，Spencer & Luís (2012: 238)甚至把附缀的系统研究看作是形态研究。因此汉语特殊的类型

① 徐杰和杨炎华采用的术语是“语缀”，而非“附缀”。

特征要求结合汉语实际进行附缀与附缀化相关研究，不能照搬西方理论及相关方法。

第二，从附缀的界定上看，附缀与词缀、附缀与独立词（尤其是虚词）的界线不清。不仅汉语如此，其他有附缀的语言也几乎都存在这样的分界问题（Zwicky & Pullum 1983；Zwicky 1985；Anderson 2005；Spencer & Luís 2012）。因此，如何有效地区分附缀与词缀，附缀与独立词，是所有研究附缀的学者需要首先考虑与解决的。汉语的附缀研究也是如此。

第三，从研究方法上看，附缀研究甫一主要是以形式语言学的理论和方法为主（Zwicky 1977；Anderson 2005；Spencer & Luís 2012），而目前国内语言学界主要是功能认知语言学理论与方法占“主流”。不论是哲学理念还是相关理论与方法，形式语法与功能认知语法之间存在着很明显的差异。因此，如何从功能认知的视角研究附缀同样需要深入挖掘。

综上可见，我们需要在借鉴国外附缀化理论及其他相关理论的基础上，结合汉语实际类型特征，针对汉语具体情况，对汉语中的附缀进行更加深入的研究。

2.2　附缀“是”的研究

2.2.1　研究现状

刘丹青（2008/2017：558）明确指出：汉语的判断词“是”是常发生附缀化的成分。关于附缀“是”的研究，成果主要包括：吕叔湘、朱德熙（1980/2013）、张谊生（2003）、石毓智（2001、2003、2005）、石毓智、李讷（2001）、董秀芳（2004、2000/2011、2004/2016）、吴福祥（2005）、旷书文（2005）、吴为善（2006）、孙慧妍（2006）、李宗江（2008、2011、2012）、李艳军（2010）、朴惠京（2011）、曹秀玲（2012）、张斌（2013）、张璐（2015、2018）、刘丹青

(2008/2017)[①]、周焱(2017)和吕佩(2018、2019、2020、2021)等等。

上述学者基于不同的理论和方法,从不同的视角对附缀“是”进行了较为充分的研究。其中,吕叔湘、朱德熙(1980/2013:199-202)和吴为善(2006:55)从宏观的角度出发,指出汉语中部分双音节单位后加“是”具有一定的关联作用,如“特别是”“尤其是”“至少是”“首先是”“主要是”“即使是”等,且认为“它们的产生与语流中后置单音节的粘附性有关”。三位学者的视野可以说是非常开阔,基于汉语类型特征,从整体上对这类现象进行了细致的考察和分析。

孙慧妍(2006)、李宗江(2008)、张璐(2015、2018)和吕佩(2020、2021)主要集中讨论的是“问题是”,认为:汉语中“问题是”存在同形异构的情况,部分已经发展为话语标记,主要起到一定的标记作用,有些甚至走上了词汇化的道路。李宗江(2011)从“一价认知名词”的角度出发,讨论了“关键是”的篇章功能及其词汇化倾向,认为“关键”配价成分的丧失在整个发展过程中起到了重要作用。张璐(2018)从中观的角度出发,考察了汉语中一系列相关情况,认为汉语中存在包括“问题是”在内的许多“$\text{N}_{一价认知}$+是”,如“结果是”“前提是”“条件是”等等,这些“$\text{N}_{一价认知}$+是”在重新分析和类推的相关机制下,从跨层片段发展成为话语标记。上述几位学者的研究非常新颖,尽管研究对象和研究视角不尽相同,但都认为汉语中存在一定的“名词+是”的非组合成分,且都有固化的倾向。

张谊生(2003)、董秀芳(2004)、旷书文(2005)、李艳军(2010)和张斌(2013)从中观的角度出发,集中讨论了副词或连词等后附“是”的相关情况。张谊生(2003)整体上讨论了副词后加“是”的

---

① 刘丹青(2008/2017:558-559)在附缀部分,通过介绍性的方式提到了附缀“是”的相关研究,因此本节不再复述。

历时演化历程以及共时表现用法，认为：从先秦到现代，“是”一共经历过五个阶段，相应地，“副词/副素＋是”也经历过五个阶段，导致现代汉语中存在着同形异构的“副词＋是”。董秀芳(2004)基于词库相关理论，整体上考察了汉语中双音节副词或双音节连词后加“是”的相关情况，认为：现代汉语中部分双音节副词或双音节连词后加“是”，正逐渐发展成为词汇词，“是”也正在逐步变为词内成分。旷书文(2005)从共时与历时结合的角度出发，考察了“程度副语素＋是”，描写和分析了“程度副语素”与“是”的组合过程，解释了“程度副语素”与“是”组合的相关条件。李艳军(2010)共时描写和分析了“X是”组合的句法表现及其特征，从历时角度出发考察了典型的“X是”的语法化轨迹，阐释了其动因与机制，并对不同类型组合的语法化情况进行对比。张斌(2013：111－128)一文，描写了附缀“是”可以依附的类型，分析了“X是”的整体功能，还从演化的角度分析“是”的附缀化历程及其相关功用。上述五位学者，都从中观的角度对“副词＋是”或“连词＋是”等情况进行了细致地讨论和分析，既有共时的定量和定性分析，又有完整的历时考察，基本上为我们勾勒出了汉语中副词或连词等后加“是”的演化规律或倾向。

朴惠京(2011)和曹秀玲(2012)二位学者从对比的角度出发，考察了汉语中的附缀“说”和附缀“是”。其中，朴惠京(2011)基于“共时语法化”视角，立足于自然口语，细致地考察了情态动词“可能”“应该”“可以”后附附缀“是”的相关情况。认为“可能/应该/可以＋说/是”是一种语用标记，是汉语主观化的表现手段，其相关功用在于表达发话人的主观态度或评价。曹秀玲(2012)基于的是关联连词宿主后附“是”，分别选取了三类复句中的典型关联连词进行了考察，在定量统计的基础上进行了定性分析，既分析了附缀“说”和附缀“是”可以互换的相关情况，也分析了二者不能互换的原因，主要是与“说”和“是”的源义及情态等相关。上述二位学者的研究，不再局限于单独考察附缀“是”，而是通过与具有一定共性特征的附缀“说”对比分析，在对比中进一步挖掘附缀“是”的个性。

周焱(2017)和吕佩(2018)讨论了“主要是”相关情况。周焱(2017)一文首先描写和分析了“主要是”的不同类型，认为汉语中存在至少两类同形异质的情况，且有一定的词汇化倾向，最后会走向连接性的释因成分。吕佩(2018)一文明确从附缀的角度出发，分析了附缀结构“主要是”的相关特征，且结合语法化相关机制，对附缀结构“主要是”的形成进行了分析，认为主要与错配和重新分析有关，最后讨论了“主要是”的篇章衔接和主观凸显等功用。上述二者的研究，主要基于的是共时平面的分析，既有同形异构的对比，又有基于本身的分析，对“主要是”做了力所能及的研究。

张谊生(2003)、董秀芳(2004)、石毓智、李讷(2001：17－26)、吴福祥(2005)和张璐(2015、2018)等从发展的角度对“是”的演化轨迹进行了考察与分析。在符合语法化整体宏观倾向或规律的前提下，结合汉语实际情况，提出了附缀“是”的演化轨迹，认为附缀“是”可能来源于判断词或副词，而最后的结果是走向词内成分或脱落。上述学者的研究，既考虑了语言整体的语法化演化轨迹，又结合了汉语的实际类型特征，提出的关于附缀“是”的演化轨迹也是相对合理的。

2.2.2　研究存在的不足

仔细分析可以看出，关于附缀“是”的研究还没有形成系统，几乎都是零星的研究。不同学者基于不同的理论和方法，对附缀“是”做了一定的研究，但也存在着一些相关问题，主要包括：

2.2.2.1　区分与来源

按照语法化单向性斜坡(Hopper & Traugott 1993/2003)，结合汉语类型特征(吴福祥 2005)，考虑到附缀的特殊性质(刘丹青 2008/2017)以及“是”的演化轨迹(张谊生 2003;董秀芳 2004;张璐 2015、2018),附缀“是”的划界或区分是一个较为复杂的问题,既与判断词或副词“是”有关,又与词缀“是”相连,且这些不同性质的“是”之间无法完全区分开来,这就必然会产生区分问题,即如何较为合理地区分附缀“是”与判断词、副词或词缀,有没有一定的参照标准或判定原则。

某一语言中特定现象的产生与发展,既有可能完全与该语言的自身演化相关,也有可能受到了不同语言或方言之间的接触影响。上述学者关于附缀“是”的研究,尤其是历时角度的研究,几乎都认为附缀“是”是汉语内部自身渐变演化而来的。问题是:附缀“是”真的只有这一种演化来源吗?有没有受到外来语的影响?有无直接类推依附的可能[①]?

2.2.2.2　依附与演化

附缀“是”依附的宿主具有多样性,既可以是名词,也可以是动词,还可以是副词或连词,甚至可以是“X 的”结构等等。上述学者的研究,零星地谈到了不同的依附情况,但并没有加以综合研究。且不同类型的宿主依附附缀“是”,会发展成为不同的附缀结构,这些不同类型的附缀结构除了可以从篇章关联的角度考察之外,还可以从哪些角度进行研究?此外,多数学者的相关研究成果涉及后附缀“是”,几乎未考察前附缀“是”。

上述学者谈到,从演化的角度来看,附缀“是”几乎都走向了词缀,与其依附的宿主逐渐固化成为词汇单位。但实际情况确实如此吗?张谊生(2010)研究附缀“于”时,指出附缀“于”有脱落的情况,且脱落后对宿主有很大的影响。那么附缀“是”有无脱落的情况?附缀“是”脱落后对宿主有何影响?

---

① 董秀芳(2004)一文,在注释部分谈到了存在类推依附的可能,但并未就此展开进一步研究。

2.2.2.3　动因机制与特征

附缀“是”是附缀化操作的产物，而附缀化属于语法化的某一阶段，与词汇化也有很大的关联，因此需要讨论“是”附缀化或成为附缀的相关动因和机制。上述学者的研究，很多都是基于共时的描写（如朴惠京 2011），其中曹秀玲（2012）、董秀芳（2004）、李艳军（2010）和吕佩（2018）谈到了相关的动因和机制，但由于考察对象有限，归纳的动因和机制难免不全。

按照附缀的相关定义，以及附缀与词或词缀的区分，附缀具有一定独特的表现，附缀“是”也应具有不同于判断词、副词或词缀的特性，而上述的研究很少涉及这一问题。附缀“是”的特征具体表现有哪些？会涉及哪些方面？与语音、韵律、句法、语义或语用都有联系吗？

既然汉语中附缀“是”的研究仍存在一系列诸多的缺陷和不足，这也为我们进一步的研究提出了挑战和指明了方向，本书也正是主要从这几个方面加以研究的。

三、研究计划及相关说明

3.1　术语界定

3.1.1　如何翻译 clitic

Clitic 如何翻译较为恰当？综观汉语学界，学者们对 clitic 的翻译主要包括以下几种：“附缀”“语缀”①“词组尾”“附着词”“附着语素”“附着形式”“附加成分”等，其中以“附缀”和“语缀”的译名作为常见。

“语缀”的使用，主要集中在徐杰（2012）、杨炎华（2013、2015）

① 部分学者用“语缀”来指称词缀，关于词缀和语缀名称问题的相关综述，具体可参看赵艳平（2014：14－16），这里不再赘述。

和董思聪(2014)等,我们以董思聪(2014)的观点作为代表来加以论述。董思聪(2014: 46)明确指出:“我们之所以不采用其他译名,是因为‘语缀’更能准确地体现出这一语言现象的特点。使用‘语缀’这一名称可以非常巧妙地展示出它与词缀的异同。”而后董文从“语缀”和“词缀”的异同方面对此加以阐述,并简单说明了采用其他术语的不足之处,认为“语缀”更能准确地体现出这一语言现象的特点。毫无疑问,董思聪(2014)采用“语缀”这一术语,可以较为明显地反映出 clitic 属于句法层面而非词法层面,主要考虑到了与“词缀”的区分问题。但根据 clitic 最初的定义以及结合汉语的实际类型特征,我们更倾向于采用“附缀”这一术语。理由如下:

第一,意义内涵。据《现代语言学词典(第四版)》(2000: 60-61): clitic 指一个形式像一个词,但不能单独成为一个正常话段,而是在结构上依附于构式中相邻的词(clitic 源自希腊语,意指“依靠”)。该定义重点强调的是“依附、依靠”,即 clitic 主要表现为语音弱化,无法单独存在,需要贴附在具有重音的单位上,而后才造成了句法上的系列变化,而这正好与汉语中“附”的意义相吻合。《现代汉语词典(第 7 版)》(2016: 408)将“附”解释为“附带;靠近;贴附、依附”。其中“依附、贴附”更能准确地将 clitic 的内涵翻译出来,更加适合汉语的类型特征。

第二,约定俗成。语言是社会约定俗成的产物,既包括语言的创新发展,也包括术语的翻译使用。汉语学界使用“附缀”的学者人数众多,主要包括:董秀芳(2000、2011、2004)、吴福祥(2005)、刘丹青(2008/2017)、左思民(2010)、白鸽、刘丹青等(2012)、严艳群(2013)、张谊生(2010、2017、2018)、张斌(2013)、宗守云(2013、2014)、陈振宇、陈振宁(2015)、叶狂、潘海华(2016)和吕佩(2018、2019、2020、2021)等等。上述只是部分举例,并没有全部列出。由此可以看出,汉语学界多数学者仍接受“附缀”这一译名。

考虑到 clitic 一词的内涵以及语言的约定俗成性，我们采用“附缀”这一术语。

3.1.2　如何翻译 clitic group

由附缀“是”参与构成的 clitic group“X 是”或“是 X”如何命名？翻译为词组、短语还是结构？Chen（2001：486）和严艳群（2013：41）认为应该将“宿主＋附缀”组合 clitic group 称作“粘着词组”。张斌（2013：78）将 clitic group 翻译作“附缀结构”。吕佩（2018）则将 clitic group 翻译作“粘着短语”。

吕叔湘先生（1979/2017：8－9）明确谈到了词组、短语和结构三者之间的关系，指出：“词组，一般理解为必须包含两个以上的实词，一个实词搭上一个虚词就不大好叫做词组，可是管它们叫短语就没什么可为难的……至于‘结构’，一般要戴上个帽子，什么什么结构。而且‘结构’既用来指关系，又用来指实体。”结合吕先生的观点，“X 是”或“是 X”应该命名为：含有附缀“是”的结构。理由如下：

第一，附缀“是”不是词，处于词到词缀的过渡阶段，而词组必须包含两个以上的实词，因此 clitic group“X 是”或“是 X”不能用词组来命名，即不宜翻译为“粘着词组”。

第二，陈一（1993）指出：粘着形式不光限于粘着的单纯语素，还包括粘着的语素组合；粘着的语素组合不光限于一些复合词，还有粘着短语。这样看来，clitic group“X 是”或“是 X”译名为“粘着短语”似乎是可行的。但是“粘着短语”并没有完全揭示 clitic group 之间的关系，只关注了实体。

第三，将 clitic group 翻译作“附缀结构”，一方面考虑到了附缀“是”的依附性，即“是”与宿主之间的依附关系，另一方面又照顾到了宿主和附缀“是”各自的实体性，即附缀“是”是一般附缀，可以恢复为原先的词性。

综上所述，我们将 clitic group“X 是”或“是 X”命名为：包含附缀“是”的附缀结构，为了行文简洁，采用“附缀结构”的术语。

3.2 研究方法

3.2.1 定量统计与定性分析相结合

分析语言现象时，需要有相关理论的指导，即对某一现象做出定性分析；与此同时，还需要一定数据的支持，即对某一现象进行定量统计。我们在研究附缀“是”时，采用了定量统计和定性分析相结合的方法，一方面从不同的角度出发对附缀“是”或附缀结构“X 是”或“是 X”进行了详尽的分析，另一方面大量统计了不同时期或同一时期不同语体中的用例频率，试图将定性和定量二者相结合，来深入挖掘附缀“是”以及附缀结构“X 是”或“是 X”的特征或功用等。

3.2.2 共时考察与历时调查相结合

附缀化既与词汇化密切有关，也与语法化关系紧密，且不论是词汇化研究还是语法化研究都离不开共时考察与历时调查，需要将共时与历时加以结合。我们在研究附缀“是”时，同样采用共时考察与历时调查相结合的方法，既要全面考察附缀“是”在共时平面的特征表现、相关功用及其与词或词缀的区分，也要深入挖掘附缀“是”在历时层面的来源以及发展演化。

3.2.3 现象描写与理论阐释相结合

语言学既是一门经验学科，也是一门实证学科。尤其发展到现在，语言学的研究不再仅仅满足于对语言事实的穷尽描写，更多的是需要做出充分的解释，甚至进一步的预测。我们研究附缀“是”，努力做到全面检索和收集语料，尊重语言客观事实，对附缀“是”进行充分的观察和穷尽的描写，在此基础上，运用附缀化等相关理论，对附缀“是”做出充分的解释。除此之外，结合语言发展规律，尝试着对附缀“是”的进一步发展做出一定的预测。

3.3 语料来源

本书所用语料,包括现代汉语语料和古代汉语语料。

现代汉语语料的来源主要包括:北京大学 CCL 现代汉语语料库、北京语言大学 BCC 语料库、华中师范大学语言与语言教育研究中心语料库、媒体语言语料库(MLC)、《人民日报》图文数据库、人民网、新浪网和百度网,还有少数用例来自笔者摘抄的语料和转引自其他学者的专著或文章。

古代汉语语料的来源主要是:北京大学 CCL 古代汉语语料库、汉籍全文检索系统和其他学者的专著或文章,且所有古代汉语例句都比对了纸质文献。

为了便于查找,所有例句全部注明出处,未注明出处的例句是笔者自拟的。在不影响句意表达和理解的前提下,长句做了适当的删略。

3.4 体例说明

3.4.1 标题编号

标题的编号,其节次格式为:一、二、三;1.1、2.1、3.1;1.1.1、2.1.1、3.1.1;1.1.1.1、2.1.1.1、3.1.1.1……以此类推。

3.4.2 例句安排

所有例句皆采用(1)(2)(3)等的形式,且每章单独连续编号。有对比例句时,使用(1)(1′)(1″)、(2)(2′)(2″)、(3)(3′)(3″)的方式标注。

所有例句中,“( )”表示原文例句中存在但可以省去的成分,“[ ]”表示原文例句中没有但可以添加进去的成分。

3.4.3 注释说明

正文注释采用脚注的方式,且全文用上标的①②③等每页单独连续编号。

3.4.4 行文引用

行文中引用他人的观点或原话，若出自专著或论文集等，采用年份加页码的形式，且最初出版的年份在前，最新出版的年份在后，如张谊生(2000/2014：68)指出……；如果作者出现在引文最后，不再标注页码，如：……(江蓝生 2018)。观点或原话若出自论文或会议报告等，只写明年份：沈家煊(2018)指出……。同一学者不同文献之间用顿号隔开，如：袁毓林(2017、2018)、方梅(2016、2017)；多个学者之间用分号隔开，如：(张伯江 2018；吴福祥 2018)。

3.4.5 字体说明

文章正文部分采用宋体，英文部分使用 Times New Roman，例句部分使用楷体。

第一章　附缀“是”的判定、性质及其典型度

一、引言

附缀是一种广泛存在于世界不同类型语言中的现象，不仅可以在形态发达的语言中（如印欧语）发现附缀现象，而且形态不发达甚至没有严格意义上形态变化的语言中（如汉语）同样也可以发现附缀的存在。从语法化斜坡（Hopper & Traugott 1993/2003）的角度出发，结合汉语实际类型特征（吴福祥 2005），汉语中的附缀处于词到词缀或零形式的过渡阶段，即附缀一端联系着词（包括实义词或语法词），与词有相通之处，一端联系着词缀或零形式。

语言学属于一种原型范畴（Taylor 1989/1995），且同一范畴内部成员之间的差异不是一分为二的，而是一种“原型-边缘”的关系，这样看来，附缀与词或词缀之间都有一种“剪不断”的关系，与二者都有一定的交叉。附缀并非在语言的某一层面单独有所表现，而是涉及语音、韵律、句法和语义等不同层面，属于一种接口现象。

“是”是极容易发生附缀化的（刘丹青 2008/2017），且现当代汉语的共时平面上存在不同性质的“是”，这就需要我们对此加以区分，并提出相应的判定标准或原则。本章打算从共时平面出发，主要讨论以下几个方面的内容：其一，附缀“是”如何判定的？

其判定标准有哪些？其二，附缀"是"的特征表现有哪些？在韵律、句法、语义、语用和语音上表现如何？其三，如何将附缀"是"与判断词或副词区分开来？其四，附缀"是"本身也存在着典型度高低的差异，如何把握这种连续统？

二、判定标准

现当代汉语中，"是"具有多样性。从词性的角度来看，"是"包括：代词、动词、副词和形容词。① 从历时演化的不同阶段来看，"是"则包括：词、附缀、词根和词缀/零形式。② 处于不同演化阶段的"是"并不能"一刀切"，因此本节基于共时平面的角度，提出附缀"是"的相关判定标准，然后试着加以区分附缀"是"与判断词、副词或词缀。

2.1 附缀"是"的判定③

附缀"是"的判定，除了立足于考察"是"本身之外，还需要从

---

① 有三点需要说明：第一，上古汉语中，"是"的指代用法较为常见。到了现当代汉语中，代词"是"除了保留在固定用法中之外，很少单独使用了。第二，部分学者（如石毓智 2005）认为"是"有连词的相关特性。我们倾向于认为这主要与"是"本身的系连用法有关，不能单独列为连词。第三，吕叔湘先生（1979/2017）谈到"是"字句时，分析了"是"表强调的不同情况，将这个"是"称作副词。此外，张谊生（2003）归纳"是"的演化路径时，同样提到了副词"是"。从语法化的角度来看，焦点标记"是"比副词"是"更为虚化，考虑到是从词性的角度分析，我们用副词加以统称，包括重读的副词与不重读的焦点标记。

② 词缀"是"是定位粘着语素，依附于词根。附缀"是"也是定位贴附，但可以依附于短语、结构甚至小句。从句法位置上看，附缀"是"与词缀"是"都可以位于依附成分之后或之前。而词根"是"包括自由语素"是"和定位非粘着语素"是"。本书整体上讨论附缀"是"，与词缀"是"的纠葛更多。因此，下文讨论附缀"是"时，不再考虑词根"是"。

③ 考虑到部分判定标准会与 2.2 小节的论述内容有所重复，因此这里论述不会重复的内容，重点从句法变化来考虑。

包含“是”的整个附缀结构“X 是”或“是 X”出发，通过考察“X 是”或“是 X”的性质，回过头来分析其组成成分“是”的性质。我们在判定附缀“是”时，主要从这两方面着手。

关于附缀的判定，前人与时贤提出了不同的标准或原则，其中较为著名的有：Zwicky-Pullum 标准(1983)(相关论述请参阅白鸽、刘丹青等 2012)和 Spencer & Luís (2012)的“典范附缀理论”(相关评述请参阅叶狂、潘海华 2014)。汉语研究中，部分学者也提出了相关的判定标准或原则(具体请参阅张斌 2013)。相比较而言，我们更多认同“句法从严，语音从宽”(刘丹青 2008/2017)的判定原则。主要出于这样的考虑：具有形态曲折变化的语言，如印欧语等西方语言，附缀可以较为明显地从表层形式上观察得到，如 'd、'm、's、'll、're、've 等。例如：

(1) I 'd like to play with you.

(2) Guilin Park is arriving, doors 'll open on the left.

(3) These friends of my sister 're in the room.

(4) I 'm a student of Shanghai Normal University.

尽管这些形式并不一定都是附缀，有些可能已经成为了词缀，如 *'s*(Lowe 2013)。但不可否认的是，这种句法上的形态变化能为我们提供一定的参考，方便从附缀的角度出发来考察相关现象。

汉语没有严格意义上的形态变化，并且汉语的书写系统，即使造成语音上的销蚀磨损也无法在句法表层上显现出来。许多学者谈到了“是”重读与轻读的差异：吕叔湘先生(1980)指出：“是”可以表示肯定。“是”重读时，不能省略，有“的确、确实”的意思。“是”不重读时，可省略，只表示一般肯定。朱德熙先生(1982/2017)和李临定先生(1986/2011)也持有类似的观点。刘月华等(2001)明确指出：其一，(是)用在动词(短语)、形容词(短语)前表示肯定，所肯定的往往具有较高的程度。“是”轻读。其二，“是”重读，肯定前面的话，所肯定的一定是已知信息。书面语中区分重读的“是”与弱读的“是”时，几乎都需要结合上下文。因此，汉语附缀判定的主要出发点便是“句法”，需要考察是否较为明显地涉及了语序的变化、是否造成了结构或方向或层次的错配以及其他对句法结构产生较大影响的变化。

基于附缀“是”本身，主要看其所依附成分的性质，看其是否造成了句法上的明显变化，如错配等。严艳群(2013)基于类型学的宏观视野，立足汉语类型特征，归纳了四种不同的错配类型。据实际语料考察和分析，附缀“是”造成的错配类型包括两类，分别是：层次错配与方向错配。图示如下：

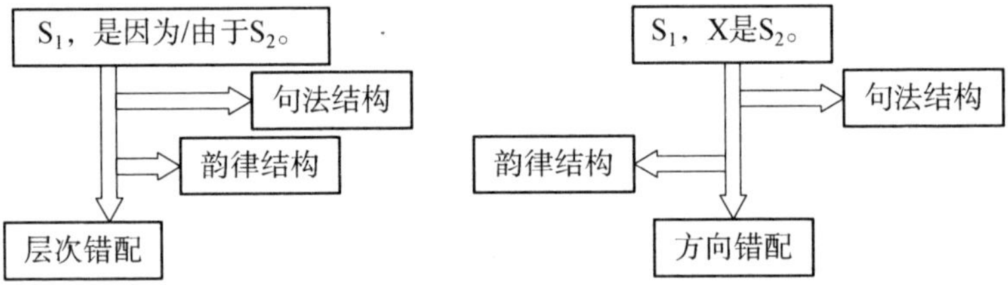

图1-1　附缀“是”句法与韵律错配关系图

我们举例加以说明。例如：

(5) 老严老实交代，之所以人家最后答应了嫁给他，是因为老严把记载着那些甜言蜜语的日记给人家看，感动了人家的结果。(肖复兴《夏日里的最后一朵玫瑰》)

(6) 于是，他把注意力转向自己因此拥有的权力，虽然如萨伊所说，他是四个面壁者中权力最小的一个，但他能够使用的资源肯定依然是相当惊人的。关键是，他在使用这些资源时无须对任何人做出解释。(刘慈欣《三体Ⅱ》)

例(5)中，“是”句法上与后接的句子关系紧密，韵律上则与其后的“因为”组成韵律单位，这样造成了句法结构和韵律结构的层次错配。例(6)中,"是"句法上与后接的句子关系紧密,韵律上则与其前的"关键"组成韵律单位,这样造成了句法结构和韵律结构的方向错配。

除了从附缀"是"本身出发之外,附缀结构"X是"或"是X"整体的句法表现也可以作为参考标准。Zwicky & Pullum (1983)指出,所有的附缀化都属于句法后操作,附缀化之后不再接受句法操作。① 除了附缀"是"本身不能进行否定或移位等句法操作之外,整个附缀结构也不接受句法操作。如果"X是"或"是X"之间能够插入别的成分,说明这个"X是"或"是X"还不是附缀结构。试比较:

(7) 难民问题近年来在非洲一直比较突出。卢旺达难民问题只是非洲难民问题的一个缩影。(《人民日报》1995年12月25日)

(7′) 我最感谢的冒着零下十多度去这个节目现场并且被戏弄的读者,而感谢他们事先提醒我,相信节目组会纠正错误,这个事故无论从哪方面来说,导演组都是错的,因为——你们真把自己当成是导演了,问题是,我和我的读者不是来演戏的。(韩寒《五毛现形记》)

例(7)中,结合上下文语境,"问题"有具体的词汇义,并且"是"前面出现了修饰语"只",说明"问题是"还不是附缀结构,这里的"是"是判断词。例(7′)中,"问题"丧失了具体的词汇意义,"问题"和"是"之间不能插入副词或情态动词等,这里的"问题是"可以认为是一个附缀结构,"是"是附缀。

附缀"是"不能接受句法操作,整个附缀结构也不能进行句法操作,但宿主"X"可以进行一定的句法操作。也就是说,"X是"或

① 关于附缀化属于句法后操作的详细论述,具体请参阅白鸽、刘丹青等(2012)和严艳群(2013)。

“是X”中的“X”替换或增加修饰语，不会影响“是”的依附性质，这一点不同于已经成词的“X是”或“是X”。董秀芳(2002/2011)指出，词的组成部分不能单独受修饰语修饰，即句法规则不涉及词的内部结构，但已经词汇化了的“X是”或“是X”整体上可以接受句法操作。试比较：

(8) 在兵团中一切都是众所周知的：谁是中尉、谁是大尉、谁是好人，谁是坏人，主要是，什么人是同志。(文学翻译作品《战争与和平》)

(8′) 就杨来说，从脱离海尼森以后的事情还没有一个明确的构想。最主要是因为他本身一直都被激烈的状况所围绕着，在这种状况下，根本不可能会产生什么构想。(文学翻译作品《银河英雄传说》)

(8″) 这是孙承祖他们计划的一方面。更主要是她们昨夜串通好十多名落后的军属、伕属女人，决定今天上午去找江水山，他不承认强奸了桂花——孙俊英几个知道，至死江水山也不会承认——就要整治他，往死里打。(冯德英《迎春花》)

对比上述三个例句，宿主“主要”可以被修饰，如例(8′)中增添修饰语“最”，例(8″)中增添修饰语“更”。不论是例(8′)还是例(8″)，附缀“是”仍依附于宿主“主要”。

综上所述，判定“是”是否附缀化了，既要从“是”本身出发，考察是否引起了一定的句法差异，是否造成了明显的句法变化。除此之外，也可以放到整个附缀结构中来看，通过分析整个附缀结构，进而分析“是”的性质。

2.2 与判断词或副词的区分

附缀“是”属于一般附缀，介于判断词、副词与词缀/零形式之间，既与判断词或副词有纠葛，也与词缀有点“理不清”。

判断词、副词与附缀“是”的区分，主要体现在以下几个方面。

第一，判断词“是”有自身的逻辑重音。副词“是”表强调时有重音，且后接成分几乎都是谓词性成分，“是”不表示强调时没有重音，用来标记其后面的成分，主要是体词性成分。附缀“是”失去了逻辑重音，当然不能重读。试比较：

(9) 小林是山西师范大学的一名学生。

(9′) A：小林这个人很热情啊。　B：小林这个人是很热情。(转引自刘月华等 2001)

(9″) 小林对人是那样热情，谁都会喜欢他。(转引自刘月华等 2001)

(9‴) 奇怪的是他的智慧似乎突然开启。作业不问人，一无错误；考试轻而易举可获满分。起初老师甚至怀疑他抄袭或做假，后反复考查证明绝无问题。

结果是，留级生又成了跳级生，还是回到自己那个年级。(莫怀戚《陪都就事》)

例(9)是判断句，“是”是判断词，有自身的逻辑重音。例(9′)中，B句肯定的是已知信息，“是”是副词，要重读。例(9″)中，“是”轻读，肯定“热情”程度之高。例(9‴)中，“是”失去重音，依附于前面的宿主“结果”。

第二，判断词“是”的句法位置具有一定的灵活性，甚至可以移到句首。副词“是”紧邻其强调或标记的成分。附缀“是”紧紧贴附于前面的或后面的宿主。试比较：

(10) 是他的笔记本吗？

(10′) 我不饿，大嫂，我是不饿。(转引自李临定 2011)

(10″) 作为知识分子党员，应该是，一切听从党的安排；其次才是教授、讲师、专家学者等待遇问题。(BCC・科技文献)

例(10)中，判断词“是”出现在了句首。例(10′)中，副词“是”

紧邻其强调成分“不饿”。例(10″)中，附缀“是”依附于宿主“应该”。

第三，判断词“是”可以接受副词或情态动词等的修饰，也可以进行正反叠加等句法操作。副词“是”可以被修饰，弱读的时候可以省去，省去后标记作用也随之丧失。附缀“是”会造成句法结构与韵律结构的错配，不能接受任何句法操作。试比较：

(11) a. 这个应该是我的书包。

b. 这个肯定是我的书包。

c. 这个不是我的书包。

d. 这个是不是我的书包呢？

(11′) 后来发现女儿[的确]是走过了头，走到他们前边去了。(转引自李临定 2011)

(11″) 我估计，这类生活素材，会被曹雪芹运用到《红楼梦》八十回后。他哪里是对李纨一概赞扬，请看《晚韶华》里的这句：“虽说是，人生莫受老来贫，也须要阴骘积儿孙。”(刘心武《刘心武揭秘〈红楼梦〉》)

例(11)中，“是”是判断词，可以被情态动词“应该”、评注性副词“肯定”、否定副词“不”等修饰，也可以正反叠加使用。例(11′)中，“是”是副词，受评注性副词“的确”的修饰，这里的“是”也可以省去，省去后，强调作用随之丧失。例(11″)中，“是”是附缀，不能进行否定等句法操作，且造成了句法结构与韵律结构的方向性错配。

第四，判断词“是”可以作为应答语独立使用，副词“是”与附缀“是”都不能独立使用。试比较：

(12) ——这个杯子是你的吗？

——是。

(12′) 你心里是什么打算？想着什么？(转引自李临定 2011)

——*是。

(12″) 话说我也想一个人过，不过就是一个人过嘛。主要是，我不想一个人看电影。(BCC・微博)

——?? 话说我也想一个人过，不过就是一个人过嘛。是，我不想一个人看电影。

例(12)中，判断词“是”可以单独用来回答问题。例(12′)中，副词“是”不能单用，也不能单说。例(12″)中，宿主“主要”省去后，独用的“是”更多表现出判断词的特征，而不会理解为附缀。

第五，判断词“是”通常情况下是不省去的，特定情况下可以省去。副词“是”不省去的话，起到一定的强调或标记作用，省去的话，强调或标记作用随之丧失。附缀“是”可以较为自由地省去(曹秀玲 2012)。试比较：

(13) a. 他最佩服的是你。(转引自吕叔湘 1980)——＊他最佩服的你。

b. 明天是五一劳动节。——明天劳动节。

c. 这次大家把学习的机会让给你是对你的爱护。(转引自石毓智 2005)

——＊这次大家把学习的机会让给你对你的爱护。

(13′) 我[是]问问，没有别的意思。(转引自吕叔湘 1980)

(13″) 很显然，这四位邻居都在努力地回忆，脸上的表情既焦虑又激动，似乎[是]，他们要回想起促使他们来这里的某个使命。(残雪《残雪自选集》)

例(13)中的“是”都是判断词，除了 b 句之外，a 句和 c 句省去“是”之后，句法上和语义上都不成立。b 句中的“是”之所以能省去，是因为“劳动节”是特殊的名词，具有[＋顺序]的语义特征。例(13′)中，副词“是”省去后，强调作用也消失了。例(13″)中，附缀“是”的有无，对句法和语义都没有显著的影响。

第六，判断词“是”以后加体词性成分最为典型，除此之外，也可以后加谓词性小句或句子。副词“是”的后接成分可以是体词性成分，也可以是谓词性小句，还可以是句子①。附缀“是”的后接成分几乎都是语义自足的谓词性小句或句子。

石毓智(2005)讨论了“是”的不同情况。其中，判断词后接句子或谓词性小句时，如果表示诠释关系②，“是”是判断词，这个“是”不能省去。如“我们的任务是把这些书放在书架上。”“我们登双双的照片是想为读者推荐文艺新人。”李临定先生(1986/2011)也谈到了“是”后接谓词性小句的情况，如“更让他难过的是没地方去诉委屈。”“更足以自傲的是许多老朋友也赶着来贺喜。”这两个例句中的“是”是判断词，不能省去。而附缀“是”后接谓词性小句或句子时，除了与判断词后接小句或句子时的形式类似外，二者存在一定的差异。附缀“是”后接小句或句子，与其前面的宿主之间不存在诠释关系，且这个“是”可以较为自由地省去。试比较：

(14) 我们俩来的目的就是代表编辑部向您道歉。(转引自石毓智 2005)

(14′) *我们俩来的目的就代表编辑部向您道歉。

(15) 夏母：怎么着？你嫌人家是个保姆，还带着个儿子，配不上你是不是？

夏锦达：不是配不配的事，关键我不想结婚。(转引自李宗江 2011)

(15′) 夏锦达：不是配不配的事，关键是我不想结婚。

例(14)中，“(就)是”后接谓词性小句，前后内容之间具有一定的诠释关系：“代表编辑部向您道歉”是对“我们俩来的目的”的

---

① 后接体词性成分，副词“是”标记的是宾语，如“我昨天买的是笔记本”。后接谓词性成分，“是”有一定的强调作用，如“我来的时候是骑自行车”。后接句子，“是”标记的是主语，如“是小王迟到了”。

② 石毓智(2005)指出：诠释关系的判断句是指宾语部分是对主语内涵的说明，主语和宾语之间必须用“是”来连接。此时主语和宾语的外延一致，宾语所指不直接与现实现象发生联系，而是对另一语言单位(主语)的诠释。结构中的“是”也是判断词，为句子的核心成分，不能省略。

说明。判断词“是”省去后，例(14′)不成立。例(15)中，“关键”后接句子，“是”的有无并不会对句子的句法和语义产生明显的影响，补充出附缀“是”的例(15′)接受度上没有任何问题。

综上所述，我们将判断词“是”或副词“是”与附缀“是”的区分列表如下。

表 1－1　判断词“是”、副词“是”与附缀“是”区分表①

	后接成分			语音重读	句法定位	可以省去	独立使用	接受句法操作
	NP	VP	S					
判断词	＋	(＋)	(＋)	＋	－	(－)	＋	＋
副词	＋	＋	＋	(＋)	＋	＋	－	(＋)
附缀	－	＋	＋	－	＋	＋	－	－

2.3　与词缀“是”的区分

附缀“是”与词缀“是”的区分主要体现在以下几个方面。

第一，附缀“是”语音上贴附于紧邻的词上，句法上却可以加在短语或句子上。词缀“是”语音上和句法上都只能加在词根上。试比较：

(16) 第二届乐天杯中韩对抗赛开幕式13日在上海进行。巧合的是聂卫平抽到睦镇锡，曹薰铉抽到常昊，非常引人注目。(《人民日报》1995年8月18日)

(16′) 不好好学习，天天玩游戏，真是气死我了。

例(16)中，“是”语音上依附于“的”字结构“巧合的”，句法结构上却属于后接句，造成了句法结构和韵律结构的方向性错配。例(16′)中，“真是”已经成词，词缀“是”语音上和句法上都加在词

① “NP”表示体词性成分，“VP”表示谓词性小句，“S”表示句子。“＋”表示存在，“－”表示不存在，“(＋)”表示局部存在，“(－)”表示偶尔存在。

根"真"上。

第二,附缀"是"有自身的词类属性,脱离临时语境,几乎都可以恢复为判断词或副词。词缀"是"没有词类属性,无法还原为词的形式。试比较:

(17) 人们尊敬他和他的新任职务,这当然是好事,主要是,这种尊敬是他推行环境保护工作的一个有利条件。(王蒙《惶惑》)

(17′) 我一定能按时完成,你放一百个心就是了。

例(17)中,"主要是"后接句子,如果脱离这种语境,后接成分变成为典型的体词,"是"则会恢复成为判断词,如"这当然是好事,主要是他的将来。"例(17′)中,"就是"已经成为助词,"是"是词缀,无法恢复为词。

第三,附缀"是"所依附宿主的性质具有多样性,可以是名词,可以是情态动词,也可以是副词,还可以是连词,甚至可以是"的"字结构等等。词缀"是"结合的单位有一定的选择限制,以副词性成分居多,且几乎都是单音节的,我们考察了《现代汉语词典》(第七版)收录的"X 是",其中"X"是副词性的成分具有压倒性优势,如"可是/真是/就是/还是……"。试比较:

(18) 就拿这"林苑"来说吧,虽然是今非昔比,徒有其虚名,可毕竟是独门独院,上上下下十几间房,连市里的书记、市长看了也眼红啊!(谌容《梦中的河》)

(18′) 他(弗兰茨)在进军柬埔寨的国际联盟行动中,不幸丧命于曼谷街头的小混混手中,这是表面的"轻之征兆"。实质上是,他选择了人家的抽象的历史,却割断自己的具体的历史。(2003 年《文汇报》)

(18″) 大家虽然很累,可是都很愉快。

第四,附缀结构"X 是"中,宿主"X"可以单独接受修饰语的修饰。包含词缀"是"的词汇词"X 是"中,词根"X"不能单独受修饰

语修饰,整个词汇词可以接受修饰。试比较:

(19) 因为我是南方人,所以原来一直很怕冷。不巧的是,导演偏偏选的是北京最冷的时候来拍这部《西楚霸王》,因此吃了不少苦头。(1994年报刊精选)

(19′) 因为我是南方人,所以原来一直很怕冷。很/十分/特别不巧的是,导演偏偏选的是北京最冷的时候来拍这部《西楚霸王》。

(20) 昨天的饭菜真是不错。

(20′) 昨天的饭菜可真是不错。

例(19′)中,程度副词"很""十分""特别"修饰"不巧",而不会理解成修饰"不巧的是"。例(20′)中,"真是"是一个词汇词,前面的"可"不会理解为单独修饰"真"。

综上所述,我们将附缀"是"和词缀"是"二者的区分列表如下。

表1-2　附缀"是"与词缀"是"区分表

	语音与句法贴附一致	可以恢复词类	宿主"X"性质的多样性	宿主"X"单独接受句法操作
附　缀	−	+	+	+
词　缀	+	−	(−)	−

三、附缀"是"的典型度

从原型范畴理论来看(Lakoff 1987),附缀"是"自身也存在着典型与非典型之分。根据2.1小节的判定标准和2.2小节与2.3小节附缀"是"与相邻单位的区别,我们可以对附缀"是"的典型程度加以列表。

表 1-3 附缀“是”典型程度表

	句法变化（错配）	句法操作	后接谓词性小句或句子	恢复词性	“是”省去	“X是”或“是X”	
						固化程度高	脱落
典型	+	−	+	+	+	+	+
次典型	+	−	+	(+)	(+)	(+)	(+)
非典型	+	−	+	(−)	−	(−)	(−)

有几点需要说明。第一，不论是典型的附缀“是”还是非典型的附缀“是”，必须满足句法上的明显变化、后接谓词性小句或句子以及不能进行句法操作，符合“句法从严”的相关原则。试比较：

(21) 当使用一单位资源进行生产活动所带来的收益，等于用同样多的资源进行交易活动的收益时，交易活动和生产活动之间就实现了最佳配置。问题是，当一个企业或个人实现从自给自足向分工转变时，它(他)在获得节约生产费用的好处的同时，也必须付出增加交易费用的代价。(《读书》vol-171)

(21′) 到县城去买个县太爷的一切开销，是毫无问题的。问题是哪个能去办这个买官的事呢？还有一个问题，就是用钱去买了个县太爷来，可是他们肚子里都没有一点墨水，没有一个能够摇笔杆子的师爷，这怎么行呢？(马识途《夜谭十记》)

(21″) 杭州作为一个城市当然也是一个品牌，所以自然也适用植入式营销。问题是城市品牌的植入方式，杭州在中国尽人皆知，如果仅仅满足于“知名”和“美景”，或者略觉空洞浮泛的“生活品质”，那显然没有多大意义。(CCL·卫军英博客)

对比上述三个例句，例(21″)“问题是”的后接成分是体词性成分，不符合后接谓词性小句和句子的判定标准。例(21′)“问题是”

虽然后接句子，但“是”可以被修饰，如可以添加副词“就”，也可以添加情态动词“应该”等，同样不符合附缀“是”的相关判定标准。只有例(21)中的“问题是”，满足“句法从严”的原则。“问题是”后接句子且“是”不能接受句法操作。

第二，附缀“是”可以较为自由地省去，但有些用例中，附缀“是”省去后与语感不相符，使用频率较低。因此，不典型的附缀“是”不满足这一条件，属于准附缀“是”。试比较：

(22) 叶民主心里一哀，脸上却作笑态说：“说得吓人。不过这病现在也好治，关键[是]要休息好。”(方方《埋伏》)

(22′) 这条小鳄鱼属于湾鳄品种，成年后体形巨大。它从去年10月起就在元朗南生围山贝河一带出没，估计(是)有人在其幼小时偷偷带入香港当作宠物，后因鳄鱼长大私自放到野外的。(新华社2004年新闻报道)

例(22)中，“关键是”不出现附缀“是”，整个句子语感上并没有感到明显的突兀。例(22′)中，省去附缀“是”后，动词“估计”也可以后接宾语小句，但整个句子语感上要差。因此相比而言，例(22′)中的“是”属于不典型的附缀，是准附缀“是”。

第三，多数情况下，附缀结构“X是”或“是X”的组块程度较高，且可以省去。部分情况下附缀结构较难省去，几乎已经融合成词了，如“最是”。例如：

(23) 现在，那个目的失去了，所以是“生”与“死”——一切是简单的，然而可怕。似乎是，假如是他来到石桥场底河边，看到蒋纯祖在上午所看到的那一切的话，他是不会得到蒋纯祖所得到的那种光明的、兴奋的、快乐的印象的。(路翎《财主的儿女们》)

(23′) 在展出的所有农产品中，生鲜产品最是走俏，而腌腊制品竞争则最为激烈。(《重庆日报》2015年1月18日)

例(23)中，“似乎是”表达的是一种揣测，后接句子中出现了

“假如”“的话”等词语与之共现，省去“似乎是”并不会影响句子的表达和理解。而例(23′)中，“最是”已经融合成为程度副词，且后文中对举使用“最为”，这个例句中的“最是”无法省去。

第四，附缀“是”是一般附缀，离开特定语境，几乎都可以恢复为最初的词性。但有些用例中，附缀“是”较难恢复为原先的词性，几乎已经与宿主“X”融为词汇单位了，比如“简直是”，这类“是”属于不典型附缀，而更接近于词缀了。例如：

(24) 如果我没有生那场病，到医院去躺了几天，可能一辈子也见不到的。可恨的是，她并没有留下了什么名贵丝巾之类，使我有造访的借口。(亦舒《一段云》)

(24′) 每个胖子也是有春天的！从拿到原始素材到成片输出仅仅30个小时，其间还有大半天的时间在上课，简直是。(BCC·微博)

例(24)中，“可恨的是”后接成分是句子，这里的“是”是附缀，如果把后接成分变为典型的体词性成分，附缀“是”会恢复为判断词，如“可恨的是她”。例(24′)中，“简直是”处于句尾的命题结束处，这种情况下“简直是”几乎可以说已经成词了，“是”不再是典型的附缀，而更接近于词缀。

总而言之，附缀“是”内部也存在典型与非典型之分，也要区分附缀“是”与准附缀“是”。我们在分析时，需要把握相关的判定原则和标准。

四、附缀“是”的性质特征

Gerlach & Grijzenhout (2000)指出，附缀涉及语音、韵律、形态和句法等不同层面，属于接口研究。附缀就是不能像“正常的”词那样整合进句子，又不能像“正常的”词缀那样整合进词的那类成分。附缀本质上是语音学上的，但也会带来句法上的相关后果

(Anderson 2005)。Zwicky (1994)也强调了附缀的混合特征，认为附缀既像独立词那样能充任句法核心、论元或修饰语，又像词内成分那样必须依附相邻的词。刘丹青(2008/2017)同样认为，附缀是一种广泛存在于人类语言的语音-语法现象。因此可以肯定地说，附缀不是单纯的某一层面的语言现象，而是语言不同层面的接口现象。

考虑到汉语没有形态变化，以及汉字书写系统无法反映语音弱化等问题，附缀“是”的表现主要集中体现在韵律和句法两个方面。

韵律上，附缀“是”与宿主关系紧密，形成一个节律甚至韵律单位。吴为善(2006)指出，后置单音节具有粘附性，前置单音节具有相对独立性。由于单音节的粘附惯性，往往有前趋倾向，甚至超层次地与前面的复音节组成韵律单位。附缀“是”与其前面的或后面的宿主“X”形成韵律单位：或是双音节音步韵律单位，或是三音节超音步韵律单位，抑或是多音节韵律单位。例如：

(25) 对单身的人们来说，岁末年初最是难熬。(《中国青年报》2016 年 12 月 9 日)

(26) 对我来说，结果显然比过程重要。可能是，如今的人们在鸡翅上花费了太多的心思吧？终于让我这种极现实的人也爱上了华而不实的鸡翅。(《厦门日报》2005 年 11 月 28 日)

(27) 格式条款就是一般的都是一种商业运作的一种固定的模式，应该说是，他是为了当事人定这个合同便利，采用了一种固定的模式，所以就是为了方便快捷，为了达到这么一个目的。(中央电视台 2012 年 5 月 4 日)

(28) 随着 7 月份行情的结束，基金迎来了三季度的第一个月考，有人欢喜有人忧，还有人躲在角落里一脸的忐忑。而这些忐忑不安的基金经理，正是持有停牌股，且股价走势前途未卜。更让人焦灼的是,因股票"重大事项"或参与定向增发流通受限,基金持单只股票市值已经超限了。(《证券日报》2017年8月2日)

例(25)中,"最是"构成双音节音步韵律单位。例(26)中,"可能是"构成三音节超音步韵律单位。例(27)中,"应该说是"构成四音节韵律单位。例(28)中,"更让人焦灼的是"构成七音节韵律单位。

句法上,附缀"是"失去了判断词或副词的典型范畴特征,如不能被"不"否定,也不能正反叠加使用,句法结构与韵律结构发生错配。脱离这种语境,"是"可以恢复为最初的词性,甚至可以恢复原调,负载重音,或是判断词,或是副词。例如:

(29) 尽管书生百无一用,可笑读书人在那时候到哪儿都占点便宜,人家都看得起,也敬重。可能是,读圣贤书,通圣贤事,读书人都很清高,再不就是沾了孔老夫子的光。(独孤红《断肠红》)

(30) 啊,喜悦,喜悦使我沉醉了!我只等着明天到来。主要是,我不相信会出现任何灾祸,尽管已经有了征象。(文学翻译作品《性格温和的女人》)

不论是例(29)还是例(30),这里的"是"都不能被情态动词或副词等修饰,附缀"是"构成的韵律结构与句法结构形成方向错配,"可能是"或"主要是"的后接成分变换为体词性成分,这里的"是"成为了判断词。

除了与韵律和句法关系较为紧密之外,结合语法化理论中互有关联的四个机制,即去语义化(或语义漂白)、扩展(或语境泛化)、去范畴化和销蚀(或语音缩减)(Heine & Kuteva 2002)以及赵元任先生(1979)、Langacker (1987)、王洪君(2002)、孙景涛(2005)、吴为善(2006)、Nicole Dehé & Katerina Stathi (2016)等的研究成果[①]，附缀“是”也会在语义、语用和语音等方面有所反映。

语义上，附缀“是”的判断义或强调义发生漂白。附缀化属于语法化过程中的一个阶段，因此与语法化整体发展演化的特征保持一致。语法化过程中，具有具体词汇义的实词会语法化为虚词，具有功能义的虚词会进一步语法化。不论是实词的虚化还是虚词的进一步虚化，反映在语义上是都会进一步漂白。附缀“是”是由判断词或副词语法化而来的，其判断义或强调义必然会发生漂白。例如：

(31) 白凤黯然说道：“爹，既然见到了郎英，是否问出了一志的下落？”白梅道：“照他们的说法，一志还活在世上，而且，也没有受伤，<u>可能是</u>，他们先下手暗算了一志，再全面发动。”(卧龙生《春秋笔》)

(32) 我们不能等到完全实现四化以后有了充分的好纸和现代化的印刷装订才讲究设计，<u>实际上是</u>，就现有的物质技术条件在一般不重视这方面的书刊设计上也没有得到充分的利用发挥。(《读书》vol-004)

上述两个例句中，“可能是”和“实际上是”的后接成分分别是句子和谓词性小句，也是信息重心所在，这里“是”的判断义或强调义弱化甚至丧失。

语用上，附缀“是”的判断或强调功用弱化甚至消失，但系连

---

① 赵元任先生(1979)明确指出，“意义的弱化引起了语音的弱化”。Langacker(1987)提到了语音和语义之间的平行关系。吴为善(2006)指出，语法成分在语义虚化的同时伴随着语音形式的弱化，尽管语言的表达形式书面上看起来还是一个个“等价”的方块字，实际的“语流”听起来却成为一系列“轻”“重”成分相间、连缀的“不等式”。王洪君(2004)认为，由两个有调音节(非轻声音节)组成的两字组，是汉语最基本的节奏单元。汉语的轻声音节从不承负强调重音，也从反面证明了汉语有调音节都是“重”的。孙景涛(2005)提出“义轻则音轻”的原则。Nicole Dehé & Katerina Stathi (2016)指出，尽管语义虚化与语音销蚀存在着先后发生还是同时发生的问题，但有一点值得肯定的是：语义虚化和语音销蚀有一定的关联性。

功能和评价功能仍有所保留。“是”不再具有判断、强调或标记等功用，语义和句法上成了一种羡余成分，更多的是起到凑足音节或系连评价等功能。试比较：

(33) 他说，“在字的笔画里、结构里、章法里，显示出形象里面的骨、筋、肉、血，以至于动作的关联。后来从形象到谐声，形声相益，更丰富了‘字’的形象的意境，像江字、河字，令人仿佛目睹水流，耳闻汩汩的水声。所以唐人的一首绝句若用优美的书法写了出来，不但是使我们领略诗情，也同时如睹画境。”(《人民日报》1995 年 10 月 24 日)

(33′) 所以唐人的一首绝句若用优美的书法写了出来，不但使我们领略诗情，也同时如睹画境。

(34) 在高考之前出现一个低谷，我觉得作为家长应该怀着比较高兴的心情去看待这个问题。家长首先心情高兴了，在跟孩子谈话的时候，因为是心有灵犀一点通，家长的情绪，虽然看上去不生气，但是孩子是非常有感应的，当家长感觉比较高兴再去劝导孩子的时候，你的情绪会影响到孩子。(CCL · C000020)

(34′) 在跟孩子谈话的时候，因为心有灵犀一点通，家长的情绪，虽然看上去不生气，但是孩子是非常有感应的。

不出现附缀“是”的例(33′)和例(34′)，句子的句法和语义没有问题。但相比例(33)和例(34)而言，句子的顺畅度有所降低，且主观性也有所减弱。

语音上，附缀“是”弱化轻读，失去逻辑重音①。石毓智(2002)认为，虚化成分的表现特征是：都是单音节的，必须依赖于一个重

① 关于语法化过程中，语音是弱化、保持还是强化，不同学者有不同的看法，具体请参阅江蓝生(2002)、潘悟云(2002)和李小军(2014)等等。考虑到语法化过程可能会涉及成分的缩减(如“非 X 不可”中，“不可”的省缩)等复杂因素，我们不打算就此展开论述，倾向于认为随着语义的漂白，语音也会发生磨损弱化。

音词才能运用，语音形式大多弱化，或者失去调值，或者韵母元音央化等，所构成的韵律单元的特征皆为“重音＋轻音”模式。附缀“是”是由判断词或副词进一步语法化而来的，语音有所磨损，需要依附于一个重音单位。随着高频使用，韵律单位“X是”或“是X”会走向固化，进而成为一个语法词甚至词汇词，“是”不再能被修饰，“是”的附缀化程度更高了。由于一个韵律单位中只能有一个重音，因此“是”的语音弱化了，形成一个“重-轻”型单位，这也符合语言类型中以后附居多的整体特征。①

综上所述，我们将附缀“是”的特征表现概括为表1-4。

表1-4　附缀“是”的特征表现

附缀“是”特征	韵律方面	失去独立性，韵律不自足，与其前面的或后面的宿主构成节律甚至韵律单位。
	句法方面	脱离临时语境，“是”可以恢复为独立的词性：或者是判断词，或者是副词。随着“是”附缀化程度增强，典型的句法功能发生变化，句法结构与韵律结构发生错配。附缀和宿主之间不能插入别的成分，也不能进行否定易位等句法操作。
	语义方面	判断义或强调义发生漂白。
	语用方面	判断、强调或标记功用弱化甚至消失，但系连功能和评价功能仍有所保留。
	语音方面	弱化轻读，没有逻辑重音。

五、本章小结

汉语中的附缀“是”不是专门附缀，而是一般附缀。附缀“是”

① 白鸽、刘丹青等(2012)从跨语言的角度出发，发现语言中后附缀最常见，前附缀次之，中附缀最罕见。

的判定，既要从“是”本身出发，考察是否引起了一定的句法差异，是否造成了明显的句法变化；同时也要放到整个附缀结构“X 是”或“是 X”中来看，通过分析附缀结构整体的性质地位，是临时的“组块”还是韵律词、语法词或词汇词，进而分析“是”的性质。附缀“是”自身也存在着典型与非典型之分，部分属于典型的附缀，而有些则属于准附缀，换句话说，从典型附缀到非典型附缀，“是”形成了一个连续统。附缀“是”不是单纯的某一层面的语言现象，而是语言不同层面的交叉接口现象，在语音、韵律、句法、语义和语用等方面都会有所体现。

第二章　附缀“是”的演化、动因、机制及其发展

一、引言

现代汉语中，存在大量“X是”或“是X”的形式，如“可能是”“的确是”“甭说是”“是因为”等等。例如：

(1) 最特别的一年，可能是2008年。(《人民日报》2012年2月3日)

(2) 勘探者们不由得想，是否出于一个奇特的偶然，他们被带到了一个连郡里最老的矿工都绝不知其存在的昔日的煤矿。不！可能是，当高处的水要搀入陷于泥潭的植物时，曾有某条急流以前流经此处，但它现在就像在它底下几千英尺处的被开凿的花岗状岩石层一样干燥。(文学翻译作品《黑印度》)

仔细分析可以发现，这些“X是”或“是X”具有非同质性，其中的“是”存在多样性，可能是判断词，可能是副词，可能是附缀，还可能是词缀。与此相对应，“X是”或“是X”也存在性质上的差异，可能是跨层片段，可能是附缀结构，还可能是词汇词。这里面涉及“是”的来源、发展演化、相关动因与机制等问题。

我们感兴趣的是：其一，这些不同性质的“是”之间存在什么

样的演化关系，或者说，“是”的演化路径如何？其二，“是”都会与宿主“X”融合成词吗？即“X 是”或“是 X”都会成为词汇单位吗？其三，导致“是”成为附缀的相关动因与机制有哪些？其四，附缀“是”与宿主“X”之间有无互动关系？如果有，这种互动关系具体是如何表现的？

二、“是”附缀化的动因与机制

附缀“是”是如何发展而来的？其相关的动因与机制如何？本节我们加以分析。

2.1 附缀“是”的来源

关于“是”的演化路径，研究成果集中体现在：张谊生（2003）、董秀芳（2004）、石毓智（2005）和张璐（2015、2018）。张谊生（2003）指出，从先秦到现代，“是”一共经历过五个阶段：代词＞判断词[①]＞副词＞词根＞词缀。董秀芳（2004）认为，“是”词汇化的直接来源有可能是判断词，也有可能是焦点标记，但具体的来源区分是不容易判定的。董文给出的演化路径是：判断词（经焦点标记）→词内成分。石毓智（2005）根据不同类型语言的调查结果，构拟了“是”的演化路径：指示代词→判断词→焦点标记→强调标记→对比标记。张璐（2015、2018）分析“问题是”以及“$N_{一价认知}$＋是”的构式化时，谈到了“是”的演化路径，该路径立足

① 判断词的来源是怎样的，不同的学者有不同的意见。有的学者认为判断词“是”来源于其指代用法（王力 1937；Li & Thompson 1977；石毓智、李讷 2001 等等）；有的学者则认为判断词“是”来自其形容词的用法（冯春田 1985；Yen 1986 等等）；还有的学者认为两种用法都有影响（郭锡良 1977）。本章重点关注的是附缀“是”的来源，至于判断词“是”如何演化的，具体论述请参阅石毓智、李讷（2001）和詹芳琼（2016），这里不再赘述。

于董秀芳（2004）归纳的演化路径，具体是：判断词（→焦点标记）→词内成分→脱落。

仔细分析可以发现，张谊生（2003）主要论及的是“是”后加谓词性成分的情况，这里的“是”带有重音，且“是”前面的成分都是副词或副词性语素。董秀芳（2004）和张璐（2015、2018）二位学者归纳“是”的演化路径时，主要分别考察了“是”前面成分是副词、连词和“一价认知名词”的情况。石毓智（2005）则把重点放到了判断词与三类标记的判定与异同上。四位学者基于自身的研究目的，对“是”的发展演化（不论是历时平面的还是共时平面的）做了充分的分析。由于考察的宿主类型相对有限，且都基于汉语内部的自身演化，并未考虑语言接触等外部因素的影响，因此如果全面考察附缀“是”的演化路径，上述学者归纳的演化路径难免会不全面。

附缀“是”所依附的对象可以是多种多样的。如果将宿主的类型扩大以及把语言接触等外部因素考虑进来，我们就会发现，附缀“是”的具体演化路径并不完全相同。如“最是”中，附缀“是”是从判断词渐变演化而来的，“问题是”经历了突变产生和渐变演化两个阶段，附缀结构“虽说是”是附缀“是”直接类推依附到宿主“虽说”上产生的。这里简单举例，具体论证说明请参看个案分析。例如：

（3）很难以想象她如此冰冷的面容下会埋藏着如此炙热的激烈的极度渴望爱的心，这份爱是电影中最是动人、最是震撼、最是悲壮的感情。（人民网 2014 年 12 月 10 日）

（4）在霍沧粟家中，的确看见不小一堆的“漂亮石头”。每一块都取有名字。像前面所述的“下凡”，也确有其石。单延昭和武耀都称奇。问题是，一一看过之后，发现都是卵石。（莫怀戚《陪都就事》）

（5）我估计，这类生活素材，会被曹雪芹运用到《红楼梦》八十回后。他哪里是对李纨一概赞扬，请看《晚韶华》里的这句：“虽说是，人生莫受老来贫，也须要阴骘积儿孙。”（刘心武《刘心武揭秘〈红楼梦〉》）

综上所述，附缀“是”的来源主要包括两大类：其一，汉语自身渐变演化；其二，汉语类推突变产生。综合前人的分析以及我们的研究，附缀“是”的来源可以图示如下[①]：

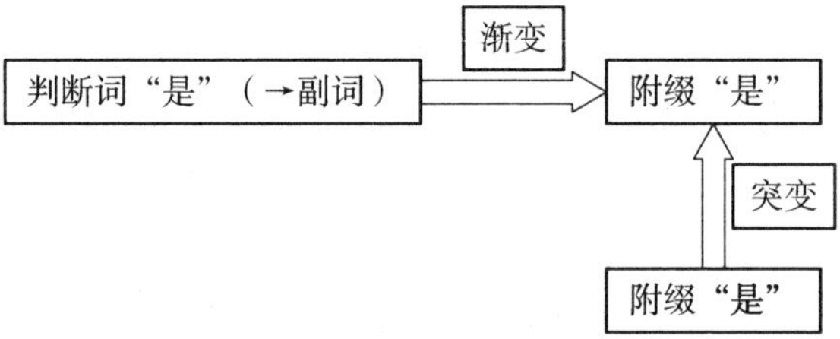

图 2－1 附缀“是”的来源

2.2 动因与机制

附缀“是”是附缀化操作的产物。其动因主要包括：后接成分的复杂化、认知心理组块、双音化或三音化。“是”附缀化的相关机制包括：分界转移、重新分析和类推。

2.2.1 动因

2.2.1.1 “是”后接成分的复杂化

在线性紧邻的句法位置上，当某个成分发生变化，特别是具有直接句法语义关系的紧邻成分发生变化时，紧邻共现的成分很大程度上也会随之发生相应的变化。附缀化基于的主要是句法的复杂化。附缀“是”的形成，动因之一就在于后接成分（下文用

---

① 有两点需要说明：其一，关于副词“是”与焦点标记“是”的相关论述，请参看第一章第二节的注释①。其二，“突变”相对于“渐变”而言，指的是将成熟的附缀“是”直接贴附到宿主“X”上。

“Y”表示)的复杂化。

如果后接成分“Y”始终是一个体词性成分，“是”有自身的逻辑重音，意义实在，且不会造成明显的句法变化，“是”只能理解为判断词，整个句子的语义重心或信息焦点自然落在谓语部分“是Y”上，符合“尾焦原则”(张伯江、方梅 1996)，此时的“是”不会发生附缀化。例如：

(6) 因为他觉得第二职业给他饭吃，他感激的是那个第二职业呀！(1994 年作家文摘)

(7) “我每天花五、六个小时训练，重点是技术上的专项东西。”(1994 年报刊精选)

上述两个例句中，“是”后接的都是体词性成分“职业”“东西”，这里的“是”有逻辑重音，且不能省去，只能分析为判断词，与后接成分之间的结构及语义关系最为紧密。

当后接成分“Y”由体词性成分扩展为谓词性小句或句子(包括单句、复句或句群)时[①]，整个结构的重心转移到了小句或句子上，“是”的语义重心地位也随之发生降级，同时语音也发生了弱化，需要依附于一定的单位，这点符合端木三(2007)提出的“信息-重音原则”，即在其他条件相同的情况下，语言中表达次要信息的内容倾向于读得轻些并容易脱落。试比较：

(8) 农村要致富，关键看支部；支部强不强，关键是支书。(1994 年报刊精选)

(8′) 要消除心中的压力，关键是要调整自己的心态，并有意识地缓解这种压力。(沈倩《生活健康密码》)

(9) 这在 60 年代初期的农村，特别是在历史上有名的三年自然灾害困难时期，简直是个天文数字！(BCC・科技

① 后接谓词性小句或句子时，不包括诠释关系的情况。相关情况，请参阅第一章的论述。

文献）

(9′) 古代仁人志士与俗子不同之处，在于他们的情感不轻易地随景而迁，升官发财之日，他们不会得意忘形；遭厄受穷之时，他们不致愁眉不展；假若身居高职，他们能为民解忧；一旦流离江湖，他们还惦记着为君主分愁。简直是，在位也忧，离职也忧。(BCC·科技文献)

例(8)和例(9)中，"是"分别后接体词性成分"支书"和"天文数字"。"是"承载一定的信息量，有自身的逻辑重音，体现出判断词的典型范畴特征。例(8′)和例(9′)中，"是"分别后接谓词性小句和句子。"是"不再承载语义重心，随着语义的弱化，语音也弱化了，分别依附于"关键"和"简直"。

2.2.1.2 认知心理组块

人类的知识储备通常是以"组块"的形式来记忆和存储的，并非单个的记忆(陆丙甫 2010)。"是"的附缀化与认知心理组块有很大的关系。

单音节附缀"是"具有一定的粘附性，需要与宿主"X"进行"组块"，如果脱离这种语境，"是"仍具有自身的词性，是判断词或是副词。例如：

(10) 没有矛盾，就没有世界。关键是我们应该正确地看待和妥善地处理这些分歧和矛盾，使它们不致影响两国关系的正常发展，不致影响世界和地区的稳定与发展。(新华社 2001 年 3 月份新闻报道)

(11) 只要天气好，我父母常常送一束花去搁在老艾里的坟墓上。我跟着他们去了一两次，以后就不去了。主要是，我不高兴看见他躺在那个混帐公墓里。(文学翻译作品《麦田里的守望者》)

董秀芳(2002/2011)认为，心理的组块过程把经常相连出现的两个分立单位组织在一起，这样二者就有可能逐渐变为一个不可再分的单位，心理上的组块过程使得原来分立的单位变得相互依赖。随着“X是”或“是X”使用频率的增多，会在“X是”或“是X”后加以停顿，反映到书面语就是用标点符号加以标记，如例(11)。再例如：

(12) 在中央强力推进新型城镇化的背景下，将一些地方经济中心由县改市，可以发挥更好的区域带动效应。
问题是，当众多的县都趋之若鹜时，很多事情实际上已有些变味儿。(人民网2017年4月15日)

(13) 哈耶克反对个别领导人把自己的意志强加到人们的身上。他有句话是：“世界上的许多坏事往往是好人干的”，这些好人是理想主义者，这种不切实际的理想主义起的效果往往最坏。特别是，由于这些理想主义者自以为“问心无愧”，所以他是“为了目的，不择手段”的。(《读书》vol-021)

例(12)中，“问题是”衔接的是两个段落。例(13)中，“特别是”的后接成分是一个复句。句法结构上，“是”与后接成分关系更紧密，但心理上的“组块”并不都跟句法结构相互一致。由于“问题是”“特别是”的后接成分不论在句法上还是语义上都复杂化了，为了更好地处理信息，通常会把“问题是”“特别是”在认知上“组块”。且“问题”“特别”与“是”都没有受到其他语言单位的修饰，这为进一步“组块”甚至构成一个韵律单位提供了条件。

2.2.1.3　双音化或三音化

就本质上说，“双音化”指的是两个音节构成基本韵律单元的倾向(吴为善2003)。石毓智(2002、2013)和吴为善(2003)都认为：双音化除了能够起到“融合”的作用之外，还具有一定的“分化”作用。

众所周知，汉语中双音节是标准音步，接受度最高，三音节是超音步。相比于单音步或四音步及更多音步而言，三音步也是允许的（王洪君 2002）。既然三音节音步的韵律单位也是可以接受的，那么三音化同双音化一样，同样具有“融合”和“分化”的作用。附缀“是”产生的动因，与双音化和三音化有很大的关系，准确地说，与双音化和三音化中的“分化”作用有关。

满足了双音步或三音步韵律要求之后，“X”与“是”会被“桎梏”到一起，形成一个稳定的标准音步“$X_{单音节}$＋是”或超音步“$X_{双音节}$＋是”。例如：

（14）守着这么大的宝藏，“八大元老”内部已经争得不可开交。其中，幅员辽阔的俄罗斯、加拿大最是狂热，对其他国家也最为排斥。（《中国经济周刊》2013 年 5 月 21 日）

（15）闭上双眼，突然一声静静的泣声涌入她内心深处。上帝啊，让事情像那样为我发生！让我像那样去爱，并被爱。仿佛是，隐隐听见了温暖而美丽的亲吻触着她不断颤抖着的芳唇，那一刹时将成永恒。（《读者（合订本）》）

上述两个例句中，“最是”“仿佛是”分别符合双音节音步和三音节音步的韵律要求，有机会被“桎梏”在一起。随着“最是”和“仿佛是”中“是”语义重心的丧失，语音也发生了相应的弱化，“是”也不再负载重音，需要依附于前面的宿主“最”或“仿佛”。最为关键的是，此时的“是”失去了判断词或副词的典型范畴特征，句法上发生了较大的变化，不再表示判断或标记强调等，“是”成为了一个附缀。

2.2.2 机制

2.2.2.1 分界转移

张谊生（2016）指出，分界改变包括分界消失、分界转移和分界形成三个方面。其中，与附缀“是”的形成较为紧密的是分界转移。

当“X 是”或“是 X”的后接成分是体词性成分“Y”时，以“X 是

Y”为例，“X 是 Y”的句法结构与韵律结构具有很大的一致性，切分为：X//·是/Y[①]。不论是句法结构还是韵律结构，“是”与后接成分“Y”之间的关系更为紧密。这样的话，“X 是”不会在心理上“组块”，“是 Y”信息组块，“是”也不会附缀化。例如：

(16) “眼下科技界最大的问题是‘浮躁’，急于求成。”(BCC·科技文献)

(17) 那时，已经有人开始收门票了，也不贵，记得好像是5元。(《厦门晚报》2002 年 4 月 11 日)

上述两个例句中，“是浮躁”“是 5 元”是谓语，同时也是信息块，画线句的切分是：“问题//·是/‘浮躁’”和“好像//·是/5元”。

当“是”的后接成分复杂化，如果不停顿，句子就显得非常累赘。人们理解时，更倾向于把“X 是”加以“组块”。这样，单音节的“是”会向宿主“X”靠拢，语音上依附于“X”，构成一个节律块甚至韵律单位，导致“X 是 Y”的句法结构与韵律结构之间形成了错配，分界发生了转移：X//是/·Y。例如：

(18) 他看到，农民中间尽管有人对他说了一些感激的话，他们并不满足，而是指望更多的好处。结果是他自己吃了大亏，却还没有使农民满足。(文学翻译作品《复活》)

(19) 这时，在我已经离开了他之后，他忽然再一次出现在我的视线中，这使得我在打开房门的一瞬间，仿佛是把我们之间已经关上了的大门重新打开，使我猝不及防。(陈染《私人生活》)

例(18)中，“结果是”后接一个句子，“结果是”进行“组块”，句

---

① 斜线表示句法结构的切分，且斜线数量的多少与成分之间语义距离的远近成正比，即斜线越多，成分之间的句法与语义关系也越远。小圆点切分开的单位，表示的是一个韵律单位。下同。

法结构与韵律结构发生错配，分界发生了转移。例(19)中，“仿佛是”后接一个谓词性小句，同样“仿佛是”形成一个“语块”，分界发生了转移。

综上所述，由于分界发生了转移，“是”语音上需要依附于宿主，失去了独立性，造成句法结构和韵律结构的错配。

2.2.2.2 重新分析

“Y”是体词性成分，“X 是 Y”只能分析为“主-谓(动-宾)”结构，此时属于无标记用法。其中，“是”是判断词，“是 Y”是谓语，也是信息焦点和语义重心，如例(16)和(17)。

“Y”由体词性成分扩展为小句或句子时，语义重心后移到“Y”上，“是”也不再负载重心。随着小句或句子充当“Y”用例的增多，“X 是”的组块程度更高了，此时的“X 是 Y”表层形式上没有发生明显的变化，实际上已经发生了重新分析，由“X//·是/Y”重新分析为“X//是/·Y”。除了整个句法结构和韵律结构发生了重新分析之外，“是”也发生了重新分析，更倾向于理解为附缀。例如：

(20) 晓荷在一旁连连的点头，似乎是欣赏太太的词令，又似乎向瑞宣表示钦佩。(老舍《四世同堂》)

(21)《空中小姐》结尾时，与其说是“我”到海疆小城探访阿眉生前的踪影，寻找旧日的温柔梦，不如说是，“我”看到了凯旋的威武舰队时重温了早年军旅生活形成的“英雄梦”，从而使我吸取了伟大的力量，是那么激昂、亢奋！(BCC·科技文献)

在“是”发生重新分析后，“X 是”的性质也发生了较大变化，书面语中常用逗号加以标示，表明“X 是”的“组块”程度更高。例如：

(22) 对我来说，结果显然比过程重要。可能是，如今的人们在鸡翅上花费了太多的心思吧？终于让我这种极现实

的人也爱上了华而不实的鸡翅。(《厦门日报》2005 年 11 月 28 日)

(23) 人们尊敬他和他的新任职务,这当然是好事,主要是,这种尊敬是他推行环境保护工作的一个有利条件。(王蒙《惶惑》)

2.2.2.3　类推

这里的类推包括两层含义:其一,指的是泛化,即由最初的语境类推泛化到其他的语境中去。其二,指的是附缀“是”直接依附到宿主之上,并未经历渐变演化的过程。

第一种类推,针对的是汉语自身的渐变演化情况,由临界语境逐步泛化发展到别的语境中。如附缀结构“问题是”,“问题”不再表示具体的词汇意义,而是表示转折等标记作用,除了用于篇章转折之外,还可以用来表达发话人的主观情态或态度,从一种标记作用泛化类推到别的语境中(具体请参阅张璐 2015)。例如:

(24) 你像,那个要是农民户口的,那个,嗯,土葬吧,他,因为他有地。一般市,像市民户口的吧,您想土葬,问题是,您往哪儿埋呀没地儿啊!所以不太容易土葬。(转引自张璐 2015)

(25) 穷则思变,要干,要革命,因此,穷到这个份上的凤阳县小岗村敢于率先改革也就顺理成章,并且显得十分的典型。

问题是,小岗村到了后来,越宣传,故事越多,也变得越传奇,先是有了十八户农民按红手印的故事,接着就有了存放在中国革命博物馆编号为“GB54563”的那张“秘密契约”。(同上)

第二种类推,附缀“是”不符合语法化单向性演化规律,不是渐变演化而来的,是将相对成熟的附缀“是”直接类推到别的宿主之上,形成附缀结构“X 是”或“是 X”,如附缀结构“幸亏是”。

例如：

(26) 林氏家族抵达厦门岛后，先买了大厝居住，无奈地小人多，厝旁的巷子太窄小，出入不方便，后来才迁到“万国租界”鼓浪屿择地置业。幸亏是，林氏当初选择了鼓浪屿，不然，就不会有菽庄花园的出现。(《厦门日报》2003年2月19日)

(27) 鸳鸯非常沉着、冷静，她身怀利剪，把剪子藏在身上，当着贾母的面揭露贾赦，而且当时就剪下一缕头发来。幸亏是当时别人都抓住她，把她剪子夺下来。要不然，更不得了，就是她是誓死不从。(周思源《〈红楼梦〉里的大丫头》)

综上所述，附缀“是”是附缀化操作的产物。在特定的句法语义条件下，发生句法结构和韵律结构的某种不同步，从而表现出不同于“正常的”词却类似词缀的某些特征。

三、发展趋势与制约因素

附缀“是”与宿主“X”之间存在一定的互动关系：宿主的音节数等会对“是”的附缀化程度或演化方向等有所制约，同时，附缀“是”的进一步发展演化对于宿主“X”同样具有一定的影响。

3.1 发展趋势

据我们考察，附缀“是”的进一步发展演化，主要包括两种结果：融入或脱落。

3.1.1 附缀“是”的融入

融入，指的是附缀“是”进一步发展成为词缀，与宿主“X”最终形成一个词汇词，这样的“X是”或“是X”发生词汇化，如副词“真是、就是、最是、很是、总是、老是、凡是、只是”(张谊生 2003)，连词

“但是、或是、即是、既是、就是、要是”等等(周刚 2002)等等。

宿主“X”除了主要是单音节之外,少数双音节宿主也有与附缀“是”正在融合发展成为词汇词的,“是”正走向词缀,少数“X是”已经成词了,如“的确是、哪怕是、就算是”(董秀芳 2004;龙国富 2018)和“简直是”等等。例如:

(28) 如果他不是一个人,如果有什么失事后的幸存者像他这样来到了这块海岸,哪怕是,失去了船长和大副,只是水手中的最后一个,只是塔特莱教授,他对这个无用的人能信赖的只是一点点,未来可能发生的事也不至于使他感到这样可怕啊!(文学翻译作品《鲁滨逊学校》)

(29) 我突然觉得我的高中就没的那么冲动过,简直是,只是不晓得再过 25 年,我的朋友们,你们是否还在我身边么?(BCC·微博)

3.1.2　附缀“是”的脱落

脱落,指的是附缀“是”最终没能与宿主融合成为一个词汇单位,而是走上了零形化的道路,成为了一个零形式,如“问题是”“关键是”“主要是”等等。附缀“是”的脱落,几乎都是汉语自身演化而来的情况,不包括类推依附的用例。附缀“是”在句法表层上脱落成为一个零形式,但是在句子深层结构中仍会留下一定的语迹(trace)。正因为语迹的影响,附缀“是”脱落后,宿主“X”同样可以直接后接一个小句或句子。例如:

(30) 真的真的,你爷爷要不是太监就是清朝的八三四一。人家说要也判不了你那么中,关键你太黑心,卖石头就卖石头还反搭鞋,说你奶奶那小臭鞋也是文物张口要一万。(转引自李宗江 2011)

(31) 如果说,在台湾还有人真正了解一些他的过去,还能和他谈谈、和他共饮西窗下,就只有冠群夫妇了。主要,冠群娶了微珊的闺中知己——白晓芙。(琼瑶《问斜阳》)

在我们收集到的语料中，附缀“是”脱落成为零形式的用例相对较少。换句话说，相比附缀“是”脱落的用例数量而言，附缀“是”融入成词的用例数量要多得多。导致附缀“是”融入和脱落用例差异的原因，除了韵律方面的因素之外（这里不再讨论单音节宿主对附缀“是”的制约和影响，只考虑双音节宿主的情况），与“X 是”或“是 X”的句法位置也有很大的关系。

李思旭（2011）讨论双音化与句法位置的关系时，指出句首和句尾是较为容易发生“融合”（即词汇化）的位置。上文我们指出三音化与双音化有一定的相通性功用（“融合”与“分化”），因此，三音化与“X 是”或“是 X”的句法位置也有一定的关系。在我们检索到的有效例句中，“$X_{双音节}$ ＋是”几乎都处在句首（如“问题是”“主要是”“应该是”“是因为”等）和句尾（如“简直是”），很少居于句中（如“似乎是”“可能是”等）。因此，从句法位置的角度来看，双音节宿主“X”与附缀“是”融合成词的数量理应多于附缀“是”脱落的数量，即“$X_{双音节}$ ＋是”较多会走向词汇词。事实证明也是如此。

3.2 制约因素

宿主音节数的多少、“是”语义的空灵性以及表达的经济性等因素，都会对附缀“是”的进一步发展演化产生影响。

3.2.1 宿主音节数的多少

张谊生（2010）解释附缀“于”的脱落时，指出：“导致‘于’脱落的基本动因就是受双音节音步的韵律节奏制约”。这一观察很有启发性。仔细分析可以发现，附缀“是”的融入主要发生在宿主是单音节的情况下，少数情况下可以与双音节宿主融为一体，而附缀“是”的脱落主要发生在宿主是双音节或多音节的情况下。究其原因，主要在于汉语整体双音化的韵律趋势。

从整个汉语词汇发展史来看，双音节词汇数量占绝大多数

(董秀芳 2002/2011),且双音化一直以来是汉语中最为普遍和基本的韵律取向(吴为善 2006;冯胜利 2000/2013)。从韵律角度来说,双音节是汉语的标准音步,三音节属于超音步(王洪君 2002)。结合汉语的类型特征,相比单音节宿主之后的附缀“是”而言,双音节或多音节宿主之后的附缀“是”更容易发生脱落,成为一个零形式。例(32)中,“问题”的前后文在语义上存在一定的转折关系,“问题”作为插入语,完全可以省去而不影响句意的表达和理解,并且也可以补充出“是”。试比较:

(32) 防一个人没有错,问题,你有没有必要那么一而再再而三地打压他?(言无休《宦海逐流》)

(32′) 防一个人没有错,问题[是],你有没有必要那么一而再再而三地打压他?

(32″) 防一个人没有错,(问题[是])你有没有必要那么一而再再而三地打压他?

汉语词汇单位以双音节的居多,这是一种倾向,甚至可以说是一种强烈的倾向。受此倾向的制约和影响,双音节或多音节宿主之后的附缀“是”较难成为词缀。三音节的“$X_{双音节}$+是”是存在的,但相比“$X_{单音节}$+是”而言数量不多。汉语的韵律规则总是将三音节结构双音化,附缀“是”会走向脱落,但同时我们也应该看到“$X_{双音节}$+是”是一个不断增多的过程。一方面是由于语法化过程中的滞后性,语义上已经虚化了的成分,在语形上仍然存在,起到凑足音节的作用;另一方面受到大量格式类推作用的影响,使得“$X_{双音节}$+是”不断增多。这些表明,单音节宿主后附附缀“是”成为双音词的比例很高,双音节宿主后附附缀“是”也存在成词的一些例子,但相比而言要少。

3.2.2 “是”语义的空灵性

曹秀玲(2012)指出,与其他行为动词相比,判断词“是”的词汇意义显得空灵,在一定语境的提示下,陈述命题时“是”可有可无。判断词"是"的省去需要特定语境的支持,并不是可以随意的省去。如"今天星期一",该句中,"星期一"具有一定的顺序义(邢福义 1984)。普通的陈述句中,"是"几乎都不能省去,如不能单独说"这桌子。"需要语境的支持。

语法化主要发生在使用频率高、范围广的词语上。从人类语言发展的普遍性来看,词语的使用频率与其语法化密切相关。频率不仅仅是语法化的结果,同样也是导致语法化发生的动因之一。《现代汉语频率词典》里,在"分布最广的词率分布表"中,"是"排第三,在所有动词用频中,"是"排第一。如此高频使用的"是",相对容易发生语法化(这里具体指附缀化)。

受词汇源义的影响,语义空灵的"是"附缀化后,不论在句法上还是语义上,都可以忽略不计,但在表达功用上存在些许的差异(如系连、强化等)。结合邵洪亮(2015)的观点,附缀"是"属于基本功能羡余成分。具体来说,当宿主是单音节时附缀"是"起到凑足双音节的作用,刚好满足汉语双音步的韵律要求。虽然"是"在语义上和句法上已经是一个羡余成分了,但如果没有这个"是",整个句子表达不顺畅。试比较:

(33) 酒在桌上发着辛辣的味儿,他不很爱闻,<u>就是</u>对那些花生似乎也没心思去动。(转引自张谊生 2003)

(33′) ?? 酒在桌上发着辛辣的味儿,他不很爱闻,<u>就(是)</u>对那些花生似乎也没心思去动。

当宿主是双音节时,宿主本身已经满足了汉语双音步的韵律要求,羡余成分"是"可以较为自由地脱落,脱落后对整个的句义表达和理解都不会造成很大的影响,但会对句子的顺畅度等表达功用带来一定的影响。试比较:

(34) 将近中午时,那些饭盒与茶缸,就由一个或两个店员负责送往另一条弄堂内的小学校职工食堂,上笼蒸,然后再去取回来。也有些店员是在小学校食堂搭伙,到吃饭

时便轮流去吃饭。似乎是，每个店都有自己的不同的午饭风格。（王安忆《逃之夭夭》）

（34′）……也有些店员是在小学校食堂搭伙，到吃饭时便轮流去吃饭。似乎（是），每个店都有自己的不同的午饭风格。

（35）蒋：小Y和她男朋友吵架了，她说要搬回来住两天。

张：问题她搬回来了吗？（转引自张璐 2015）

（35′）问题[是]她搬回来了吗？

对比例（34）和例（34′），附缀"是"脱落后，不论是句法还是语义都没有很大的变化。例（35）中脱落了附缀"是"，例（35′）补充出了附缀"是"，对比两个句子，不论是句法上还是句义上都没有显著的变化。脱落附缀"是"的例（34′）和例（35），在句子顺畅度和主观性上相对要差。

综上可见，受判断词"是"本身词汇意义空灵的影响，"是"附缀化后，成为了一个句法和语义都羡余的成分，考虑到韵律因素，单音节宿主后面的附缀"是"起到凑足音节的作用，双音节宿主后面的或前面的附缀"是"有可能走向脱落。

3.2.3 表达的经济性

省力原则又称为经济原则，指的是用最小的代价换取最大的收益，"语言中的短词很明显地比长词更受到人们的欢迎"（姜望琪 2005）。"是"的羡余性，加之宿主是双音节甚至多音节，其脱落后比脱落前更符合经济性的相关需求。例如：

（36）个别领导干部贪污腐败虽与其宗旨意识不强有关，但主要是因为权力监督、制约体制不合理、不到位。企业制假贩假虽与其诚信意识不强有关，但主要是因为管理体制不到位、不合理。个别学者学术抄袭虽与其学术诚信意识缺失有关，但主要因为是量化管理体制催生了学术界急功近利的心态。（《学习时报》2012年10月29日）

例句中的三处画线部分，前两处有附缀“是”，后一处没有附缀“是”，说明“是”是一个羡余成分。从整体的表达效果上看，“是”的有无对句义的表达和理解，以及语篇的顺畅度等都不会造成太大的影响，这里的附缀“是”已经成为了一个完全羡余成分。省去附缀“是”，不仅能取得紧凑的表达效果，而且符合经济性原则。再比如：

(37) 罗素在一九二八年发表的一篇文章中，进而点出了中国伦理的一个致命伤：“在中国的思想体系中，有一个而且只有一个严重缺点，那就是，它不能帮助中国对抗好战的国家。”这其实是很接近鲁迅的意见。可惜的是，他说得那样漫不经心，也没能沿着这个逻辑而展开自己的思想，甚至没有用心论及与这个缺点相通的另一个侧面：它能不能帮助受压迫的奴隶对付肆虐的主子。更为遗憾的，他没能进而想一想：自己在中国总是不厌其烦地劝说被欺凌的弱者保持忍让伦理，客观上意味着什么？(《读书》vol-151)

画线部分都是“X的是”格式，附缀“是”脱落以后，句义上和表达上几乎没有任何影响，语用表达上显得更加简洁紧凑。

综上所述，附缀“是”进一步发展演化的结果，要么成为词缀，要么走向脱落。其中，韵律因素的制约是最为重要的，除此之外，“是”的语义空灵性以及表达的经济性，也会制约和影响附缀“是”的进一步发展演化。我们结合图2-2，将附缀“是”的来源及其进一步发展演化图示如下①：

---

① 张璐(2015)认为“是”的演化路径是：先成为词内成分，然后再走向脱落。我们认为这种概括不全面。通过考察，部分“是”成为了词内成分，部分“是”走向了脱落，并非先成为词内成分而后再发生脱落，“是”有着各自的发展方向，这是其一。其二，不可否认，“$X_{双音节}$+是”中，确实存在先“融合”而后“是”走向脱落的情况。这样看来，“是”成为词内成分或脱落应该再细化研究，考察其影响因素有哪些。

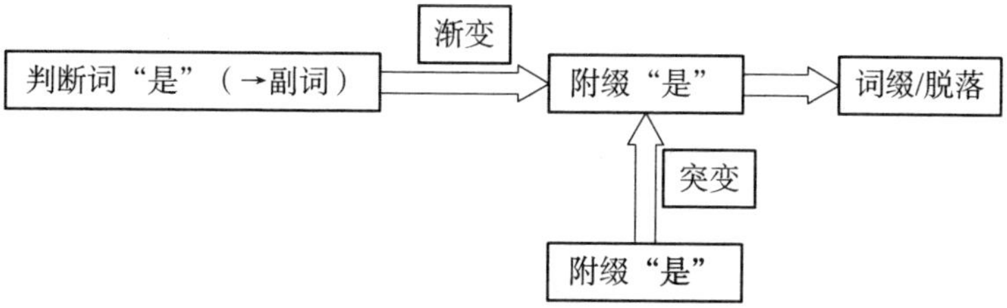

图 2-2　附缀"是"的来源及其进一步发展演化图

3.3　"是"脱落后对宿主的影响

附缀"是"依附的宿主类型具有多样性，可以是名词（如"问题"）、动词（如"估计"）、情态动词（如"应该"）、区别词（如"主要"）、副词（如"简直"）、连词（如"因为"）或"的"字结构"X 的"（如"可惜的是"）等等。附缀"是"脱落后，会对前面的宿主产生影响，主要包括：宿主词类转变和宿主词类不变。

3.3.1　宿主词类转变

宿主词类转变，指的是附缀"是"脱落后，宿主发生了转类的变化，即从一类词变化成为另一类词。具体而言，由名词、动词和区别词充当的宿主，后附的附缀"是"脱落后，名词宿主、动词宿主或区别词宿主几乎都会失去其典型范畴特征，更多体现出来的是一种元语标记用法。从词类的角度来看，名词宿主、动词宿主或区别词宿主正在或已经发生副词化。例如：

（38）听了华威的描述，张强不由得皱起了眉头，淡淡地说道"要想成为世界顶尖水平的摇滚乐队，光靠抄袭是不可能实现的。关键[是]，我们要创作出属于我们自己的摇滚音乐！"（飞舞激扬《超级农民》）

（39）以往大盘走软时大盘低价股主动护盘的现象在昨天下午突然消失，更加剧了投资人对大势走向的恐惧，尾市出现杀跌性恐慌抛盘。估计[是]，今天投资人在冷静思

考后，对市场走势的看法会有所改变，以利于市场逐步止跌正稳。(《厦门日报》1997 年 8 月 13 日)

(40) 在任昊等人上楼的那一刻，柳岩海最先发现的不是任昊，而是夏晚秋。主要[是]，这个女人太过惹眼了，饶是见过了大场面的柳岩海也不得暗暗一惊，美貌与气质并存，这种女人可不多见。(尝谕《重活了》)

张谊生(2000)指出，副词可以从名词、动词和形容词语法化而来，且汉语中有相当一部分副词是由形容词演化而来的，如“好”“稍”等。脱落附缀“是”之后的“关键”“估计”和“主要”，不再是典型的名词、动词和区别词，失去了名词、动词或区别词的部分典型范畴特征，倾向于走向副词。这是从定性分析的角度来看的。

再从定量统计的角度来看。张谊生(2015)在论述“生生”的再语法化时，指出“动词状语转化为副词取决于该义项的唯状率是否达到 95%，如该义项还经常充当其他成分，表明其副词化尚未彻底完成。”据语料统计，脱落“是”之后的处于句首位置的“问题”“关键”“估计”“主要”，几乎都用作状语，唯状率接近 100%，尤其是宿主光杆独用时，副词的用法特征更加明显。

3.3.2 宿主词类不变

宿主词类不变，指的是附缀“是”脱落后，宿主没有发生转类的变化，即没有从一类词变化成为另一类词。副词宿主、连词宿主或“X 的是”后面的附缀“是”脱落后，宿主的词类基本保持不变。例如：

(41) 人们在呼唤职业道德回归的同时，还必须对演艺圈中那些违反职业道德、破坏行业规范的情节恶劣者，依据法律规则进行制裁。似乎[是]，中国电影家协会和剧协等组织也应仿照中国足球协会，对那些不遵守演出规则者，罚其几年之内不得有任何性质的演出。(《人民日

报》1995 年 6 月 17 日)

(42) 虽然[是]踢得难看点,虽然是对手占优势,但状态平平的巴西队今天还是跳着桑巴舞,以 2∶0 击败实力稍逊的比利时队,进入韩日世界杯足球赛八强,向他们夺冠的目标又迈进一步。(新华社 2002 年 6 月份新闻报道)

(43) 究其动机,大多均出于旅游或商业考虑。最令笔者痛心和焦虑的,这股风竟刮进了我国最大、也最珍贵的皇家园林废墟圆明园。(《人民日报》1995 年 10 月 27 日)

“似乎”是典型的评注性副词,也是一个饰句副词,脱落附缀“是”之后,对宿主“似乎”的词性没有任何影响,毕竟评注性副词本身就有一定的篇章衔接功能(张谊生 2000/2014)。“虽然”是连词,附缀“是”的有无也没有造成明显的影响,甚至可以与“虽然是”对举使用。“最令笔者痛心和焦虑的”是一个“的”字结构,附缀“是”的有无对该结构本身影响并不明显。可能有人会有疑问:脱落“是”的“似乎”有没有可能语法化为连词?我们对此加以回答。按照语法化相关理论,副词“似乎”可能进一步语法化为连词。但这里的“似乎”仍是副词,还未连词化。原因包括:第一,副词与连词有一定的区别(具体请参阅周刚 2002)。副词的主要功用是充当状语,连词的主要功用是连接。该例句中的“似乎”充当整个句子的高谓语,不仅仅具有衔接功用。第二,评注性副词本身具有一定的衔接功能(具体请参阅张谊生 2000/2014)。“似乎”是评注性副词,居于句首,起到了一定的衔接功用。因此,脱落附缀“是”的“似乎”还是副词,并未连词化。至于“似乎”是否会连词化,需要时间检验。

综上所述,宿主和附缀“是”存在着一定的互动关系。宿主音节数的多少等会对附缀“是”的进一步发展演化带来影响。同时,附缀"是"的脱落也会对宿主"X"造成影响,甚至导致宿主发生词类转变。

四、本章小结

现代汉语中,附缀"是"的来源主要包括两大类:渐变演化与突变类推。从自身演化的角度看,附缀"是"来源于判断词或副词。后接成分的复杂化、信息组块和双音化或三音化是导致"是"附缀化的动因,分界转移、重新分析和类推是"是"附缀化的相关机制。附缀"是"进一步发展演化的结果包括:或者与宿主"X"融合成为一个词汇单位,附缀"是"成为词缀;或者走上零形化的道路,附缀"是"脱落,成为一个零形式。影响附缀"是"进一步发展演化的因素主要包括:宿主音节数的多少、"是"语义的空灵性和表达的经济性。其中,韵律方面的因素是最为重要的。

第三章　附缀结构“主要是”的特征及其表达功用

一、引言

现代汉语中，不论是口语还是书面语，“主要是”存在同形异构的情况。例如：

(1) 中国涂料工业协会向国家经贸委建议淘汰一批有毒有害的低档涂料，主要是107涂料、改性纤维素涂料和改性淀粉涂料。(《厦门商报》1999年12月22日)

(2) 窦文涛：没有，有关系也不说明什么嘛，她是叫谭静，实际广州最近议论纷纷的，我做《文涛拍案》做了这一集，就是惋惜呀，长得很漂亮。

许子东：长得丑你就不惋惜呀。

窦文涛：都惋惜，这个女孩子叫谭静，主要是，到现在你知道好多人还不信呢，就是警方做结论，说是高坠而死。(《锵锵三人行》2008年4月26日)

例(1)中，“是”是判断词，不能省去，“主要”充当状语，可以省去。例(2)中，整个“主要是”可以省去，省去后对整个句子的句法和语义都没有显著的影响，其中的“是”不是判断词。由此可以看出，两个例句中的“主要是”只是表层形式相同，实际用法和意义是完全不同的。

查阅相关资料，明确涉及“主要是”的文献包括：吕叔湘、朱德熙(1980/2013)、董秀芳(2004)、吴为善(2006)、李宗江、王慧兰(2011)、张斌(2013)和任纪华(2016)等等。其中，吕叔湘、朱德熙(1980/2013)、吴为善(2006)和李宗江、王慧兰(2011)都分别谈到了包括“主要是”在内的一系列三音节语段的关联作用。董秀芳(2004)则主要从语法化和词汇化的角度分析了“主要是”的成词过程及其“是”如何成为词内成分的。张斌(2013)从附缀化角度出发，对“主要是”中的附缀“是”进行了一定的说明。任纪华(2016)主要讨论了话语标记“主要是”的三个语法化阶段。毋庸置疑，上述学者基于不同的理论与方法，从不同的视角出发，对“主要是”进行了多方面的研究，读后深受启发。但我们重点关注的是作为附缀结构的“主要是”的共时表现特征，以及除了具有“引出原因”(李宗江、王慧兰 2011)的功用之外还有哪些语用功能，“是”在这一附缀结构中属于什么性质的成分等相关问题。本章内容包括三个方面：其一，附缀结构“主要是”的共时特征表现；其二，附缀结构“主要是”的形成机制；其三，附缀结构“主要是”的表达功用。

二、特征及其形成机制

本节我们主要分析附缀结构“主要是”的表现特征和形成机制，认为，“主要是”的形成与错配和重新分析密切相关。

2.1 表现特征

2.1.1 “主要是”前面的主语不能补充出来

在我们收集到的语料中，有些例句“主要是”上文中出现了明确显性的体词性成分，且该体词性成分前多有表示[+大量]或

[＋多量]语义特征的修饰语：或者是表示数量的词语，如“一些”“各种”“某些”“诸多”“一大批”“不少的”“很多(的)”等；或者是表示性质状态的词语，如“较大(的)”“很大的”“重大(的)”“值得注意的”等。这种情况下，根据上文语境，“主要是”前面可以补充出一定的主语：“原因”“因素”“差距”“不足”“缺点”“变化”“内容”“批评”“困难”“工程”等。此时的“是”是判断词，不能省去。“主要”充当状语，可以省去，但表达效果上有差异。例如：

(3) 各省、市、区党政领导对今年的防汛工作很重视，防汛准备工作做得是好的。但也要清醒地看到，防汛抗洪仍然存在不少薄弱环节，与安全渡汛的要求还有较大差距。[差距]主要是：部分干部群众仍然存在比较严重的麻痹思想和畏难情绪；有些地方对防汛工作抓得不实，投入不够；河道、湖泊的清淤除障工作进展迟缓。(《人民日报》1995 年 6 月 28 日)

(4) 目前，安哥拉的和平进程还存在一些亟待解决的问题。[问题]主要是部队脱离接触、加速排雷、交换战俘、组建新的武装部队等。(《人民日报》1995 年 8 月 9 日)

(5) 从目前暴露的问题及初步预测，农金会的建章办金融业务，已在农村经济生活中造成了不良的影响并埋下了许多隐患，[隐患]主要是：农金会高利吸储，迫使有的农村金融机构不得不参与“利率大战”，这不仅增加了资金成本，加剧了企业负担，也使农行所社资金来源趋于萎缩……(1994 年报刊精选)

(6) 六年来布达拉宫维修工程中的大量实际工作，[工作]主要是在西藏自治区党委、政府的直接领导下进行的，这为工程的成功提供了重要保证。(1994 年报刊精选)

例句中“主要是”的上文中分别出现了“较大差距”“一些亟待解决的问题”“许多隐患”和“大量实际工作”，根据语境，可以在

“主要是”前面补充出来“差距”“问题”“隐患”和“工作”。“是”是判断词，不能省去，“主要”作状语，可以有条件地省去[①]，这些例句中的“主要是”属于状中结构。

有些用例在上文中并没有出现明确显性的体词性成分，但根据语境也可以在“主要是”的前面补充出来一定的主语。例如：

(7) 龙作(龙应台的作品)在台湾引起“旋风”，其后引进大陆，虽有萧乾先生为之鼓吹，却始终未能引起相应的反响。[原因]主要是，从主客观说，当时这里都还没出现相当的条件。(《读书》vol－170)

(8) 谁也没有撒谎，今天吴桂芬的确闭过气了几分钟。一到仲秋，吴桂芬的枯叶性哮喘就要发作。本来哮喘也不至于那么厉害，[原因]主要是吴桂芬的肺不行了。(转引自李宗江、王慧兰 2011)

例(7)和例(8)中，第一处画波浪线句说的是某一事件的结果，第二处画波浪线句说的是这一事件的原因。根据上下文语境，前后画线句之间是一种因果关系，如果要出现主语的话，可以在“主要是”前面补充出来“原因”，这时“主要”充当状语，“是”是判断词。如果不补充出来主语，这时“主要是”可以省去，成为一个附缀结构(当然，需要同时结合下面几条表现)。我们将这类两可的“主要是”归为不太典型的附缀结构。

附缀对于所依附单位的性质和类型没有硬性要求(Anderson 2005)，“汉语很多附缀对依附对象没有限制，往往是杂乱性依附”(严艳群 2013)。只有当前面的主语无法补充出来时，“主要是”才有可能是典型的附缀结构。例如：

---

① 省去状语“主要”后，突出强调的表达效果弱化了。试比较：(4′)安哥拉的和平进程还存在一些亟待解决的问题。[问题]是部队脱离接触、加速排雷、交换战俘、组建新的武装部队等。

(9) 虽然会很艰难，但一想到是自己选的并不是被迫的也会好过很多，精神折磨和身体折磨相比，我累点也没什么啦，主要是，做自己喜欢的事情。(BCC・微博)

(10) 初品着感到玄妙莫测，不好琢磨，高明的茶师把武夷岩茶的"岩韵"归纳总结为"香、清、甘、活"。主要是，茶汤入口后，通过鼻腔、舌头、口腔，感觉到的茶汤含在口中翻滚时产生的真香、清冽、回甘、醇和。(百度百科《武夷岩茶的特点》)

上述两个例句中，结合上下文语境，"主要是"的前面无法补充出来体词性成分，这类"主要是"有可能成为典型的附缀结构。

2.1.2　"主要是"之间不能插入其他成分

"主要是"只有句位紧邻，才有可能成为一个附缀结构。因此，"主要是"之间不能插入语言单位，不论是体词性成分还是别的语言成分。具体又可以细分为以下两种情况。

2.1.2.1　不能插入体词性词语

除了前面不能补充出来主语之外，"主要"与"是"之间也不允许插入体词性成分，即不能补充出来体词性中心语。上文语境中出现明确的体词性成分，且有表示[＋大量]或[＋多量]语义特征的词语，此时"主要"与"是"之间可以补充出来体词性成分。如果补充出来的话，"是"几乎都是判断词，不能省去，"主要"作定语，补充出来的体词性成分充当主语。例如：

(11) 下个世纪前10年，集中力量建设一批对国民经济和社会发展具有全局性、关键性作用的工程。主要[的工程]是，继续建设长江三峡、黄河小浪底等大型水利枢纽工程，兴利除害，基本解决长江、黄河水患；着手建设跨流域的南水北调工程，缓解北方部分地区严重缺水的矛盾。(《人民日报》1996年3月20日)

(12) 我们在前进中还存在不少问题和困难，中长期经济发展中也有不少制约因素。主要[的问题、困难和制约因素]是：农业是国民经济突出的薄弱环节，不能适应人口增加、生活改善和经济发展对农产品日益增长的需要；国有企业生产经营困难较多，管理体制和经营机制不适应社会主义市场经济的要求……（《人民日报》1996 年 3 月 21 日）

（13）近年来，“供应者管理”的概念有了很大的变化，主要[的变化]是日本的一些公司经验的结果。早期的多渠道供货选择和通过促使分供方或卖主之间的竞争来获得最佳选择为合作和伙伴关系提供了途径，并可建立长期的关系。（CCL《哈佛管理培训系列全集》）

（14）我们的工作还存在一些不足，主要[的不足]是：政治协商、民主监督工作在有些方面还需要进一步加强；发挥委员的专长还不够充分；我们的思想解放还不够；机关服务工作尚存在一些薄弱环节。所有这些，我们要在新的一年里认真解决。（1994 年报刊精选）

例(11)中，上文出现了体词性成分“工程”，且出现了表[＋多量]语义特征的词语“一些”。结合语境，可以在“主要”与“是”之间补充出来中心语“(的)工程”。例(12)中，上文出现了体词性成分“问题”“困难”“制约因素”，且出现了表[＋多量]语义特征的词语“不少”。结合语境，在“主要”与“是”之间可以补充出来的中心语有三项，分别是“问题”“困难”和“制约因素”。例(13)中，上文出现了体词性成分“变化”，且出现了表[＋大量]语义特征的词语“很大”。结合语境，在“主要”与“是”之间可以补充出来中心语“(的)变化”。例(14)中，上文出现了体词性成分“不足”，且出现了表[＋多量]语义特征的词语“一些”。结合语境，在“主要”与“是”之间可以补充出来中心语“(的)不足”。

上文语境中没有出现明确显性的体词性成分，“主要是”可以作为一个整体出现。但根据语境，“主要”与“是”之间也可以补充出来一定的中心语，即处于可以补充出来中心语或者不补充出中心语两可的情况。例如：

（15）自从“送贝壳”那晚开始，他们三个，就变成经常一起行动，一起出游了。主要[的问题]是，冰儿狠不下心来，她总对李慕唐说：“你不觉得他很可怜吗？我们帮他度过这段时间吧，好吗？总之，大家将来也要做朋友的！”（琼瑶《冰儿》）

（16）老查尔兹说，我的问题在于从来不上教堂。他这话说的倒是有些对。我的确从来不上教堂。主要[的原因]是，我父母信不同的教，家里的孩子也就什么教也不信了。（文学翻译作品《麦田里的守望者》）

上述两个例句中，“主要是”的上文中没有出现明确的体词性中心语，也没有出现表[＋大量]或[＋多量]语义特征的词语，“主要”与“是”之间可以不补充出来体词性成分，此时的“主要是”作为一个整体出现。如果“主要”与“是”之间补充出来体词性成分的话，结语上下文语境，可以分别补充出来“（的）问题”和“（的）原因”。我们将这类两可的“主要是”归入不太典型的附缀结构。

在满足“主要”与“是”之间不出现任何体词性成分的条件下，“主要是”才有可能是典型的附缀结构。例如：

（17）“我做了这件事，尽管做得不好，做得不够，但多少做了一点事情，您不仅未能使我相信我所做的事并非善事，而且也未能使我相信您自己有这样的想法。主要是，”皮埃尔继续说话，“我知道，而且确切地知道，行善这一乐趣是生活上唯一靠得住的幸福。”（文学翻译作品《战争与和平》）

（18）现在老太太逢人便推销自己的理念：“趁着身体还行，是得多出去走走，主要是远离平时生活小环境的束缚，透

口气！"(《人民日报》2018 年 2 月 13 日)

例(17)中，"主要是"后接一个主次包孕句。例(18)中，"主要是"后接谓词性小句。这两个例句中，"主要"与"是"之间补充不出任何体词性成分，且"主要是"可以省去，这类的"主要是"才有可能是典型的附缀结构。

2.1.2.2 不能插入否定副词或情态动词

典型的附缀结构"主要是"，除了中间不能补充出来体词性中心语之外，也不能补充出否定副词或情态动词等修饰成分。Zwicky & Pullum (1983)和 Spencer & Luís (2012)指出，某一单位附缀化后，不再允许接受句法操作。换句话说，附缀化属于句法后操作(严艳群 2013)。判断词"是"本身有逻辑重音，可以接受否定等句法操作，如果否定副词或情态动词等修饰成分出现在"是"之前，"主要是"肯定还不是典型的附缀结构。例如：

(19)《赵丹传》紧紧吸引我们的，主要不是他如何由"文明戏"而现代话剧，如何演技超群步入峰巅，也不是六和塔下的婚礼佳话，也不是他二入牢狱备受磨折，而是他那率真、任性、热烈、恣肆的性格魅力，那颗九死而未悔的赤子之心。(《人民日报》1993 年 6 月 11 日)

(20)以研究生教育而言，主要还是分段课题研究式培养，以为高教和研究机构送人为主，这与社会主义市场经济要求还有相当差距。(1994 年报刊精选)

(21)一位不愿具名的业内知名建筑师对记者表示，从目前的情况来看，主要可能是土芯取样抽查出现了问题，这导致了设计失误，而且打桩也不够深。(CCL《中国经营报博客》)

(22)汉族干部对少数民族的帮助，主要应该是通过各种工作，宣传党和国家的政策，培养少数民族人民"当家作主"的思想，使他们了解自己的奋斗目标，并且学会各种

实际的本领。(《人民日报》1957 年 1 月 23 日)

上述例句分别在"主要是"之间出现副词"不""还"和情态动词"可能""应该",且"是"也不能省去,说明"是"还是判断词。

当"主要是"之间无法补充出来一定的修饰语,"主要是"才有可能发展成为附缀结构。例如:

(23) 看来任务还是非常的繁重,尤其是咱们农民工还有咱们建筑行业这一方面,咱们北京属于国际大都市,每天可能开工的或者正在建的项目有很多很多,看来咱们管的事是真不少。主要是,刚才我听到咱们中间说到一个有关农民工工资的一个事。农民工工资拖欠也是咱们建委建管中心来负责监管和要求各个建筑企业执行,是吗?(《城市零距离》2008 年 4 月 7 日)

(24) 实际上,邹子川早就想到了米雪各种各样的可能性,首先一种可能就是米雪已经葬身斑斓壳虫的腹中,当时已经过去了几天,他赶到现场也于事无补,当然,主要是,邹子川根本不可能赶到那虫巢的地方去。(罗霸道《星际屠夫》)

上述例句,"主要是"之间无法补充出否定副词等修饰成分,即"是"不能接受句法上的操作,这种情况下的"主要是"才有可能成为附缀结构,"是"才会附缀化。

2.1.3 "主要是"后接语义自足的小句或句子

如果"是"后的宾语是体词性成分"NP",此时的"是"几乎都是判断词,语义重心在"是 NP"上,"是"有自身的逻辑重音。例如:

(25) 建立现代企业制度过程中,转变职能就是政府要在"政"字上下功夫。[内容]主要是"三政"。(《人民日报》1995 年 8 月 23 日)

(26) 阿波罗掌管许多事情,主要的角色是太阳神。(CCL《中

国儿童百科全书》)

不论是例(25)还是例(26),语义重心都在“是NP”上:“是三政”和“是太阳神”,“是”是判断词。

当“是”后的成分扩展为一个语义自足的小句或句子时,整个语义重心后移到该小句或句子上。此时的“是”也不再负有语义重心,按照“义轻则音轻”(孙景涛 2005)的原则,这种情况下的“是”语音也发生了弱化,韵律上不自足,完全可能成为一个附缀,贴附到前面的宿主“主要”上。

从句法形式上看,“主要是”后接的句子可以是单句,也可以是复句,甚至可以是句群。例如:

(27) 会议一开始,重庆市委书记张德邻就说:“我们是来听课受教育的。主要是[我们]想听听你们下岗后怎样面对困难和苦恼,通过努力取得成绩的。在新的岗位上,又是怎样克服新的困难。”(《人民日报》1998年6月8日)

(28) 彼得·盖拉西莫维奇当时不在房间里,首席陪审员重读问题和答案时,他正好出去了;不过主要是因为大家都感到疲劳,都想快点脱身,因此就一致同意那个可以早一点结束的决定。(文学翻译作品《复活》)

(29) 政府必须通过加强宏观调控,运用经济和法律的手段,辅之必要的行政手段,对农业进行扶持和保护。主要是加强农田水利设施建设,以抵御自然风险;加强农产品储运、加工、销售设施建设,以减少市场风险;加强科技、教育、信息设施建设,增强农业发展后劲。(《人民日报》1995年5月9日)

石毓智(2005)在论述“是”的判断用法时,谈到了表示“诠释关系”的判断句。这一类型的判断句中,“是”虽然后接的也是句子,但“是”仍是判断词。例如:

(30) 问题是事态发展得太快了一点儿。(转引自石毓智

2005)

(31) 这次大家把学习的机会让给你是对你的爱护。(同上)

上述两个例句,分别可以在“是”之前插入“主要”,说成“问题主要是事态发展得太快了一点儿”和“主要是对你的爱护”。扩展后的例句,“是”仍然是判断词,“主要”作状语。

石毓智(2005)的论述看似是笔者观点的一种反例,实则不然。不可否认,“主要是”后接体词性成分或语义自足的小句甚至句子时,“是”可能还是判断词。但我们在分析“主要是”是否是附缀结构时,不能只靠一两条标准,而是要靠一束互有关联的规则。如例(30),“是”后接的是一个语义自足的句子,但这个“是”无法省去,仍是判断词。我们在分析附缀结构“主要是”的相关表现时,需要结合别的特征,但后接语义自足的小句或句子是不可或缺的必要条件之一。

2.1.4 “主要是”可以较为自由地省去

上述分析表明,“是”作为判断词是不能省去的,如例(1)和例(30),说明“主要是”不是附缀结构。当“主要是”可以较为自由地省去,且省去后并不影响句意的表达和理解时,表明“主要是”的表现更接近附缀结构。试比较:

(32) 穷的先不说,连个住的地方也没有……唉,土窑洞他倒有力气打一孔,主要是这家穷得已经像一个破筛子,到处是窟窿眼……(路遥《平凡的世界》)

(32′) 穷的先不说,连个住的地方也没有……唉,土窑洞他倒有力气打一孔,这家穷得已经像一个破筛子,到处是窟窿眼……

(33) 送她去上学,她到底学些什么,倒不要紧。主要是让她有机会结交一些正当朋友,学学待人处世,她会成长起来的。(老舍《鼓书艺人》)

(33′) 送她去上学,她到底学些什么,倒不要紧。让她有机会结交一些正当朋友，学学待人处世，她会成长起来的。

上述两个例句中，“主要是”省去后，对整个语篇的句法和语义并没有特别显著的影响（表达功用方面的差异，具体见下文分析），“主要是”作为整体，可以较为自由地省去。

综上所述，正如语法化有程度高低之别一样，附缀化也有程度高低的差异。我们可以根据上述的语法表现或特征，对附缀结构“主要是”的典型程度加以列表。

表 3-1 附缀结构“主要是”典型程度表

	主语不出现	中间不能插入成分		后接小句或句子	“主要是”可以脱落
		体词性成分	副词或情态动词		
典型	+	+	+	+	+
不太典型	(+)	(+)	+	+	(−)
不典型	(−)	(−)	+	+	(+)

2.2 形成机制

从非附缀结构发展成为附缀结构，“主要是”的句法和语义等方面都发生了一定的变化。附缀结构“主要是”的形成机制主要与错配和重新分析有关。

2.2.1 错配

吴为善(2006)指出“它们(作者按：具有关联性的语段，如“特别是”“尤其是”等)的产生与语流中后置单音节的粘附性有关，这个‘是’在结构上应该与后面的成分组合，由于后面又是一个复音节的语块，在实际语流中它总是与前面的双音节成分组成一个节奏块，时间久了逐渐虚化为具有特定含义和结构功能的关联性语段。”这一观察很有见地。附缀结构“主要是”的形成机制大致也是如此。“主要是”的后接成分是一个语义自足的句子时，该句子是信息理解的重心所在，考虑到汉语的韵律特征，单音节的“是”

很容易被吸附到前面的双音节“主要”上，形成一个三音节的超音步韵律单位。例如：

(34) 在兵团中一切都是众所周知的：谁是中尉、谁是大尉、谁是好人，谁是坏人，主要是，什么人是同志。(文学翻译作品《战争与和平》)

(35) 她比安多里尼先生约莫大六十岁，可他们在一起似乎过得挺不错。主要是，他们两个都很有学问，尤其是安多里尼先生。(文学翻译作品《麦田里的守望者》)

例(34)中，“主要是”后接一个非疑问句“什么人是同志”，单音节的“是”很容易依附到前面的“主要”上，组成一个韵律单位，便于信息理解。例句(35)可类推解读，不再赘述。

严艳群(2013)从类型学的角度出发，结合汉语的实际类型特征，把汉语中的附缀错配类型分为层次错配、方向错配、语序错配和跨小句错配等四类。本章讨论的附缀结构“主要是”属于方向错配，即“本来结构上前置的成分在音韵上却不向它句法上的核心依附，反而依附到它前面的词上”(严艳群 2013)。如例(34)，句法上“是”与后面的句子成分关系紧密，但韵律上“是”与前面的宿主“主要”关系紧密，这样造成了句法结构和韵律结构的方向错配，导致“是”的附缀化，“主要是”也语法化为一个附缀结构。这一错配类型可以图示如右。

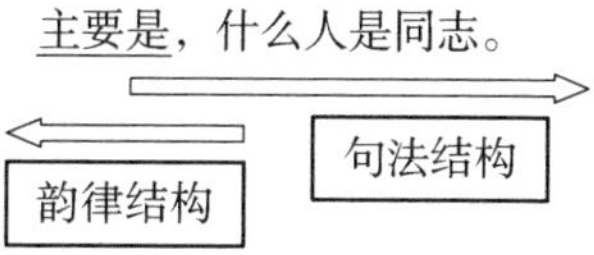

图 3-1　附缀结构“主要是”的错配

2.2.2　重新分析

刘丹青(2008/2017)在论述判断词的附缀化时，指出判断词的附缀化是导致重新分析的前提。换句话说，是附缀化发生在前，重新分析发生在后。得出这一结论是把重新分析作为结果，附缀化作为过程。我们试着换一个角度，认为重新分析是导致“是”附缀化或“主要是”走向附缀结构的机制之一。

重新分析是指“在句子结构不变的情况下，由于人的理解起了变化，同一种语言形式，被赋予了一种新的解释”（张谊生2016）。当“主要是”还是非附缀结构时，“是”是判断词，“主要”充当状语或定语，如例(1)。当“主要是”语法化为附缀结构后，“是”成为一个附缀，如例(34)。虽然“主要”与“是”线性表层句法相邻，但这两种情况的深层语义关系却存在较大差异。附缀“是”的特征具体表现为：语音上失去了独立性，需要依附于前面的宿主“主要”，组成一个韵律单位；句法上仍有词的地位，但随着附缀化程度的增强，“是”的依附性也逐渐增强，需要和宿主“主要”相结合，共同表达一定的语用功能；语义发生了调整，“是”的判断义逐渐消失，主观义逐渐加强。

从非附缀结构到附缀结构，“是”和“主要是”都发生了重新分析：“是”成为一个附缀，“主要是”成为一个附缀结构。尤其是随着高频率的使用，附缀结构“主要是”之间的融合程度更高，反映到书面语中，是用标点符号加以标示。例如：

(36) 一哥们喝酒，喝高了直接扭头往左边吐，我坐他左边了，顺势灵巧地一闪避过了，正暗自得意，结果发现他吐在我挂在椅背上的棉衣的袖子上了，主要是，我的棉衣还是白色的。(BCC·微博)

(37) 人们尊敬他和他的新任职务，这当然是好事，主要是，这种尊敬是他推行环境保护工作的一个有利条件。(王蒙《惶惑》)

在有标点符号标示的情况下，更能说明发话人已经承认“主要是”的“语块”地位，“主要是”的语法化程度更高，重新分析也更加明显。

三、表达功用

“主要是”的表达功用主要包括互有联系的两个方面：语篇衔

接和主观凸显。这两种表达功用可以认为是同一用法的两个不同角度：语篇衔接侧重于客观用法，而主观凸显关注的则是主观效果。

3.1　语篇衔接

吕叔湘、朱德熙（1980/2013）和吴为善（2006）都谈到，“主要是”是一个关联语，经常用在联合词组或联合复句中间起关联作用。附缀结构“主要是”用在句与句之间，而该句法位置也是连词经常出现的，受类推作用的影响，“主要是”同样具有了一定的语篇衔接功能。附缀“是”是从判断词“是”语法化而来的，判断词“是”的主要功用是系连判断，附缀“是”多少也会保留这一用法。因此附缀结构“主要是”具有语篇衔接的功用具有很强的理据性。试比较：

(38) 他们在大雾之中意外地碰上敌人了，他们没有听到最高首长激励士兵的话，部队中普遍存在着一种意识：已经迟到了。主要是，在浓雾之中看不见自己前面和周围的任何东西，俄国人懒洋洋地、行动迟缓地和敌人对射，他们没有去找自己的部队，却在雾气沉沉的不熟悉的地区徘徊寻路。（文学翻译作品《战争与和平》）

(38′) 部队中普遍存在着一种意识：已经迟到了。在浓雾之中看不见自己前面和周围的任何东西。

(39) 今年大选的话，他主要是做给大家看的，奥巴马政府做给大家看的，主要是，一个是要降低失业率，现在失业率还是在9%以上，降低到7%看他能不能做到。再一个从过去的以反恐为主要的战略，然后调整到以改善国计民生这方面为主的一个战略。（《新闻纵横》2012年1月5日）

(39′) 奥巴马政府做给大家看的，一个是要降低失业率，再一个从过去的以反恐为主要的战略，然后调整到以改善国计民生这方面为主的一个战略。

相比例(38)和例(39)而言,省去"主要是"的例(38′)和例(39′)在语篇连贯度上要相对差一些,说明附缀结构"主要是"具有语篇衔接的功用。

李宗江、王慧兰(2011)认为,"主要是"的表达功用是"引出上文所说事件的主要原因"。与二位观点不同的是,我们倾向于认为"主要是"表示引出原因的用法,并不是该附缀结构本身具有的功用,而是由于高频出现在表示因果类语义关系的句子之间,受语境感染的影响,从而导致"主要是"也具有了引出原因的表达功用。原因正如马真(2004/2016)所指出的,要区分语法意义是整个格式赋予的还是词项本身具有的。我们统计了北大语料库中所有附缀结构"主要是"的用例,其中90.6%的用例是表示引出原因。例如:

(40) 我揣摩自己大概要在一两个月内死去,因为我得了癌。我真是这样想的。我甚至肯定自己一定会死去。这当然不是太舒服的感觉。天像是要下雨的样子,可我还是出去散步了。主要是,我觉得我应该吃点儿早饭。我肚子并不饿,可我觉得我至少应该吃点儿什么。(文学翻译作品《麦田里的守望者》)

(41) 啊,喜悦,喜悦使我沉醉了!我只等着明天到来。主要是,我不相信会出现任何灾祸,尽管已经有了征象。(文学翻译作品《性格温和的女人》)

上述两个例句,都是先交代事件的结果,然后由"主要是"引出相关的原因。附缀结构"主要是"用在句与句之间,使得语篇衔接更加顺畅,语义更加连贯。

3.2 主观凸显

"主观性"是指语言的这样一种特性,即在话语中多多少少总是含有说话人“自我”的表现成分，也就是说，说话人在说出一段话的同时表明自己对这段话的立场、态度和感情，从而在话语中留下自我的印记(沈家煊 2001)。附缀结构“主要是”同样具有表达发话人情感或态度的主观用法。例如：

(42) 人家的实力和经验摆在那里，学校也很重视，他说话自然有分量，主要是，一所学校的声誉不可能只靠学生的文化课成绩支撑，德智体美劳一定要面面俱到，全面发展才是正途。(爱喂狗《修复专家》)

(43) 话说我也想一个人过，不过就是一个人过嘛。主要是，我不想一个人看电影。(BCC·微博)

“主要是”强调的内容，基于的是发话人自身的主观视角。“我们可以从不同角度来观察同一个物体，所以实际上看到的也会有相应的差别。”(Langacker 1987)据语料显示，“主要是”主观凸显强调的内容，可以是一件事情的一部分，可以是两件事情的一方面。例如：

(44) “只是不想误导别人，主要是，[我]不想误导陈蓝。我尊敬她。”(CCL《新结婚时代》)

(45) “这怎么行，我的心肝。不是大家都了解你们在童年时代的关系，在另外些常到我们家里来的年轻人的心目中，看见他和你这样亲密，对你是很不利的，主要是，白白地使他难受。他也许给他自己找到了情投意合的有钱的配偶，他现在简直要发疯了。”(文学翻译作品《战争与和平》)

例(44)中，“误导别人”涵盖的范围大于“误导陈蓝”，可以认为后一事件是前一事件的一部分，发话人使用“主要是”凸显强调的是整个事件(即“误导别人”)的一部分(即“误导陈蓝”)。例(45)中，“对你是很不利的”与“白白地使他难受”可以认为是并列的两件事，发话人使用“主要是”，主观上凸显的后面一个事件。

四、本章小结

本章从共时层面的角度分析了现代汉语中附缀结构“主要是”的相关情况。认为附缀结构“主要是”的特征主要包括四个方面：第一，“主要是”前面的主语不能补充出来；第二，“主要”与“是”之间不能插入语言成分；第三，“主要是”后接语义自足的小句或句子；第四，“主要是”可以较为自由地省去。“主要是”的形成主要与错配和重新分析等密切相关，错配和重新分析，可以认为是同一个问题的两个不同角度。附缀属于句法后操作，不再能接受句法操作。从语用表达上看，附缀结构“主要是”具有相互联系的两个方面：篇章衔接和主观凸显。

第四章　双音节连词有无附缀“是”的表达功用差异

一、引言

现代汉语中，双音节关联连词后附附缀“是”（下文用“$X_{连词}$+是”表示）与双音节关联连词本身（下文用“$X_{连词}$”表示）有时可以相互替换，替换后句子仍然成立，并不会对句法和语义造成十分明显的影响，但会在表达功用上产生一定的差异。试比较：

(1) 固然，大多数陪审员都不乏政治热情和正义感，但他们完全不懂法律；雄辩家们虽然懂得法律，但他们要迎合听众，因为是这些人在判定事实的真伪，决定法律的适用和被告的命运。（《读书》vol－101）

(1′) 他（哈林顿）说：“我觉得过去能击败伍兹的都是一些不那么出名的选手。因为这些人在职业生涯中一直面对比他们高明的球手，习惯落下风的处境，因此很适应和伍兹对阵。”（新华社2002年7月份新闻报道）

(2) 总之，要确保广大城乡人民的生命财产的安全，把灾害所造成的损失减少到最低限度。实现了这个目标，不但是为湖北人民做了一件特大好事，也为全国的大局作出了重大贡献。（《人民日报》1996年7月24日）

(2′) 中国大陆电影九十多年的发展史，是一部充满坎坷、在斗争中不断前进的光荣历史；通过几代电影艺术家的奋斗，不但为人民创造了丰富的精神食粮，而且也为中国电影事业积累了宝贵的经验。(《人民日报》2000 年 12 月 30 日)

(3) 他们此次前来不仅参加了全国少数民族传统体育运动会开幕式，而且观看了中国的国粹武术比赛。虽然是第一次来到宁夏，但贝先生已经不止一次来到祖国大陆了。(新华社 2003 年 9 月份新闻报道)

(3′) 叶聪开始忙了起来，他详细观察周边环境以便选择作业地点，同时和海面的指挥部密集地沟通。虽然第一次到这么深的海底，叶聪并不发憷，和潜水器这个“老搭档”配合也很默契。(《人民日报》2010 年 10 月 8 日)

查阅相关文献，明确涉及“$X_{连词}$ ＋是”的主要有：董秀芳(2004)、曹秀玲(2012)和张斌(2013)等。其中，董秀芳(2004)集中考察了部分“$X_{连词}$ ＋是”(如“不管是”“或者是”“即便是”“虽说是”“如果是”“只要是”等等)的词汇化，曹秀玲(2012)主要对比分析了双音节关联词语后附附缀“是”与后附附缀“说”的异同，张斌(2013)整体分析“X 是”时，较少部分谈到了“$X_{连词}$ ＋是”。由上可以看出，目前学界对关联连词是否带有附缀“是”的相关功用差异关注还不够，基于此，本章重点考察双音节关联连词有无附缀“是”所带来的表达效果差异。

有两点需要说明：第一，按照邢福义(2001)的观点，复句主要包括因果型、并列型和转折型等三大类，每一大类下又可以细分为好几个小类。我们不打算考察所有的复句类型，只分别选取每一大类中的一组典型关联连词“因为……所以……”“不但……而且……”“虽然……但是/却……”作为考察对象，且只分析关联连词前项后附附缀“是”的情况，不考虑后项是否带有附缀“是”。我们这样做，主要出于以下考虑：其一，实际用例数量的差异。曹秀玲(2012)统计和分析了关联词语后附附缀“说/是”的相关情况，通过该文的表1可以看出，关联词语后附附缀“是”的实际用例之间，存在较大的差异，有些语料还不足10例。其二，关联词语前后项的差异。由曹秀玲(2012)的统计数据可以看出，关联词语的后项中，除了“或者”和“不但”有后附附缀“是”的用例之外，其余的关联词语均没有后附附缀“是”，而关联词语的前项，除了“只有”之外，其余都能后附附缀“是”。其三，董秀芳(2004/2016)分析和解释说明了“是”主要出现在成对关联词前项的原因，认为：“在由配对使用的连词组成的复句结构中，后一个分句一般是语义的重点所在……这也是促成前一分句中的‘是’不再独立存在而与其前连词发生贴附的重要因素，因为处于非语义重心地位的语段中最容易发生句法成分间边界失落的变化。”第二，考虑到现当代汉语中“是”性质与用法的多样性以及本章只考察附缀“是”的情况，检索语料时，我们选取“$X_{连词}$＋是”后接成分是句子或谓词性小句的用例。基于这样的考虑：“是”的后接项是体词性成分时，“是”是典型的判断词，具有判断词的典型范畴特征。但由于“是”本身词汇意义的空灵性(曹秀玲2012)，表判断时也可以不用，如“明天(是)星期一，要早起上班”，这里的“是”是典型的判断词，不是附缀。考虑到研究对象是附缀“是”，因此我们在检索语料时，限制在“$X_{连词}$＋是”后接成分是句子或谓词性小句，这从附缀“是”的判定(详见第一章)也可以看出。

二、有无附缀“是”的表达效果差异

附缀“是”的有无，在句法上和语义上不会带来十分显著的变化，但表达效果上存在一定的差异。

2.1 句间系连与命题真实

有无附缀“是”，会给句子的顺畅度以及命题内容的真实性产生一定的影响。

2.1.1 句子顺畅度降低

语篇组织时，不仅要关注命题、内容或意义的传递与交流，同时也要注意信息传递过程中的关联性与顺畅度，达到准确与顺畅的结合。

判断词“是”是连接两个相关成分的重要手段（石定栩、韩巍峰 2013）。按照语法化演化规律，在语法化过程中，某一虚化形式的意义或句法分布环境仍在一定程度上受到其来源形式的制约和影响（张谊生 2017）。附缀化了的“是”语义上发生了一定程度的虚化，但多多少少还会保留部分实在的意义和用法。相比没有附缀“是”的“$X_{连词}$”而言，“$X_{连词}$＋是”在语篇衔接连贯度上要更强一些。“是”不出现，前后句子之间的系连程度减弱，句子顺畅度明显降低。试比较：

（4）在各种空袭的遭遇中，我所听到的命运论实在太多了。因为是，正如我们那女仆所说的，没有别的道理可以解释这些小说似的遭际。（施蛰存《三个命运》）

（4′）在各种空袭的遭遇中，我所听到的命运论实在太多了。因为，正如我们那女仆所说的，没有别的道理可以解释这些小说似的遭际。

画线部分的句子被插入语“正如我们那女仆所说的”所截断。有“是”的话，预示着“因为”语义上跟后面的句子“丝连”着，“是”更像粘合剂。如果没有这个“是”，前后句之间的隔断很明显，即没有附缀“是”时，句子的顺畅度减弱了。

李晋霞、王忠玲（2013）指出，“‘因为’有划界作用，明确提示其后是一个新的相对独立的意义整体，去掉后，句子仍可说，但意段分界的清晰度有所削弱。”换句话说，“因为”引导的“释因句”表明其后的句子在意义上起到了分界作用，划界功能较强。如果想要减弱这种“划界作用”，让语篇的衔接度更高，可以使用一些语篇衔接手段，附缀“是”便是其一。试比较：

(5) 记者在南京路、西藏路口遇到了来自延安的游客李际鹏。他和两位同事正围着几尊青铜塑像，相互拍照留念。因为是第一次来上海旅游，李际鹏显得特别兴奋，他对记者说，今天特地起了个大早直奔南京路。(新华社 2001 年 3 月份新闻报道)

(5′) 儒尼奥尔教练对记者说，因为第一次在沙滩上训练，他不要求运动员跑得很快。(《人民日报》1987 年 2 月 4 日)

(6) 不过就全国来看，至今效果还不够理想。主要是全党没有认真重视。我们为社会主义奋斗，不但是因为社会主义有条件比资本主义更快地发展生产力，而且因为只有社会主义才能消除资本主义和其他剥削制度所必然产生的种种贪婪、腐败和不公正现象。(《邓小平文选·第三卷》)

(6′) 第三个原因，那就归结到晁错的为人了，晁错这一回为什么一片喊杀呢？我认为，不但因为他这次犯了众怒，而且因为他平时就不得人心，这就牵涉到晁错是一个什么样的人，那么晁错是一个什么样的人呢，我们且听下回分解，谢谢。(易中天《汉代风云人物——晁错(上)》)

(7) 光顾了躲避，飞机又迷航了。好在无线电定位仪还起作用，虽然是由于受地形影响指针摇摆过大，但基本上还能判断出自己的大概方位，计算时间，调整航向，继续往昆明飞。(刘小童《驼峰航线》)

(7′) 比赛进行到第三十六分钟时，多特蒙德队球员在对方禁区前沿获得射门机会，虽然由于没有打正部位而使皮球

触地反弹起来，但却恰好成为给插上的埃韦顿的一记妙传。（新华社2002年8月份新闻报道）

绝大多数人类语言中，联系项的优先位置是谓语所连接的两个单位之间（Dik 1977）。受源义的影响，附缀“是”也可以认为是一个“联系项”，遵循“联系项居中”的语言类型共性特征。附缀“是”作为“联系项”，系连前后成分，使语篇更加顺畅连贯。没有“是”，前后之间失去了一个相当于“搭桥梁”的东西，“因为”和“由于”引导的释因句划界明显。附缀“是”将前后成分系连了起来，语篇也更加紧密。

2.1.2 命题真实性减弱

曹秀玲（2012）指出，“是”的判断作用，决定了“是”在情态表达上恰好处于强化命题真实性的一端。反过来说，如果没有“是”，命题真实性的强度会减弱。虽然附缀“是”的判断义发生了很大程度上的漂白，但源义还会有一定的保留，即源义（判断词“是”）会影响和制约新义（附缀“是”），符合语法化理论中的“语义俯瞰”（储泽祥、谢晓明2002）。因此有无附缀“是”，命题的真实性程度会存在一定的差异。试比较：

(8)《红楼梦》中最大的一个谜，是秦可卿。其他的谜，如按照曹雪芹的构思，黛玉究竟是如何死的，贾宝玉究竟是如何锒铛入狱，成为更夫，沦为乞丐，又终于出家的，等等，因为是八十回后找不到曹公原著了，所以构成了谜，我们在心理上，还比较容易承受。（刘心武《秦可卿出身未必寒微》）

(8′) 因为八十回后找不到曹公原著了，所以构成了谜，我们在心理上，还比较容易承受。

(9) 目犍连原是一个婆罗门教徒，不但是智慧很大，而且神通在佛的弟子中间也是出名的。（CCL《佛法概要》）

(9′) 目犍连原是一个婆罗门教徒，不但智慧很大，而且神通在佛的弟子中间也是出名的。

(10) 于是照常地吃饭,洗衣裳,买米买柴。虽然是人们都带着未知的惊慌之色,但是在马伯乐看来,那真是平凡得很,好像什么事情也没有发生,人们仍是照旧生活的样子。(萧红《马伯乐》)

(10′) 虽然人们都带着未知的惊慌之色,但是在马伯乐看来,那真是平凡得很,好像什么事情也没有发生。

解释原因时,需要提出更多让别人认同或信服的证据和看法。例(8)和例(10)中,发话人基于自己的考据,强调自己所说的命题和内容的真实性,"是"的判断义弱化了,但仍保留有一定的强化命题真实性的用法。省去附缀"是"的例(8′)和例(10′)是一种客观的因果陈述,至于真实是否,需要受话人判定,整个命题的真实性要有所减弱。再比如例(9)中,"不但是智慧很大"一句,"是"除了语篇上使得句子更加顺畅之外,在陈述"智慧很大"的同时,能够增强整个命题的真实性,而省去"是"的例(9′)相比例(9)而言,命题的真实性要弱一些。

2.2　主观强调与传信功能

附缀"是"不出现,主观评价以及传信表达等功用都会有所弱化或减轻。

2.2.1　主观评价的弱化

说话人在说出一段话的同时,会表明自己对这段话的立场、态度和感情,从而在话语中留下自我的印记(Lyons 1977)。判断词"是"本身具有较强的主观情感色彩,是发话人基于自身立场的主观评判。语法化之后的附缀"是",仍具有表达发话人对命题的态度、评价和强调等的主观作用,倾向于表达发话人对命题的主观看法。但相比判断词"是"而言,附缀"是"失去了逻辑重音,语义弱化。这样看来,"$X_{连词}$"后附附缀"是",具有强化表达的作用,使得情感表达更加强烈。试比较：

(11) 现在如果回头来看的话，我会很感谢到了欧洲的那段时间，因为是真正为我开了另外一扇窗。(龙应台《龙应台——文人做官》)

(11′) 我会很感谢到了欧洲的那段时间，因为真正为我开了另外一扇窗。

(12) 他说，"在字的笔画里、结构里、章法里，显示出形象里面的骨、筋、肉、血，以至于动作的关联。后来从形象到谐声，形声相益，更丰富了'字'的形象的意境，像江字、河字，令人仿佛目睹水流，耳闻汩汩的水声。所以唐人的一首绝句若用优美的书法写了出来，不但是使我们领略诗情，也同时如睹画境。"(《人民日报》1995年10月24日)

(12′) 所以唐人的一首绝句若用优美的书法写了出来，不但使我们领略诗情，也同时如睹画境。

(13) 连现带赊，大大小小，居然也有十来注交易。林先生早已汗透棉袍。虽然是累得那么着，林先生心里却很愉快。(茅盾《林家铺子》)

(13′) 林先生早已汗透棉袍。虽然累得那么着，林先生心里却很愉快。

上述三个例句中，发话人"我""他"和"我"基于自身的体会和感悟，分别表达了对"到欧洲的那段时间""用优美的书法写出唐人的绝句"和"林先生的累"的主观评价。相比例(11′)、例(12′)和例(13′)而言，有附缀"是"出现时，这种主观性评价效果更强。

2.2.2　传信表达的减轻

曹秀玲(2012)指出，由"是"构成的话语标记不少都与传信有关，具有传信功能的话语标记，比如"就是""那是""不是"等，是由判断的弱化形式"是"构成的双音节连词。除了单音节连词可以与附缀"是"构成传信标记之外，双音节连词也可以与附缀"是"组成话语标记，具有一定的传信表达功能。或者指明信息的来源，或者表达发话人[①]对知识的态度(乐耀 2014)。试比较：

(14) 以上所说的都不算可怕的，而可怕的是那头在车窗里的，脚在车窗外的，进也进不去，要出也出不来，而最可怕的是脚在车窗里的头在车窗外的，因为是头重脚轻，时时要掉出来。(萧红《马伯乐》)

(14′) 最可怕的是脚在车窗里的头在车窗外的，因为头重脚轻，时时要掉出来。

(15) 社会是安土重迁的，生于斯、长于斯、死于斯的社会。不但是人口流动很小，而且人们所取给资源的土地也很少变动。(CCL·ASB0100)

(15′) 不但人口流动很小，而且人们所取给资源的土地也很少变动。

(16) 据老师介绍，每天上课前，师生们都得打扫课桌凳上的鸡粪。更令人恼火的是，农户的茅坑蹲位少，学生上厕所要排队，有的一天只能上一次厕所。学校分散后，虽然是按就近原则安排学生就读，但有的学生上学却离家更远了，最远的要走四五公里，到校后需休息 20 多分钟才能进入学习状态。(《人民日报》1998 年 5 月 20 日)

(16′) 学校分散后，虽然按就近原则安排学生就读，但有的学生上学却离家更远了。

保留附缀“是”时，更能体现出发话人对后接命题内容的确信的看法，是基于自身的主观评判，认为后接的命题内容具有一定的可靠性。省去后，更多的是一种客观的事实陈述，至于信息来源以及发话人对信息的确信度等都会减轻，甚至丧失了这种传信表达效果。

---

① 乐耀(2014)原文使用的是“话主”，为了行文统一，我们采用“发话人”的说法。

2.3 标记功能与肯定语气

附缀“是”不出现，句子的某些标记功能会随之丧失，除此之外，句子的肯定语气也会有所淡化。

2.3.1 标记功能的丧失

石毓智(2005)指出，“是”是现代汉语中最活跃的语法标记之一，焦点、强调和对比的标记“是”都来自于其原来的判断用法。可以自由省去的附缀“是”，语义虚化得厉害，但语用上仍具有标记的功能，或者凸显状语，或者强调谓语，或者标记体词性成分。试比较：

(17) 他们经营的真丝绸，因为是从产地直接进货，每米零售价比其他商场要便宜10多元。(1994年市场报)

(17′) 他们经营的真丝绸，因为从产地直接进货，每米零售价比其他商场要便宜10多元。

(18) 第二个理由呢，就是袁绍对乌丸是有恩的，袁绍的儿子跑到乌丸去以后他们肯定会结合起来，他们一旦结合起来，不但是统一中国北方的目标不能实现，就是我们现在已经占有的冀州和青州说不定都不是我们的了，这叫做“应该打”。(易中天《易中天品三国》)

(18′) 他们一旦结合起来，不但统一中国北方的目标不能实现，就是我们现在已经占有的冀州和青州说不定都不是我们的了。

(19) 一个有远见卓识的经营者，常常不执着于某一两笔生意，而是讲求战略营销，注重改善销售环境，最终达到做好生意、做大生意的目的。从实际情况看，把一部分力量投放在生意之外的情感、诚意、服务上，虽然是要预先付出，但这更有利于促进成交，达到事半功倍之效。(1994年市场报)

(19′) 虽然要预先付出，但这更有利于促进成交，达到事半功倍之效。

上述例句去掉“是”以后，句法和语义都能成立，但标记性功能丧失了。当附缀“是”保留时，标记功能还会有所体现，例(17)凸显的是“从产地”，例(18)突出的是“统一中国北方的目标”，例(19)强调的是“要预先付出”。如果没有附缀“是”，这些凸显强调的内容也随之丧失。

2.3.2　意志语气的淡化

齐沪扬(2002)指出，从语气系统考虑，意志语气“表示发话人对说话内容的态度或情感”，这种“态度或情感”实际上就是一种“语气焦点”。张谊生(2000/2014)认为，评注性副词“是”同样能够起到一定的强化语气的作用。双音节关联连词后附的附缀“是”是由判断词经副词进一步语法化而来的，当然会保留强化语气表达的功能。试比较：

(20) 在高考之前出现一个低谷，我觉得作为家长应该怀着比较高兴的心情去看待这个问题。家长首先心情高兴了，在跟孩子谈话的时候，因为是心有灵犀一点通，家长的情绪，虽然看上去不生气，但是孩子是非常有感应的，当家长感觉比较高兴再去劝导孩子的时候，你的情绪会影响到孩子。(CCL·C000020)

(20′) 在跟孩子谈话的时候，因为心有灵犀一点通，家长的情绪，虽然看上去不生气，但是孩子是非常有感应的。

(21) 胡风从办公室回来，还告诉我，不但是可以自由走出监狱，还立即送我们到省里去。(梅志《琐记自由》)

(21′) 还告诉我，不但可以自由走出监狱，还立即送我们到省里去。

(22) 小坡赶紧站起来，拦住她们。虽然是还没到吉隆坡，但是她们既不喜欢再坐火车，只好想些别的玩法吧。(老

舍《小坡的生日》)

(22′) 虽然还没到吉隆坡，但是她们既不喜欢再坐火车，只好想些别的玩法吧。

有附缀“是”时，发话人对所表述命题内容的真实性持有非常肯定的态度，即意志语气的表达效果十分显著。附缀“是”省去后，这种表达强度也随着淡化，甚至消失。正如朴惠京(2011)所说的，同样是表示说话人对句子所表达的命题真值的评价，用“是”和不用“是”的区别在于：用“是”的说法语气更加肯定。

综上所述，受最初源义的影响，可以自由省去的附缀“是”，会在句中留有一定的语迹，主要体现在句子顺畅、命题真实、主观评价、传信表达、标记功能和意志语气等六个方面。附缀“是”不出现，这六个方面都会发生一定的变化，表达效果会有所差异。当然，上述六个方面并非截然不同，而是互有关联，是从不同角度加以考虑的。

三、附缀“是”的羡余性

从羡余的角度来看，“$X_{连词}$＋是”中的附缀“是”属于基本功能羡余成分，而后随着语法化程度的增强，“是”有可能进一步发展成为完全羡余成分，从附缀语法化为词缀。

3.1　基本功能羡余成分

按照邵洪亮(2015)的观点，某种语义标记功能羡余的虚词，在句中存在一个羡余度等级序列[①]，按照程度的高低，羡余等级依

① 我们这里讨论的“羡余”概念，和邵洪亮(2015)的不完全一致，差别主要是在语义方面。邵洪亮(2015)主要关注的是语义标记功能，而我们这里采取广义的语义内容，不限于语义标记方面。

次为：功能完全羡余(A)、基本功能羡余(B)、语义功能羡余(C)和语义功能半羡余(D)四个层级。列表如下[①]：

表 4－1　羡余度等级

	语义功能半羡余	语义功能羡余	无句法强制性	无明显语用功能	羡余度等级
虚词 1	/	+	+	+	A
虚词 2	/	+	+	－	B
虚词 3	/	+	－	－	C
虚词 4	+	－	－	－	D

从表 4－1 可以看出，基本功能羡余成分(B)指的是某一虚词在语义功能上羡余，并且同时在句法上解除了一定的强制性，可有可无，但仍能够表达一定的语用功能。"$X_{双}$＋是"中的附缀"是"，便属于基本功能羡余成分，即客观真值语义发生了漂白，不再表判断或强调，句法强制性也解除了，省去后句法上仍成立，但还具有一定的语用功能，它的隐现主要是在表达效果上产生或多或少的差别。

作为基本功能羡余成分，附缀"是"的语法化程度很高。具体表现在：

其一，"是"的词汇义发生漂白，不再表示判断或强调等语义。如例(23)、例(24)和例(25)，"是"后接的分别是语义自足的句子或谓词性小句，结合整个语境，上下文之间不存在诠释关系，也不存在对比语境，"是"的判断义和强调义消失了，词汇义发生了漂白。例如：

(23) 消费者办理 3G 业务时，大多是在运营商营业厅体验的 3G 视频效果，但是，这个理想状态的视频效果不一定就

① 此表是在邵洪亮(2015：29)基础上加以修改完成的。

是在外面通话能达到的。因为是体验厅距离比较小,网速一般都比外面要好,所以效果就很好。但是,一旦出了营业厅,由于网络覆盖等问题,视频效果就难说了。(CCL·余胜海博客)

(24) 因此在当上皇后之后,她的排场大得吓人,不但是车马仪仗盛大无比,发起赏钱来更是以千万计,钱下如雨而她连眼都不眨一眨。(CCL·C000023)

(25) 中国政府已经认识到发展住房市场的重要性,但阻力还较大。对工人的住房价格实行限制,虽然是出于良好的动机,但在某些方面不仅不利于住房产权的转变,而且还会加重企业的困难。(《人民日报》1998年11月13日)

其二,伴随语义的漂白,"是"的语音也发生了弱化,符合孙景涛(2005)提出的"义轻则音轻"的原则。同时,吴为善(2006)也明确指出,非重心成分虚化,伴随着语音的弱化。附缀"是"不再有自身的逻辑重音,不能单独形成一个韵律单位,需要依附于前面的双音节宿主"因为""不但"和"虽然"。例如:

(26) 不少单位的生活用水虽然已经采用分户装表计量收费,但由于水费价格便宜,仍然存在浪费现象,尤其是单位集体用水,因为是"公家"花钱,[所以]消费更为严重。(1994年报刊精选)

(27) 但查士丁尼终究没有完成罗马帝国的旧业,不但是因为高卢、不列颠、西班牙的大部等地并未进入他的版图中,而且因为他竭力要在旧地恢复罗马的旧制,如大奴隶主所有制等,但遭到强烈反抗,引起局势混乱,最后不得不以妥协而告终,社会制度的发展演进终究是不可逆转的。(CCL·C000023)

(28) 就拿这"林苑"来说吧,虽然是今非昔比,徒有其虚名,可毕竟是独门独院，上上下下十几间房，连市里的书记、市长看了也眼红啊！钱，不愁，丈母娘是香港的富婆，还怕没有外资。（谌容《梦中的河》）

其三，附缀“是”不出现，句法上不会造成任何影响，即句法强制性解除了。如果是判断词或副词，“是”的前后项成分之间存在一定的诠释或对比等关系，句法上“是”不能随意省去，需要一定的语境支持。试比较：

(29) 我们的任务是把这些书放在书架上。（转引自石毓智2005）

(29′) ＊我们的任务把这些书放在书架上。

(30) 人家林先生是认儿子，不认文凭。（转引自石毓智2005）

(30′) 人家林先生认儿子，不认文凭。

(31) 虽然是常来常往，到底是嫁出去的人再回来，看什么都拉开了距离。（王安忆《逃之夭夭》）

(31′) 虽然常来常往，到底是嫁出去的人再回来，看什么都拉开了距离。

例(29)中的“是”是判断词，省去后句子不成立。例(30)中的“是”是副词，根据上下文，“是”倾向于不省去。例(31)中的“是”是附缀，省去后不会对句法和语义产生显著影响。

其四，按照 Heine & Kuteva (2002)的观点，语言单位在语法化过程中丢失了原有的部分语义、形态句法和语音特征，同时也会从新的语境中获得新的使用特征。具体到附缀“是”而言，指的是“是”在句中还具有一定的语用功能，“是”的隐现不影响句子的句法和语义，但在表达效果上产生了或多或少的差别，省去后，语用表达效果存在一定的差异。

综上所述，“$X_{双}$＋是”中的附缀“是”是一种基本功能羡余成分，句法强制性解除，语义上也可以忽略不计，只在语用表达上有一定的影响。既然是一种羡余成分，为何还会出现呢？原因正如邵洪亮(2015)所说的，语言表达中，在基本的真值逻辑语义陈述清楚的基础上，人们选择使用这些羡余成分的目的便是凸显其语用功能。

3.2 完全羡余成分

基本功能羡余成分“是”的附缀化程度很高，但还没有成为完全羡余成分。按照语法化单向性演化趋势(Hopper & Traugott 1993/2003)，结合汉语实际类型的演化特征(吴福祥 2005)，以及“是”的语法化路径(石毓智、李讷 2001；张谊生 2003；董秀芳 2004；张璐 2015)，附缀“是”有可能进一步发展成为词缀[①]，从基本功能羡余成分发展成为完全羡余成分。例如：

(32) 金融工们在国家法制许可的范围内进行银证合作，过去金融混乱的局面就不会重现；因为是，中资商业银行目前90%以上的收入来源于我们国家，一统业务的局面将会被根本打破。(BCC·科技文献)

(33) 如果相反，恰好同她的路线重合，我也不必小心谨慎，掩饰自己的感情，因为我不再感到这条路是禁路了，不再需要煞费苦心地让一个无情无义的女人开恩，不但是，我没有想到，我精神上恢复健康后，这不仅使我对德·盖尔芒特夫人恢复了正常态度，而且也使德·盖尔芒特夫人改变了态度，对我友好和亲切了。(文学翻译作品《追忆似水年华》)

(34) 正是从人的本体立场出发，他在尽情赞美人的美的同

---

① 董秀芳(2004)讨论了部分双音节连词(如“无论、不管、虽然、不论、或许、或者、即便、即使、就算、哪怕、虽说、如果、只要”)与“是”的词汇化，具体分析请参看该文，不再赘述。考虑到类推机制的影响和作用，从理论上讲，“因为”“不但”“虽然”后附的附缀“是”完全有可能进一步发展为词缀，“$X_{连词}$＋是”，成为一个词汇词。

时，又高度赞美自然界的美。他说：“虽然是，可赞美与可爱的莫如人类，但此外的名花佳卉，奇禽怪兽，自有其美与可爱的价值，也值得人的崇拜。”（BCC·科技文献）

结合董秀芳（2004、2002/2011）的观点和标准，我们倾向于认为上述三个例句中的“是”已经成为一个完全羡余成分，从附缀进一步发展成为了词缀，具体表现在以下几个方面：其一，语义上，“因为是”“虽然是”和“不但是”不是由“$X_{连词}$”和“是”组合而成的，“$X_{连词}$＋是”语义专门化了。“是”语义发生了漂白，不再表示判断或强调。其二，句法上，“$X_{连词}$＋是”内部不接受句法操作，“是”不能再分析为独立的词汇单位，与其前的连词融合成为一个整体，反映在书面语中是“$X_{连词}$＋是”后面出现了停顿。其三，语音上，“是”发生了磨损和销蚀，不再有自身的逻辑重音，“$X_{连词}$＋是”之间也没有语音停延，符合“重-轻”型韵律标准。其四，语用上，“是”不论出现与否，句子的表达效果几乎没有任何差异，“是”成为了一个完全羡余成分。与之相对应，此时的“$X_{双}$＋是”发展成为一个三音节超音步的词汇词。

“因为是”“不但是”和“虽然是”有词汇化的可能和倾向，但整体的使用频率不高，相关词典（如《现代汉语词典（第 7 版）》和《现代汉语规范词典（第 3 版）》）也都没有收录。且“因为是”“不但是”和“虽然是”三者之间的使用频率也存在一定的差异：“虽然是”成词的用例较多，“不但是”和“因为是”成词的用例要少。为何三者成词的可能性会存在差异呢？其中原因主要与关联连词的语义类型有关，正如曹秀玲（2012）所说的，“是”与关联词语组合的可接受度与复句关系类型密切相关，总的组合倾向是（“＞”表示“优于”）：转折关系＞因果关系＞并列关系。

综上所述，作为基本羡余成分的附缀“是”，除了在语用表达方面存在一定的差异之外，句法上和语义上不会造成任何显著的影响。随着语法化程度的进一步增强，附缀“是”的羡余程度进一步提高，由基本羡余成分发展成为一个完全羡余成分，不仅句法和语义方面不会产生差异，语用方面也不会造成影响。附缀“是”进一步发展成为词缀，与前面的关联连词融合成词。

四、本章小结

附缀“是”的不出现，主要会在互有关联的句子顺畅、命题真实、主观评价、传信表达、标记功能和意志语气等六个方面带来一定的影响，具体表现为：句子顺畅度降低、命题真实性减弱、主观评价度弱化、传信表达性减轻、标记功能的丧失和意志语气的淡化。随着语法化程度的进一步增强，附缀“是”也从基本功能羡余成分发展为完全羡余成分。

第五章 论与附缀“是”有关的累积叠加式

一、引言

现代汉语中，具有相同或不同性质语言单位的叠加[①]是一种特别常见的现象。在语言运用与演化的进程中，各种形式的叠加与强化现象在语言各个层面都有可能发生（张谊生 2012）。当然，附缀也可以出现叠加的情况。

附缀“是”的“累积叠加”[②]，指的是与附缀“是”相关的多次叠加，是在已经叠加附缀的基础上，再次叠加附缀“是”或别的相关附缀。例如：

（1）水和玻璃的折射率很大，因而发射契伦科夫光的本领很强。<u>实际上是</u>，发射契伦科夫光的数量随着折射率数值的增大而增加。（CCL·SPB0483）

---

① 叠加，指在原有表达方式的基础上再加上相近或相关的成分，形成一种复沓或套叠的语言形式（张谊生 2012）。连用，指的是相关词语在句中同时出现，且在线性顺序上没有被间隔开来（方清明 2012）。由此看来，叠加所涵盖的范围要大于连用，既包括无间隔连用，也包括间隔共现。本章所说的叠加，指的是无间隔连用，即线性叠加连用。为了称说简洁，我们统一采用“叠加”的说法。

② 这里说的“累积叠加”，采用的是张谊生（2013）讨论介词叠加时的相关概念和术语，具体请参阅该文，这里不再赘述。

(2) 老教师侧着头:"可以说是,他是我见过的最倔强的孩子。"(倪匡《第二种人》)

(3) 许戈辉:青春时代的梦想和现在的不一样了。

赵薇:对。也许你现在做的梦是完全不一样的,哪怕是说,我跟家里人搬一个岛上去,世外桃源,比如说这也算是一个梦,但是人要有梦。(《赵薇谈曾回绝黄晓明追求:不愿让他受伤》2013 年 5 月 6 日)

例(1)中,附缀"上"先依附于宿主"实际",构成附缀短语"实际上",在此基础上,再叠加附缀"是",形成累积叠加式"实际上是"。例(2)中,附缀"说"先依附于宿主"可以",构成附缀短语"可以说",附缀"是"再依附到附缀短语"可以说"上,形成累积叠加式"可以说是"。例(3)中,附缀"是"先依附于宿主"哪怕",构成附缀短语"哪怕是",附缀"说"再依附到附缀短语"哪怕是"上,形成累积叠加式"哪怕是说"。

查阅相关文献,明确谈到附缀累积叠加的主要有:Zwicky(1977)、Klavans(1985)、Gerlach & Grijzenhout(2000)、Gerlach(2002)、Anderson(2005)、Spencer & Luís(2012)、张谊生(2012、2013)、曹秀玲(2012)①、张斌(2013)②和刘丹青(2008/2017)等。诸位学者的研究基于不同的理论和方法,考察了不同语言中的不同研究对象,对笔者的启发很大。我们打算在前贤的基础

① 曹秀玲(2012)采用了"同时附缀在关联词语之后的用法"这种说法,这一说法可能会造成这样的印象:其一,附缀先与宿主组合,构成一个附缀短语,然后再依附另外一个附缀;其二,附缀与附缀先组合,然后再共同依附于宿主(张斌 2013)。实际上,第二种情况几乎是不存在的,这与附缀需要依附于一个重音单位有关。

② 张斌(2013:84)指出,"叠加附缀指的是(附缀)先组合再依附"。张斌所说的"叠加"与本书的概念不尽相同。除此之外,与张斌(2013)所说的情况不同的是,汉语中不可能存在附缀与附缀先叠加组合,再共同依附到宿主上的情况,只可能存在累积叠加的情形,即先构成一个附缀短语,在此基础上再叠加附缀。因为附缀失去了逻辑重音,需要依赖于有一定重音的语言单位。

上，深入分析与附缀“是”有关的累积叠加式“X＋上＋是”“X＋说＋是”和“X＋是＋说”的相关情况。有一点需要说明，虽然考察对象都涉及了附缀“是”，但由于附缀“说”和附缀“上”的差异较大，我们将分别论述附缀“是”和附缀“说”或附缀“上”的累积叠加情况。

二、附缀“是”和附缀“说”的累积叠加

位于连词或者部分能愿动词和谓宾动词后的“说”具有附缀化特征，属于典型的附缀（曹秀玲 2012；张斌 2013；董秀芳 2004/2016）。附缀“是”的依附对象则要更多，既可以是体词性成分（李宗江 2008、2011；张璐 2018），可以是关联连词（董秀芳 2004；张斌 2013），也可以是区别词（吕佩 2018），还可以是副词（董秀芳 2004；张斌 2013），甚至可以是带“的”的结构“X 的是”（李宗江 2012；方清明 2012）。本节分析附缀累积叠加式“X＋说＋是”与“X＋是＋说”，说明二者累积叠加的原因以及相关功用。

2.1　累积叠加的原因：磨损与补充

张谊生（2012）认为，由于长期高频使用，词语用法越来越多，意义越来越虚，导致信息量有所降低，表义不够明确有力，因此，发展到一定阶段就会出现语义重复的叠加式。附缀“说”与附缀“是”是从言说动词“说”和判断词“是”语法化而来的，在附缀化过程中，语义发生漂白，失去了部分实义，表现出一定的非典型范畴特征。为了弥补附缀化过程中的损耗，需要叠加使用。且附缀“说”与附缀“是”之间存在有一定的共性特征（曹秀玲 2012），因此作为意义和功用相近的成分，二者的叠加可以弥补磨损掉的东西。例如：

（4）中央电视台如此安排，可以说是，既顺应了广大观众多年来希望 CCTV－1 多播出电视剧的期盼，同时，也是顺应

我国电视剧创作日益繁荣的时代需求。(《人民日报》2003 年 5 月 23 日)

(5) 在他底价之前,您杀到 OK 了,他当然很快就卖掉了。问题是说,您能够真正杀到底价吗?会造成一种定价不实的情况。(《台湾力保大陆游客购物不上当》2010 年 4 月 5 日)

例(4)中,省去附缀“是”,对于整个句子的句法和语义几乎没有任何影响。例(5)中,附缀“说”不出现,对于整个句子的句法和语义也几乎没有任何影响。附缀“说”和附缀“是”的叠加,可以有效弥补丧失的内容。

2.2 累积叠加的功用

附缀“说”和附缀“是”的累积叠加,可以起到强化主观情感和兼顾不同情态的表达功用。

2.2.1 强化主观情感

人们在表情达意或传递信息时,多多少少都会表达出说话人自身的某种观点、态度或看法,从而在话语中留下自我的印记,体现了语言表达的主观性(沈家煊 2001)。发话人的主观性有程度高低之别,相比使用单个附缀“是”或附缀“说”而言,累积叠加使用二者,能够起到强化主观情感的功用。尽管从语言表达的经济性和简洁性来看,累积叠加会给人一种“叠床架屋”的累赘感,但客观上无疑起到了强化主观情感的表达效果。曹秀玲(2012)认为:关联词后附附缀“说”或附缀“是”,也是“强化”表达的结果。单独贴附一个附缀尚能“强化”表达效果,累积叠加两个附缀,更能强化凸显发话人的主观情感。试比较:

(6) 他们真的有些“意犹未尽”,因为作战方酣,且连连报捷,可以说是,正打得兴起,还未过尽了瘾,只见技痕,又觉手痒,颇想胜完再胜。(温瑞安《天下有敌》)

(6′) 因为作战方酣，且连连报捷，可以说，正打得兴起，还未过尽了瘾。

(7) 其实最关键的，我们之间的问题，可能是说，当我教练把我带出一些成绩之后，他就提升为副总教练，后期又成为总教练，那他管的不是一个运动员，不只是我或者说我周围的几个运动员而已，是管的整个队的训练和平时的事务。(《罗雪娟——水与火》2008 年 4 月 7 日)

(7′) 其实最关键的，我们之间的问题，可能是，当我教练把我带出一些成绩之后，他就提升为副总教练，后期又成为总教练，那他管的不是一个运动员，不只是我或者说我周围的几个运动员而已，是管的整个队的训练和平时的事务。

例(6′)和例(7′)分别省去附缀“是”或“说”，对例句的句法和语义没有显著的影响。但情感表达强度上有一定的差异，相比例(6′)和例(7′)而言，例(6)和例(7)的情感更加强烈。

2.2.2　兼顾不同情态

曹秀玲(2012)认为，“是”的判断作用和“说”的言说本义，决定了这两个词在情态表达上恰好分别处于强化和弱化命题真实性的两个极端。不论是情态较强的“是”还是情态较弱的“说”，都体现了发话人的主观情态，二者有时可以较为自由地互换。试比较：

(8) 因为主席从不在交谈对象面前显现伟大，他宁愿以一个朴实农民的形象，一个普通老人的形象与人交往，且又是那么自然，没有一点自我控制的痕迹。或者说，他让你分享他的伟大，他总是力图让你觉得自己是一个与他平等相处的人。(《作家文摘》1993 年)

(8′) 主席宁愿以一个朴实农民的形象，一个普通老人的形象与人交往，且又是那么自然，没有一点自我控制的痕迹。

或者是，他让你分享他的伟大。

(9) 这种情况可能发生，由于英军一旦获胜，法国的人心受到影响，或者是，由于德国实际上或可能丧失的黎波里因而要求贝当准许他们使用这个战区。（翻译作品《第二次世界大战回忆录》）

(9′) 这种情况可能发生，由于英军一旦获胜，法国的人心受到影响，或者说，由于德国实际上或可能丧失的黎波里因而要求贝当准许他们使用这个战区。

上述例句中，附缀“说”与附缀“是”互换后，并不影响句子的表达和理解，只是情态强度上有所差异。

叠加使用附缀“说”和附缀“是”，可以兼顾情态的高低以及现实与非现实。李晋霞、刘云(2003)指出，“说”是一个主观弱传信标记，是一种非现实的表达。朴惠京(2011)认为，附缀“说”和附缀“是”尽管都发生了语法化，“说”不带有任何强调的意味，而“是”是一个强调确信标记，是一种现实性的表达。曹秀玲(2012)同样认为，附缀“说”和附缀“是”的连用，是非现实与现实的叠加和交错。因此，累积叠加式“X＋说＋是”或“X＋是＋说”可以兼顾不同的情态强度和现实情况。例如：

(10)《空中小姐》结尾时，与其说是“我”到海疆小城探访阿眉生前的踪影，寻找旧日的温柔梦，不如说是，“我”看到了凯旋的威武舰队时重温了早年军旅生活形成的“英雄梦”，从而使我吸取了伟大的力量，是那么激昂、亢奋！(BCC·科技文献)

(11) 他们为了简单行事，就我自己的消费我就把它拿来了，就把它拿来了就贴一贴，或者是跟我的朋友收集一些发票。或者是说，我今天有一笔比较大的支出，那我就可以涵盖这些零零碎碎的支出，就把这一张的发票拿来，就是这样子把它报账出去了。(《点评台海一周热点》

2008 年 7 月 19 日)

上述两个例句,单用附缀“说”,表达的是一种非现实的弱传信情态。只用附缀“是”,则是一种现实的强主观情态。发话人具有一定的不确定性,需要兼顾不同程度的主观情态,因此叠加使用附缀“说”和“是”,同时也兼顾到了现实与非现实情态表达。

三、附缀“是”和附缀“上”的累积叠加

附缀“是”与附缀“上”的累积叠加形式,只有“X+上+是”一种。具体而言,附缀“上”先依附于宿主“X”,构成附缀短语“X+上”,在此基础上,再叠加附缀“是”,形成附缀累积叠加式“X+上+是”。

张斌先生(2010)明确指出,现代汉语的方位词具有后置性和粘着性等语法特征,可以附着在名词或名词性短语后面。张斌(2013)在厘清单音节方位词相关概念的基础上,得出单音节方位词具有附缀的相关特征,认为,当方位成分脱离时空范畴,失去方位意义时,附缀化程度较高,并且附缀“上”所依附的宿主几乎都是抽象名词。结合上述观点,我们主要选取了 6 个较为典型的抽象名词作为考察对象(下文用“X”表示),即“大体”“基本”“实际”“实质”“事实”“原则”。

3.1 句法位置分布和后接成分性质

3.1.1 句法位置分布

从句法位置上看,“X+上+是”几乎都处于句与句之间,在我们收集到的有效例句中,这类用例的比例高达 90.71%。除了句间位置之外,少数“X+上+是”还可以出现在句尾或句首。例如:

(12) 这种事不是没有可能,买房子还不像买别的东西,买别的东西,有百年老字号,您可以奔那些店下手,放心,最

起码跑得了和尚跑不了庙，房地产可就不一样了，现在那房地产开发商，有几个是百年老字号的，别说百年了，十年以上的都少，基本上是，打一枪换一个地方，随便注册个皮包公司就能盖房子了，等这个楼盘卖完了，摇身一变，他又变成另外一个公司，接着卖别的房子去了。(《话说天下事》2008 年 12 月 12 日)

(13) 窦文涛：广美你有这个体会吗？
孟广美：我必须讲，香港是一个非常非常有效率的城市，然后也是一个非常法制，然后所有的东西是按章程走。
许子东：好处在这里，坏处也在这里。
孟广美：坏处也在这里，我告诉你我在香港住了 12 年的时间，我一共看过四次医生，基本上是。(《香港连发严重医疗事故　医院不靠谱》2009 年 9 月 25 日)

(14) 许子东：我后来反复想过了，北京要是也像他这样写实的，讲近代的，触及社会问题的，那它变东方红了。北京一定要讲我们的古代，我觉得差别在三点，我们是讲古，他是讲今；我们是虚，他们是实；我们是神，他们是人，我觉得基本上这么。
王潮歌：总结得好。
许子东：基本上是，我写了微博嘛，我说我们是一个古典崇高的宏大叙述，它是一个现代平民的日常生活。(《我们的运动员比赛时有一种小国的复仇心态》2012 年 7 月 31 日)

3.1.2 后接成分性质

从“X＋上＋是”后接单位的性质上看，既可以是单句，也可以是复句，还可以是句群。其中，以后接单句占绝大多数。例如：

(15) 但闻金铁交鸣之声不时的传了出来，打得十分激烈，大和尚的刀法似乎不如道士剑法，打得很吃力。
事实上是，飞云子也有些左支右绌了。（卧龙生《一代天骄》）

(16) 孙畅：所以我觉得我很为他们矿工的素质感到震惊，他们在第一时间里面先会排好队，然后按照自己的记忆去找那个紧急避难所，在里面发现食物。……所以可能是每一个矿工的素质都很高，或者说每个国民的素质都很高，面对灾难的时候，我们也会更加冷静一些。
徐勇：实际上是，即使有这样的准备，如果在心理上或者是其他方面没有准备，到最后也是有问题的。（《“打假斗士”想抗诉，“锤子教授”想上诉》2010 年 10 月 14 日）

(17) 命题作文在审题时可运用发散思维这一方式。尤其是像《习惯》《尝试》《桥》《秋天》这一类以词的形式出现的题目，学生写作往往不易把握，这时我们如果能够交给学生进行发散思维的具体方法，学生就会有豁然开朗之感。例如遇到以“词”的形式出现的题目，可给这个题目“加项”。原则上是，题目在句中能做主语，可给它加上定语或谓语部分；在句中能做谓语，可视具体情况的不同，给它加上主语，或加上宾语。（BCC・科技文献）

3.2 “X＋上＋是”的表达功用

从附缀累积叠加式“X＋上＋是”的表达功用来看，主要是为了强化凸显的语用需要，具体体现在互有联系的两个方面：韵律协调和谐和篇章顺畅连贯。

3.2.1 韵律协调和谐

吕叔湘先生(1984/2002)指出，在现代汉语音节组合中，双音节和四音节音段占有很大的优势。在我们收集到的累积叠加式

"X＋上＋是"中，虽有在此基础上再叠加附缀"说"的五音节"X＋上＋是＋说"的情况，但四音节的比例占绝大多数，比例高达96.33％。例如：

(18) 我们不能等到完全实现四化以后有了充分的好纸和现代化的印刷装订才讲究设计，实际上是，就现有的物质技术条件在一般不重视这方面的书刊设计上也没有得到充分的利用发挥。(《读书》vol－004)

(19) 艺术家之为艺术家的又是什么呢？艺术家从何而来呢？使艺术家之为艺术家的那种东西是什么呢？因为如果我们说作品给作者带来了声誉，实际上是说，作品才使作者第一次以一位艺术的主人的身份出现。(BCC・科技文献)

为什么四音节的韵律单位如此深受汉语使用者的青睐？一方面与汉语传统的四字格习惯有关，如四字成语占绝对优势。一方面与信息处理时，信息组块要满足"4±1"的敏感节点有关(陆丙甫、蔡振光 2009)。

吴为善(2006)认为，当一个单音节处于复音节之后时，这个单音节具有极强的粘附性。上文已经谈到，当"是"的后接成分是一个语义自足的句子或小句时，该句子承载信息重心，"是"在语音上处于孤立的状态，且前附型的要比后附型的少，加上附缀短语"X＋上"以三音节为主，很容易把"是"吸引过去，组成一个四音节的"语块"，达到韵律和谐、节奏协调的表达效果。试比较：

(20) 他是不是想以这一组儿童诗中的"和蔼的气氛"，来抵挡当时天盖地的萧杀之气呢？这说不好。但是，事实上是，这一组诗成了他一生数百万言著述中最后郑重写定的作品，八十二岁的衰龄还是这么不能祛除"儿烦恼"，我们今天能看到这么精美的书印出来，也替他欣然了。(《读书》vol－156)

(20′) 这说不好。但是,事实上,这一组诗成了他一生数百万言著述中最后郑重写定的作品。

(21) “基础研究的发展要想脱离应用的生物技术是不可能的……原则上是,谁要接受基础研究,他也就得容忍其生物技术上的潜在的应用。”(BCC·科技文献)

(21′) “基础研究的发展要想脱离应用的生物技术是不可能的……原则上,谁要接受基础研究,他也就得容忍其生物技术上的潜在的应用。”

相比“事实上是”和“原则上是”而言,没有附缀“是”的“事实上”和“原则上”,韵律表达上要相对差一些。“事实上是”和“原则上是”符合汉语四字格的节奏,韵律更加和谐。

3.2.2　篇章顺畅连贯

判断词“是”主要的用法是系连判断(石定栩、韩巍峰 2013)。按照语法化理论,语法化项发生漂白的同时,多多少少还会保留部分意义或用法。具体而言,附缀“是”的判断义发生了一定的虚化,但系连功能还会有所保留。相比不出现附缀“是”的附缀短语“X＋上”而言,出现“是”的累积叠加式,语篇上要更加顺畅,前后衔接更加连贯。试比较:

(22) 这不仅是一个义务教育市场,而且是由非政府行为在生产、提供含有公共产品要素的义务教育,由部分私人在独立支付义务教育中的私人产品要素和公共产品要素的消费成本。实际上是,连义务教育的公共产品属性部分也进入了市场。(CCL·CWAC·CET0149)

(22′) 实际上,连义务教育的公共产品属性部分也进入了市场。

(23) 三者的分歧在于如何理解“根据宪法和法律”。第一种理解为,“根据”不是“依据”,须严格遵照,既要根据宪法,又要根据法律。按这种理解,实质上是,国务院除了

单行法律和授权法授权制定行政法规外，不存在行政法规的制定权。(BCC·科技文献)

(23′) 按这种理解，实质上，国务院除了单行法律和授权法授权制定行政法规外，不存在行政法规的制定权。

相比例(22′)和例(23′)而言，例(22)和例(23)在语篇衔接上更加顺畅，也更加连贯。究其原因，与附缀“是”的系连功能有很大的关系。

3.3 “X+上+是”的进一步演化：标记化

张谊生(2011、2012)分别考察了预设否定叠加和框式结构叠加的后果，认为：高频使用会导致一部分叠加式走向固化、习语化甚至构式化。受此启发，我们发现附缀累积叠加式“X+上+是”也有走向标记的倾向。受宿主“X”源义的影响和制约，“X+上+是”的标记化程度以及标记作用也不完全相同。从标记的角度来看，“X+上+是”的作用主要体现在以下三个方面：具体加以解释，委婉不定揣测和深入探究根源。

3.3.1 具体加以解释

具体加以解释，指的是“X+上+是”后接成分是对前文内容的进一步解释。具体来说，前文内容从整体上加以论述，“X+上+是”标记下文内容是对上文内容的解释，这种用法主要集中在“大体上是”和“原则上是”。例如：

(24) 在一个小地段里，气候变化都很大；雨量一般不多，冷热变化突然。生物生长当然也受到剧烈影响。大体上是，不同的高度，有着不同的动植物；有时，阴坡和阳坡，山地和谷地，差别很大。(《古老而美丽的克什米尔》1965年9月12日)

(25) 刑法分则对各种犯罪构成(包括基本犯罪构成和各种特殊犯罪构成)的规定，采取了模糊性与明确性表述相结

合的方法。原则上是，凡是能明确规定者尽可能明确加以规定，不能明确规定者则用模糊性的表述方法。(BCC·科技文献)

例(24)中，“大体上是”上文是一种总括性的论述“受到剧烈影响”，下文从“不同高度”和“阴坡和阳坡”等不同侧面，对上文作出具体的进一步解释，“大体上是”标记着上下文内容是进一步解释的关系。例(25)中，上文是一种统括性的说明“模糊性与明确性表述相结合”，“原则上是”后接的内容，从“能”与“不能”两方面对上文内容作出进一步阐述，“原则上是”标记了这一用法。

3.3.2　委婉不定揣测

委婉不定揣测，指的是“X＋上＋是”后接成分是发话人自身的不确定性的揣测。具体来说，发话人基于自身的主观立场和经历，对上文的内容已经有了大致的评判或判断。考虑到客观事实的复杂性以及相关的语用原则，发话人使用了不完全确定的说法，“X＋上＋是”标记下文内容是对上文内容的不确定性的委婉揣测，这种用法主要集中在“基本上是”。例如：

(26) 从4月17号，在新国十条推出的两周时间，那一段时间挂牌的速度非常快，基本上是每天一千套的速度往上挂。之后，二套房的认证标准推出来，之后三天的时间里，二手住宅的挂牌总量又从11万9千套提高到12万6千套，出现了挂牌高潮。(《东广早新闻》2010年6月11日)

(27) 主持人：从你们抵达现场到现在为止，整个的伤员救治的情况怎么样？你们在工作中感觉还有哪些困难？
侯世科：我们在地震当天就赶到了灾区，到目前为止，总共救治了720名伤病员。现在最大的困难还是高原缺氧，因为救灾的强度非常大，基本上是24小时都在抢救伤病员，体力消耗特别大。(《玉树救援进入关键期》

2010年4月16日)

例(26)中,发话人基于客观事实"那一段时间挂牌的速度非常快",得出一定的结论"每天一千套的速度往上挂"。考虑到种种不确定因素,发话人的结论也只能是一种大概的揣测,"基本上是"标记这种不定性的揣测。例(27)中,考虑到生命安全等因素,地震救灾肯定是24小时不间断。发话人考虑到表达的委婉谦虚,使用"基本上是"这一标记,达到了委婉揣测的效果。

3.3.3 深入探究根源

深入探究根源,指的是"X+上+是"上文内容是得出的某一结论,下文内容是得出某一结论的相关缘由,或者是客观现实的事实根据,或者是主观非现实的猜测依据,总之都是上文相关结论的"导火索",这种用法主要集中在"事实上是""实际上是"和"实质上是"。例如:

(28) 自从他跟耿莉丽结了婚后,我跟耿莉丽连话也很少说,你想想,我怎么会跟这样人的老婆发生关系?事实上是他夺走了我的女朋友,反过来他又处处不放心我,怀疑我,疑心生暗鬼,扬言要报复我。这是人做的事吗!(张平《十面埋伏》)

(29) 他(弗兰茨)在进军柬埔寨的国际联盟行动中,不幸丧命于曼谷街头的小混混手中,这是表面的"轻之征兆"。实质上是,他选择了人家的抽象的历史,却割断自己的具体的历史——他的庸俗的中产阶级妻子与女儿。(《事实和诠释》2003年11月3日)

例(28)中,发话人采用反问的形式,得出一定的结论"我不会跟这样人的老婆发生关系"。下文是对这一结论的具体阐释,是深入的根源探究,"事实上是"标记着上下文内容之间的这一关系。例(29)中,上文的现实性结论是"他丧命于曼谷街头的小混混之手",下文是对上文内容的否定,且加以具体的阐释,深入分析了“他丧命”的原因。“实质上是”标记着上下文之间存在一定的转折关系，预示下文是对上文的深入分析。

四、本章小结

附缀“是”除了可以单独贴附于一定的宿主之外，还可以与附缀“说”或附缀“上”构成累积叠加式：“X＋上＋是”“X＋说＋是”和“X＋是＋说”。附缀“是”和附缀“说”的累积叠加，主要与附缀化过程中的磨损和补充相关，叠加使用可以起到凸显强化的语用效果：强化主观情感和兼顾不同情态。附缀“是”和附缀“上”的累积叠加形式只有一种：“X＋上＋是”。从表达功用来看，“X＋上＋是”具体体现在互有联系的两个方面：韵律协调和谐和篇章顺畅连贯。从发展演化的角度来看，四字格的“X＋上＋是”有走上标记化的倾向。

第六章　从"最是"的词汇化看附缀"是"的渐变演化

一、引言

现代汉语中,"最是"的使用频率很高,用法也存在多样性。例如:

(1) 小人常听家老爷言说,范将军最是一个不忘旧的好汉子。(水叶子《龙游大唐之贞元记事》)

(2) 有一留学海外的朋友,前不久写信来,说起苦想家乡种种,最是北京的胡同儿牵肠。(《读书》vol-145)

(3) 对单身的人们来说,岁末年初最是难熬。(《中国青年报》2016年12月9日)

(4) 这真是人之将死,其言也善,其语最为至诚,也最是酸楚,闻者无不怆然。(凤凰网2012年7月25日)

例(1)中,"是"是判断词,程度副词"最"作状语,修饰谓语"是一个不忘旧的好汉子","最是"不在同一句法层次上,是一个"副+动"跨层片段①,我们把这种用法的"最是"记作"最是$_1$",把

① 有的学者使用"跨层短语"或"跨层结构",有的学者不认同这种说法,这里不打算纠结于术语名称,统一使用"跨层片段"。

判断词“是”记作“$是_1$”。例(2)中,“是”是焦点标记,标记后面的体词性成分“北京的胡同儿”,“最”修饰“是北京的胡同儿”,“最是”属于前偏式跨层片段①,我们把这种用法的“最是”记作“$最是_2$”,把焦点标记“是”记作“$是_2$”。例(3)中,“是”是一个附缀,依附于前面的宿主“最”,“是”语义上可有可无,省去以后不影响句意的表达与理解。我们把这种用法的“最是”记作“$最是_3$”,把附缀“是”记作“$是_3$”。例(4)中,“最是”是一个程度副词,作状语修饰“酸楚”。我们把这种用法的“最是”记作“$最是_4$”,把词缀“是”记作“$是_4$”。

查阅相关文献,对于“最是”是否成词有三种不同的观点。一种观点认为“最是”已经成词②,是一个表示程度的副词(张伟 1982;志村良智 1984)。一种观点认为“最是”存在词汇和短语两种不同形式:或者是句法组合的短语,或者是词法组合的单词(张谊生 2003)。还有一种观点认为“最是”不是词,《现代汉语虚词词典》(侯学超 1999;张斌 2006;朱景松 2007)、《现代汉语词典》(第 7 版)和《现代汉语规范词典》(第 3 版),都没有收录“最是”,说明都不认同“最是”是词汇词。上述不同观点表明大家对“最是”是否成词存在不同的看法。

基于此,我们打算从历时的角度出发,考察和分析“最是”词汇化的历程及其每一阶段的用法与特征。认为“最是”经历了“副＋动”跨层片段、前偏式跨层片段、后附式结构直至成为附加式合成词的过程。“是”也经历了判断词、焦点标记、附缀直至成为词缀的语法化过程。

---

① 不论“$最是_1$”还是“$最是_2$”都是跨层片段,但“是”的语义及功用发生了明显的变化,我们加以区分。

② 志村良智(1984)指出,“最是”曾在中古或近代作为词使用过,但没有沿用到现代汉语中。但我们收集到的现代汉语语料,发现了“最是”作为词汇词使用的情况。

二、“最是”的词汇化历程及其表达功用

本节首先从历时平面的角度考察和分析“最是”的词汇化历程及其相关特征，然后分析成词的“最是”的相关语用功能。

2.1 “最是”的词汇化历程及其相关表现特征

2.1.1 跨层片段“最是$_1$”

根据武荣强、赵军(2006)和向德珍、牛顺心(2006)的研究，“最”在上古先秦时期已经出现了程度副词的用法。[①] 例如：

(5) 故农之用力最苦，而赢利少，不如商贾、技巧之人。(转引自武荣强、赵军 2006)

(6) 夫六晋之时，知氏最强。(转引自向德珍、牛顺心 2006)

“是”最初是一个指示代词，战国末年产生判断动词的用法。肖娅曼(2003)指出，“是”字判断句在《诗经》中开始出现，《左传》中已大量使用。例如：

(7) 瑳兮瑳兮，其之展也。蒙彼绉絺，是绁袢也。(转引自肖娅曼 2003)

(8) 是家之祸也，非子之过也。(同上)

“是”作为判断词，在东汉时期得到普遍使用，发展成熟是在魏晋南北朝以后。判断词“是”从产生到成熟，其间经历了有一千多年(石毓智、李讷 2001)。例如：

(9) 有而言之，是章君之恶；无而言之，是害足下之信也。(东汉·班固《汉书》卷五十七)

(10) 去秋遣康之送还司马君者，推至公之极也。而了无愧心，久绝表疏。此是天地所不容。(唐·房玄龄等《晋书》卷三十七)

① 关于“最”的语法化可具体参考这两篇文章，这里不再赘述。

“最”在上古时期已经出现了程度副词的用法，并一直沿用至今。“是”作为判断词的用法在中古时期得到普遍使用，且一直延续到现在。判断词“是”用法非常普遍之后，为了表达得更加精细，可以在“是”的前面加上副词等修饰成分。

“最是”首次共现使用，就是在中古时期，分别是在“最”的程度副词用法与“是”的判断词用法各自成熟的基础上出现的。“最是”最开始是一个“副＋动”跨层片段，程度副词“最”修饰谓语“是 NP_2”。“最是$_1$”出现的典型语境可以码化为：NP_1＋最是＋NP_2，层次划分为：NP_1［最［是 NP_2］］。例如：

（11）若止于四铢五铢，则文皆古篆，既非下走所识，加或漫灭，尤难分明，公私交乱，争讼必起，此最是其深疑者也。（南朝梁·沈约等《宋书》卷六十六）

（12）四郡恨忿此非类，车营连结，废田二载，生业已尽，贼无所资，粮储已罄。断其运道，最是要略。（南朝梁·沈约等《宋书》卷八十六）

上述例句中的“是”后面出现的绝大多数都是体词性成分，“是”是判断词，有自身的逻辑重音，不能省去。句法结构上，“是”与后面的体词性成分①关系紧密。“最”是程度副词，修饰“是 NP_2”。相比“最”和“是$_1$”而言，语义重心在“是$_1$”上，“是$_1$”是无法省略的，但“最”可以省去，也可以换成具有相似句法功能的别的语言单位。试比较：

（12′）断其运道，是要略。

（12″）断其运道，甚是要略。

综上所述，“最是$_1$”是一个“副＋动”的跨层片段。“是$_1$”后面刚开始出现谓词性成分时，语义虽然弱化，还是判断词，但这一用

① 古汉语中的体词性成分除了“NP”之外，还包括部分“所”字结构和“者”字结构。

法为“是”的进一步语法化奠定了基础。

2.1.2 前偏式“最是$_2$”

据石毓智、李讷(2001)的研究,“是”的各种焦点标记用法在五世纪左右已经发展了出来。例如:

(13) 王宁异谋,云是卿为其计。(转引自石毓智、李讷 2001)

(14) 此是有情痴。(同上)

(15) 下二百签,皆是精微。(同上)

“是$_2$”作为焦点标记,标记的是句法上紧接其后的成分,语义有所虚化,“是$_2$”省去以后不会影响句意的表达与理解,但会失去标记功用。“最是$_2$”出现的语境可以码化为:NP$_1$+最是+NP$_2$/AP/VP。“最是$_2$”仍是一个跨层片段,“是$_2$”与后接成分先结合,然后再被“最”修饰,结构层次是:最[是$_2$NP/AP/VP]。试比较:

(16) 今时有者,皆是先写。(转引自石毓智、李讷 2001)

(16′) 今时有者,皆()先写。

“是$_2$”的用法在此时已经相当成熟了,既可以单用,也可以受到某些副词的修饰。中古时期,“最是$_2$”也已出现,但用例很少。如果把“最”省去,“是$_2$”还可以继续作为焦点标记,起到标记的作用,表明“最是$_2$”还没有完全凝固成词。“是$_2$”的标记用法刚开始形成时,语义进一步虚化。但就“最”和“是$_2$”而言,重心在“是$_2$”上,“最”可以省去,只用“是$_2$”加以标记。“是$_2$”先与紧接其后的成分组合,然后再被“最”修饰,说明“最是$_2$”语义不稳固,意义还未完全融合,是一个表强调的跨层片段,内部结构关系是前偏后正。例如:

(17) 江雨霏霏江草齐,六朝如梦鸟空啼。无情最是台城柳,依旧烟笼十里堤。(唐·韦庄《台城》)

(18) 经道干处儿卧,湿处母眠,三年之中,饮母白血。若是九夏洗浣,稍似不难,最是三冬,异常辛苦。(《敦煌变文集新书》卷二)

例(17)中,诗人韦庄强调的是“台城柳”,前面诗句中出现了语义上的可对比项“江草”,诗人通过对比两项,强调“最无情”的是“台城柳”而不是其他。例(18)中,前文中出现了语义上的比较项“九夏”,通过对比,作者想要强调的是“三冬”的辛苦。这两句中的“是”都是焦点标记“$是_2$”,程度副词“最”修饰“$是_2$NP”。

“$最是_1$”系连的几乎都是体词性成分,而“$最是_2$”后面除了体词性成分,还出现了谓词性成分。“是”的后接成分发生了泛化,进而引起“是”也发生变化。相比“$是_1$”而言,焦点标记“$是_2$”语义的虚化程度更高,主要标记凸显后面的成分。

2.1.3　后附式“$最是_3$”

“最是”后接谓词性成分的用例越来越多,并且这些形容词与动词本身多数具有[十量级]的语义特征,如“谦和”“省力”“喜欢”“清闲”“妒忌”等等。据向德珍、牛顺心(2006)统计结果,近代汉语中,“最是”后接形容词与动词的用例已经超过了后接名词的用例,比例几乎相差一倍。例如:

(19) 盖人君以一身为至极之标准,最是不易。(南宋·朱熹《朱子语类》卷七十九)

(20) 朝中惟有翰林衙门最是清闲,不过读书下棋,饮酒拜客,别无他事相干。(明·凌濛初《二刻拍案惊奇》卷三)

“(不)易”“清闲”都具有[十量级]的语义特征,加之“最”是一个程度副词,二者语义相宜,很容易跨过“是”结合到一起。“最是”的重心前移到了“最”上面,“最是”从前偏式发展成为后附式。“$最是_3$”与后接成分之间的层次切分为:[$最是_3$]AP/VP。例如:

(21) 然他处此最难,微子去却易,比干则索性死。他在半上半下处,最是难。(南宋·朱熹《朱子语类》卷四十八)

(22) 内中一个唤名春花,独生得标致出众,甄监生最是喜欢,自不必说。(明·凌濛初《二刻拍案惊奇》卷十八)

例(21)中,性质形容词“难”有程度级差,可以受到程度副词

“最”的修饰，“最是$_3$”的语义重心在“最”上，“是$_3$”可有可无。例(22)中，“喜欢”是一个心理动词，可以受到程度副词的修饰，“最是喜欢”的句意跟“最喜欢”没有什么差异，“是$_3$”完全可以省去。

随着这一临界语境的高频出现，“最是”的语义重心由“是”完全转移到了“最”的上面。“最＋AP/VP”可以单独充当谓语，“是”也就相应地虚化成了协调音节的成分。例如：

(23) 话说妇人心性，最是妒忌，情愿看丈夫无子绝后，说着买妾置婢，抵死也不肯的。（明・凌濛初《初刻拍案惊奇》卷三十八）

(24) 寺中众僧，只因朱元龙，长老最是爱重他，就十分没礼。（明・无名氏《英烈传》第五回）

含有[＋量级]语义特征的谓词性成分前面的“最是$_3$”，由于经常共现，且受到汉语双音步的制约，二者容易实现成为一个双音节韵律词。

语义虚化的“是$_3$”语音上也丧失了重音①，失去了独立性，需要依附于一定的语言单位，此时的“是$_3$”可以认为是一个附缀(Ziwcky 1994；刘丹青 2008/2017)。在双音步韵律的制约下，“是”前附于“最”，形成后附式结构“最是$_3$”，“最”与“是$_3$”的语义距离更近了，语义融合度也提高了。张谊生(2003)指出，“F是”副词形成之初，语义重心一般都还留在“是”的上面，其内部的结构关系也都是前偏后正的复合式。然而，在此后频繁地使用过程中，其中一部分“是”的语义重心逐渐前移到“F”上面，“是”也就相应地虚化成了协调音节的成分，变成一个后附于“F”的后缀。我们对“最是$_3$”的考察完全符合张谊生(2003)的观点。

---

① 符合孙景涛(2005)提出的“义轻则音轻”的原则。吴为善(2003)指出，语法成分在语义虚化的同时伴随着语音形式的弱化，尽管语言的表达形式书面上看起来还是一个个“等价”的方块字，实际的“语流”听起来却成为一系列“轻”“重”成分相间、连缀的“不等式”。

"最是$_3$"是一个后附式结构，语义重心在"最"。相比前偏式而言，后附式中的"是"更容易发生附缀化。[①] 附加式"最是$_3$"的语义重心最终落到了"最"的上面，其中的"是"成了一个语义上可有可无的羡余成分，只是起到凑足音节的作用。

2.1.4 合成词"最是$_4$"

汉语中双音节是标准音步（吴为善 2006；冯胜利 2013），结合汉语自身类型特征的语法化单向性发展趋势（吴福祥 2003），附缀"是$_3$"进一步发展演变的最大可能就是与前面的单音节宿主"最"融合成为一个词汇单位，附缀"是$_3$"进一步语法化为一个词缀"是$_4$"。例如：

(25) 乐黛云教授的序言，从文化学的角度，对办学、治校都有极精辟的主张和分析，最是可读。(《读书》vol-112)

(26) 在展出的所有农产品中，生鲜产品最是走俏，而腌腊制品竞争则最为激烈。(《重庆日报》2015 年 1 月 18 日)

上述例句中，考虑到汉语四字格的音节节奏，不论"最"还是"是"，几乎都不能省略，且"最是"的凝固程度要高，中间不能插入别的成分，表明"最是"是一个词了，至少是一个语法词。

"最是$_4$"作为一个词，意义不是"最"与"是"的简单相加，中间也不允许插入别的单位成分，否定副词"不"只能在"最是$_4$"后。试比较：

(27) 海鲜菜品最是讲求口味鲜咸合一，口感滑嫩醇香。(人民网 2014 年 9 月 6 日)

(27′) 海鲜菜品最是[不]讲求口味鲜咸合一，口感滑嫩醇香。

(27″) * 海鲜菜品最[不]是讲求口味鲜咸合一，口感滑嫩

---

① 陆丙甫(2010)指出，人类语言中后缀的使用占优势。汉语中的前附缀很少，最典型的就是"所"，而后附缀的数量很多，具体参看白鸽、刘丹青等(2012)和张斌(2013)。

醇香。

“最是$_4$”是副词，后接成分进一步泛化，除了谓词性成分和陈述化了的体词性成分之外，还可以是小句“S”。“最是$_4$”与后接成分之间的层次切分：[最是$_4$]AP/VP/NP/S。例如：

（28）每个中国茶市开市的早晨，商旅和游客都从四面八方聚集而来，春茶旺季时节，最是游人如织。（人民网 2015 年 5 月 29 日）

“最是$_4$”后接一个主谓小句“游人如织”。不论“最”还是“是”都不能省去。表明“最是$_4$”的语义距离非常近，语义融合度很高了，也不能进行句法上的操作，完全可以认为是一个词汇词了。

尤其是当“最是$_4$”与已经成词的用法很接近的“最为”对举使用时，更能证明“最是$_4$”是一个词了。试比较：

（29）“商场上没有永远的朋友，也没有永远的敌人”，这句老话在中国的互联网行业已体现得最是淋漓尽致。（《新快报》2015 年 3 月 16 日）

（29′）中国的富人会把“饮食”当成一种“生活品质”，这种精细饮食《红楼梦》里体现得最为淋漓尽致。（《中国食品报》2017 年 7 月 6 日）

（30）张贤亮的文字，多是赤裸的肆无忌惮，而少有狡黠的迂回试探。这种最是偏激的写作观，却往往最能震撼人心。（《羊城晚报》2014 年 9 月 29 日）

（30′）有人说，当代人颓废，其实，我们是对当代人最为偏激的评价。（殷建光《尊重个性有容乃大》）

例（29）和例（29′）中，“最是淋漓尽致”和“最为淋漓尽致”充当的都是补语。例（30）和例（30′）中，“最是偏激”与“最为偏激”充当的都是定语。表明“最是$_4$”与“最为”可以出现在相同的句法位置，具有相同的句法功能，“最是$_4$”理应是一个单词了。

“最是$_4$”与“最为”甚至可以出现在同一语篇中，处在并列句的相同句法位置上，具有相同的功用，可以进一步证明“最是$_4$”是一个词汇词。例如：

（31）可以吸引小朋友吐露心声的猪猪侠最为温情；拥有动漫和“押花”小清新的动漫科技体验馆最是热闹。（金羊网 2017 年 2 月 16 日）

（32）最为稀松平常的诉求，最是考验城市治理的水平。（《人民日报》2016 年 3 月 16 日）

尤其是同一篇报道中，作者分别使用“最是$_4$”与“最为”修饰“幸福”，更能说明“最是$_4$”是一个词汇词了。例如：

（33）上初中，班上有个同学父亲在电影院工作。碰上有空位置，最是幸福。（赵荔红《幻声空色：赵荔红电影札记》）

（33′）也许，这就是观看好电影、与好导演共同呼吸最为幸福之处吧。（赵荔红《幻声空色：赵荔红电影札记》）

“最为”是一个词，已经得到大家的认可，被相关词典所收录[①]，与之对举使用的具有相同表达功用的“最是”理应也是一个词。

附缀“是$_3$”进一步语法化为词缀“是$_4$”，语义完全虚化了。在“最是$_4$”中，语义重心完全转移到了“最”上，“是$_4$”只起到凑足音节的作用。例如：

（34）他（赵树理）认为中国是个农业大国，给农民送去精神食粮则自当最是根本、最为重要。（《文艺报》2016 年 6 月 29 日）

上述例句中，不论是“最”还是“是$_4$”几乎都无法省略，“最是$_4$”是一个词汇词了。

综上所述，“最是”从最初的“副＋动”跨层片段，发展为前偏

① 张斌、侯学超、朱景松等分别编著的《现代汉语虚词词典》，以及《现代汉语词典》（第七版）和《现代汉语规范词典》（第三版）都收录了“最为”。

式跨层片段，再发展为后附式结构，最后词汇化为一个附加式合成词。其中，“是”也从判断词语法化为焦点标记，再语法化为一个附缀，进而成为一个词缀。在演化过程中，“最是”的融合度及其重心转移过程可以表示为：[最]是$_1$→[最]是$_2$→最[是$_3$]→[最是$_4$]

“最是”词汇化的历程与“是”的语法化历程几乎是一致的。列表如下：

表 6－1　“最是”词汇化历程及其“是”的语法化历程

演化阶段 / 演化项	第一阶段	第二阶段	第三阶段	第四阶段
最是	“副＋动”跨层片段	前偏式跨层片段	后附式结构	附加式合成词
是	判断词	焦点标记	附缀	词缀

2.2　“最是$_4$”的表达功用

程度副词“最是$_4$”最主要的功用是作状语，修饰谓词性成分，也可以后接小句或陈述化了的体词性成分。例如：

（35）一个专门打造的休闲区域，除了地面与墙面上的木条，就是高大的盆栽植物最为显眼，挑高的层高让植物有了生长的空间，与植物相伴的生活最是悠闲惬意。（合家网 2016 年 3 月 17 日）

（36）越来越多人来到丽水这片神奇的土地上喝喝水、兜兜风、清清肺，感受着最是江南的那一抹绿。（中国新闻网 2014 年 7 月 7 日）

（37）世间的人群结合，永没有像你们样的彻底地真实而纯洁。最是我到上海去干了无聊的所谓“事”回来，你们在门口或车站旁等我的时候，我心中何等惭愧又欢喜！

(《扬子晚报》2015 年 11 月 3 日)

为了增强情感的强度,或者可以“最是$_4$+X”多项并列使用,或者“最是$_4$”与程度补语“不过”一起配合使用。例如:

(38) 很难以想象她如此冰冷的面容下会埋藏着如此炙热的激烈的极度渴望爱的心,这份爱是电影中最是动人、最是震撼、最是悲壮的感情。(人民网 2014 年 12 月 10 日)

(39) 金黄的花朵开满枝头,在林中漫步最是惬意。(《广州日报》2017 年 3 月 23 日)

(39′) 围园漫步过后,来杯茶最是惬意不过。(人民网 2016 年 11 月 11 日)

例(38)使用了排比的方式,强化情感表达的效果。对比例(39)和例(39′),有补语“不过”的情感更加强烈。

除了作状语修饰谓词性成分之外,“最是$_4$”还有一定的篇章衔接功能①,顺承前面的话题,凸显其后的内容是最重要的。例如:

(40) 月华如水一样泻下来,到处明晃晃的。最是喜欢在月光下散步,心随月动,情随影移。(BCC·微博)

(41) 去天王寺动物园,正好赶上一个祭祀的排练。最是羡慕日本这种传统融于现代生活,而大家都欣然接受自觉去参与的这种氛围。(人民网 2015 年 11 月 4 日)

上述例句中,“最是”用在两个句子中间,起到一定的衔接作用,使得上下文更加紧凑。除此之外,还有凸显后接的内容是最需要重点关注的,如“喜欢在月光下散步”和“日本的传统融于现代生活”。

① 关于副词及“F 是”的篇章衔接功能,具体可参考姚小鹏(2011)、张谊生(2014)和巴丹(2018),这里不再赘述。

三、“最是”词汇化的动因与机制

本节讨论“最是”词汇化的动因与机制。认为“最是”词汇化的动因主要是句位紧邻、韵律组块、语境泛化和功能悬空，机制主要与重新分析和类推有关。

3.1 句位紧邻与韵律组块

现代汉语中，词汇化的主要来源是短语，部分来源于句法结构或跨层片段(董秀芳 2002/2011；刘红妮 2009)。不论是哪类情况的词汇化，在句法上都有一个共同点：句位紧邻。只有满足表层形式上句法单位线性紧邻的要求，才有可能发生词汇化。如果不符合这一条件或动因，语言单位是不可能发生词汇化的。原因正如董秀芳(2002/2011)所说的，两个分立的成分可以不在句法上发生关系，不构成一对直接成分，但一般应在表层语音结构中彼此相邻。试比较：

(42) 樊口电排站的单机容量为全国之最，是综合治理梁子湖区的骨干工程。(1994 年报刊精选)

(42′) 四巨头目前状态最好的是纳达尔。(《新闻晨报》2017 年 5 月 17 日)

(42″)《魂斗罗》这款著名的日本游戏有多个国家版本，但以日本最是知名。(《扬子晚报》2017 年 5 月 9 日)

例(42)中，“最”与“是”分属两个不同的句子。例(42′)中，“最”和“是”之间插入了别的语言单位。上述两种情况下，“最是”是不可能发生词汇化的。只有例句(42″)，“最是”具备词汇化的必要条件：句位紧邻。

“最”与“是”句位上紧邻共现，为“最是”固化成词创造了前提条件。当然，“最”与“是”的紧邻共现，只是“最是”词汇化的必要条件。随着“是”后成分的复杂化(由最初的 NP 扩展到 VP、AP，甚至小句)以及语义自足化,“最是”容易实现认知心理“组块”(陆丙甫、蔡振光 2009),成为一个双音步,附缀“是$_3$”的后附性也很容易导致“最是”实现为一个韵律词。例如:

(43) 二季度中,古装题材最是扎堆,但恐怕谁都很难有如《三生三世十里桃花》一样的大红。(《广州日报》2017 年 4 月 24 日)

魏晋时期,双音节词汇大量增加,许多词类都已呈现双音化的趋势(陈湘清 1992)。在汉语双音化整体趋势影响下,加之“是”本身词义虚化,语音弱化,很容易依附于前面的程度副词“最”,“最是”成为一个单词也是顺理成章的事情。[①] 例如:

(44) 偷拿照片的是高三的刘明川,平江长安建筑公司经理刘达山的儿子,最是混蛋的一个人。(艾三儿《重生之大有作为》)

3.2　语境泛化与功能悬空

“最是”的词汇化发生在特殊的句法环境中。“最是”所在的语境发生了泛化,导致“是”的语义虚化和功能泛化,进而导致“是”语义和功能都悬空了,最后促成“是”与前面的成分融合成词。

“最”与“是”首次共现使用时,是一个跨层次片段:程度副词“最”修饰“是 NP_2”。如例(1)。如果“最是”一直出现于这样的语境中,语义重心在判断词“是”上,“最”和“是”的独立性都很强,“是”也不会发生语法化,不论是语义还是功能都不会悬空,“最是”也不可能词汇化。

---

① 据吴为善(1989)研究,“就是”“还是”“也是”都已趋向成为一个词,也是单音节的“是”与前一个单音节词受双音化倾向而产生的,它们都是受到音节组合规律影响而形成的。吴文研究可以作为本章“最是”成词的一个旁证。

“是”后的直接成分从以指称化的体词性成分占绝大多数，扩展到谓词性成分、陈述化了的体词性成分甚至小句时，语境得到了泛化，进而会影响“是”的句法功能。原因正如方清明(2012)所说的，“语言的某个句法结构线性序列是有限的，当某一成分膨胀，另一部分被挤压也就在情理之中。”换句话说，当某个成分发生变化，特别是具有直接句法语义关系的紧邻成分发生变化时，紧邻共现的成分有可能会发生相应的变化。

这种情况下，“AP”“VP”“NP”本身具有[＋量级]的语义特征，“最”是程度副词，二者语义相宜，很容易绕过“是”相互结合，这样“是”的句法功能悬空了。

在词汇化过程中，“是”的语义发生了一定的虚化。在“最是$_1$”阶段，“是 NP”毫无疑问是语义重心所在。随着“最是＋AP/VP”用频的增多，“是”的语义虚化，语义重心丧失：语义重心或者向后移动，“是”成为一个焦点标记，“最”仍然修饰“是 NP/AP/VP”，演化为“最是$_2$”；语义重心或者向前移动，“是”成为一个附缀，依附于宿主“最”，“最是”先结合，再修饰后面的成分，发展为“最是$_3$”。试比较：

(45) 最是书生爱自由，却最是书生不自由，舒国治亦难脱彀中。(《北京晨报》2017 年 2 月 1 日)

(46) 那张红色的嘴最是有趣，像叼着块红宝石似的，嘴上的白色模带宛若红宝石上又镶了一条白玉。(《人民日报》1993 年 6 月 18 日)

例(45)中，“是”是焦点标记，标记“书生”，“最”修饰“是书生”。“最是”的重心仍在“是”上，属于前偏式跨层片段。例(46)中，副词“最”可以跨过“是”直接与后面的“有趣”发生句法和语义关系，此时“最”与“是”先结合，然后“最是”整体上修饰后面的“有趣”，“最是”的重心前移到了“最”上，成了后附式结构，“是”成了一个附缀。

当副词“最”可以直接与后面的“AP/VP”发生句法或语义关系，不再需要“是”时，“最是”的重心完全移到了“最”上，“是”语义与功能都完全悬空，成为了一个羡余成分，语音弱化，依附于“最”而存在，完全符合“是”作为一个附缀的特征。例如：

（47）修复包含着非常主观也非常微妙的判断揣摩。修复到什么程度最是理想，这常常是一道两难的选择题。（《文汇报》2016 年 12 月 16 日）

随着“最是＋小句”的高频使用，“最是”有了篇章衔接的功能，功用上相当于一个连词。这样的话，“最是”的词汇化程度更高了，已经是一个成熟的词汇单位了。例如：

（48）时而昂头凝视某处，时而低头含笑，最是那蚊虫扑来时，他躲避的一丝娇羞，就是这样。（CCL《网络语料》）

综上所述，“最是”的词汇化既与语境泛化密切相关，也与“是”的语义和功能悬空有关。伴随“是”语义的虚化及功能的悬空，“最”和后面的“是”之间的语义重心关系发生了转化：由前偏变成了后附，导致“最是”成为一个程度副词。

3.3　重新分析与类推成词

一个句法性结构的词汇化，在语音上表现为单独组块化，成为一个独立的韵律词；在语法上表现为凝固化，成分间不可扩展；在语义上表现为意义规约化，不再等于成分意义的组合（董秀芳 2007）。“最是$_4$”完全符合上述语音、语义和句法等方面的要求，发生了重新分析，已经固化为一个词了。

从判断词到焦点标记，再到附缀“是”，最后成为词缀，“是”本身的词性用法发生了重新分析，其所在的句法结构及相关语境也发生了变化。从最初的原型语境“NP_1＋最是$_1$＋NP_2”泛化到最后的“NP_1/S_1，最是$_4$＋$NP_2/AP/VP/S_2$”。同样是后接体词性成分，但“最是”的性质却完全不同。试比较：

(49) 阿巴亥正当三十岁的盛年，最是女人丰姿绰约的成熟时期。(凌力《清宫悬案》)

(49′) 集中的女性作品似以申诉“最是女人不自由”或抨击男女不平等为主，往往并不涉及“怕老婆”。(人民网2014年4月9日)

(49″) 在帝国，一些女人的好战之心比起男人还要强烈！像洛神就是代表，她长得最是女人，可比男人更好战，十成十是战争贩子。(披萨饼《全球三国》)

三个例句中，句法表层形式都是“最是女人”，但深层关系却完全不同。例(49)中，“是”处于判断词的典型语境中：NP_1＋最是$_1$＋NP_2，“是”是判断词，副词“最”修饰“是女人风姿绰约的成熟时期”，“最是$_1$”属于“副＋动”跨层片段。例(49′)中，“是”是焦点标记，相比于男人而言，“女人”最不自由，“最是$_2$”是一个前偏式跨层片段。例(49″)中，“最是女人”充当补语成分，体词性成分“女人”陈述化，“最是”先结合，再修饰“女人”，“最是$_4$”是一个词了。从例(49)到例(49″)，“最是”发生了重新分析，词汇化程度也增强了。

董秀芳(2002/2011)指出，受汉语双音化的影响，一些语法性成分和词汇性成分组成的句法结构经历了语法化过程后，逐渐成词，这往往是由于原来的语法性成分的功能在发展过程中逐渐弱化，而高频的组合使用就可能固化成词。判断词“是”是一个高频用词，很容易发生语法化。作为一个语义虚化的成分，“是”在句法上后附于其所依附的成分。“是”的语义虚化及句法环境的变化，导致了“最”与“是”边界逐渐消失，最终完成了从表层句法紧邻到具有直接成分关系的转变，双音步的“最是”已经固化，成为一个附加式合成词。例如：

(50) 守着这么大的宝藏，“八大元老”内部已经争得不可开交。其中，幅员辽阔的俄罗斯、加拿大最是狂热，对其他国家也最为排斥。(《中国经济周刊》2013年5月21日)

“最是$_4$”词汇化的第二个机制是类推。可以从两个方面分析。

其一，现代汉语中“副＋是”单词是一个相对封闭的类。常见的有“不是、凡是、只是、净是、光是、就是、还是、倒是、总是、老是”等(张谊生 2003)。这种整齐统一的结构形式对“最是”的词汇化也产生了一定的类推影响。例如：

(51) 刘烨应该是我所见过的男艺人中最是大男孩的大男孩。(《广州日报》2015 年 3 月 7 日)

其二，受“最为”类推的影响。“是”和“为”在古代汉语中都是判断词，相比二者，“为”的文言色彩更浓，“是”的口语色彩更浓。“最为”被词典收录为词汇词，在此类推影响下，“最是”也应受到了影响。且语言表达要求新颖性，“最为”和“最是$_4$”各自具有独特的表达功用(向德珍、牛顺心 2006)。这样，“最是$_4$”也应该是一个词。例如：

(52) 当日之世界经济，东快西慢，亚洲为“日出之地”，中国经济如日东升，发展最为稳健也最是迅捷。(人民网 2011 年 2 月 22 日)

四、“最是$_4$”不被认可为词的原因

志村良智(1984)认为“最是”在中古时期已经是一个词了，但为何直到现在几乎所有的学者都不认同“最是$_4$”是一个词，相关词典也都没有收录呢？我们认为其中的原因主要与以下两个方面有关。

4.1　“最”和“是”的独立成词性很强

不论是“最”还是“是”，在现代汉语中独立成词的比率都非常高。《现代汉语频率词典》里，在“分布最广的词率分布表”中，

“最”排第八十四，“是”排第三，在所有动词用频中，“是”排第一。“最”与“是”各自独立成词使用的频率如此之高，二者固化成词的可能性就很小，即使成词也是一个不典型的单词。这也是为什么大家不太认可“最是”是一个词的原因之一。

王灿龙(2009)在论述主观性标记词“想是”濒于消亡时指出，“‘想’和‘是’在现代汉语中各自都可以独立成词，而且还都是十分常用的词。……‘想是’算不上一个典型的词。”在“分布最广的词率分布表”中，“想”排第一百零九。“想”的用频远远没有“最”高，且“想是”都不被认为是一个典型的单词，“最是”不被承认也是意料之中。王灿龙关于“想是”的论证，可以作为本章的一个旁证。

词和短语之间没有清晰的界限，即使是词，也有典型与边缘之分。我们倾向于认为“最是$_4$”是一个程度副词。汉语中存在很大一部分这样的情况：相关词典或多数学者不认同词的地位，但其实已经具有很多成词的特征，如“光是、很是”等。

4.2 “最为”的竞争

石毓智(2011)指出，“在汉语史上普遍存在着这种现象，一组意义相同或相近的词不约而同地朝同一语法范畴发展，形成同一语法格式的多标记现象，又因为受原来词汇意义的细微差别的影响，这种多标记的功能往往是同中有异，不仅给语言增添了丰富的手段，而且也决定着它们不同的发展命运。”

“是”与“为”都是判断词，用法很相似，都可以与副词“最”结合，“最是$_4$”与“最为”二者具有聚合关系。考虑到语言的经济性原则，“最是$_4$”与“最为”为了能够在词汇系统中占有“一席之地”，肯定会形成竞争。

我们从两个方面统计了现代汉语中“最是”与“最为”的用频，以此来对比二者使用的竞争情况。一方面是从整体上不加区分的对二者的用频加以统计，即不论“最是”与“最为”是跨层片段还是副词。列表如下：

表 6－2　“最是”与“最为”用频统计表

	CCL	BCC	人民网
最是	405	2651	3547
最为	11669	31440	238282

另一方面我们抽样统计了语料库[①]中成词的“最是$_4$”与“最为”的用频，剔除不符合的用例，具体情况见下表。

表 6－3　“最是$_4$”与“最为”用频统计表

	CCL	BCC	人民网
最是	7	11	9
最为	942	875	964

由上述两个表格可知，不论是绝对使用数量还是各自有效用例，“最为”都占有绝对优势。在这种强势竞争下，“最是”较难实现为一个词汇词。

“为”是一个有着很浓文言色彩的词汇单位，在现代汉语中几乎不能单用，作为一个不自由语素存在，“最为”是一个典型的单词，已被相关词典所收录。客观地说，既然已经存在一个可以表达某种功用的典型的词汇单位了，就不再需要另外一个非典型单位的存在。但考虑到表达的多样化和丰富性，“最是$_4$”也会偶尔出现[②]，体现了语言表达的丰富性。例如：

---

① 为了相对客观有效，我们从每个语料库中各抽取了前 1000 条语料（“最是”在北大语料库中只有 405 条用例），也包括同形异构及多次使用的情况。

② 向德珍、牛顺心（2006）认为“到了现代，‘最是’作副词的用法已不见使用了；而‘最为’作为一个副词保存了下来”。但是据我们分析，“最是”成为副词的用法在现代汉语中也有使用，只是频率相对要低，说明“最是$_4$”成词不被认可，并不能说没有。

(53) 清明时，天清气爽，和风习习，气候最是宜人。四月，对应乾卦，六爻纯阳，阳至极点，故四月闷热之极，最为难受。(《中国社会科学报》2012 年 4 月 13 日)

五、本章小结

“最是”的词汇化是在句位紧邻、韵律组块、语境泛化、“是”的语义及功能悬空的动因下，在重新分析和类推的相关机制下，逐步词汇化为一个单词。“最是”经历了“副＋动”跨层片段、前偏式跨层片段、后附式结构和附加式合成词的过程。其中，“是”经历了判断词、焦点标记、附缀直至成为词缀的语法化过程，在这一过程中，“是”的语义逐步虚化，适用范围得到泛化，语音上也逐渐失去逻辑重音，渐趋依附于某一单位，直至与依附单位融合。这样看来，现代汉语中存在着同形异构的“最是”。其中，作为词汇词的“最是”理应收入相关词典。汉语没有形态变化，附缀“是”进一步发展演化的趋势包括两条。其一，附缀“是”脱落，成为一个零形式。其二，附缀“是”进入词内，成为词缀。单音节宿主后的附缀“是”成为词缀是较容易发生的，毕竟汉语整体发展趋势是双音化，“最是”便是一个很好的例证。

第七章　从类比语法化的角度看附缀“是”

一、引言

现代汉语中存在大量双音节词语（下文用“$X_{双}$”表示）后加“是”的形式，如“问题是”“前提是”“幸亏是”“应该是”“虽说是”“主要是”等。仔细观察可以发现，“$X_{双}$＋是”内部存在很大的异质性，属于不同性质的语言单位：部分“$X_{双}$＋是”属于跨层片段，还未走上词汇化的道路，如表示“事物发生或发展的先决条件”的“前提是”，“前提”具有实在的词汇义，“是”是判断动词，“前提是”属于跨层片段（吕佩 2020）；部分“$X_{双}$＋是”走上了词汇化的道路，甚至已经成词，“是”语法化为词缀，如表达负面评价的“问题是”，“问题”的词汇义完全虚化，“是”语法化为词缀，“问题是”已经完全词汇化（李宗江 2008；张璐 2015）。即使都有词汇化的倾向，“$X_{双}$＋是”的词汇化程度也并不完全一致，部分“$X_{双}$＋是”的词汇化程度较高（如“问题是”），另外一些“$X_{双}$＋是”的词汇化程度则相对要低（如“关键是”）。

讨论“$X_{双}$＋是”的词汇化时，部分学者（张谊生 2003；张斌 2013；龙国富 2018）认为“$X_{双}$＋是”几乎都是渐变演化的结果，是从非词汇单位逐步词汇化而来的，如龙国富（2018）指出“只要是”

经历了四个阶段，从晚唐到近代逐步词汇化为一个连词。我们的看法与之不尽相同，认为不应该一视同仁，“$X_{双}$＋是”的形成方式可能存在较大的差异。

Hoffmann (2004：195)指出，低频单位的语法化，是通过类比具有一定相关性的高频结构而来的。具体来说，类比的个例用频较低，而可类比的结构则拥有较高的用频。这种演化类型可以称之为“类比语法化”(grammaticalization by analogy)，即演化来自语言内部自身的类比，而非逐渐演化而来(韩启振 2013)。Fischer (2008)从类比的角度出发，指出类比是语法化的动因，甚至有可能是最主要的动因。董秀芳(2004)非常敏锐地指出，“在很多‘X是’变为词之后，由于类推的作用，以后‘是’会不会直接贴附到一些连词或副词的后面从而构成‘X是’式的词呢?”董正存(2018)认为，有些“X说”的形成(如“至少说”“起码说”等)是在“X”后直接添加了表达认知义的“说”，“X说”内部成员缘何产生恐怕需要个性化处理，不宜统一对待。董文论述的是附缀“说”，但对附缀“是”的讨论也有裨益，毕竟附缀“说”与附缀“是”存在一定的共性与联系(曹秀玲 2012)。

Hoffmann (2004)、Fischer (2008)、董秀芳(2004)和董正存(2018)等四位学者的立足点和研究对象不尽相同，但对笔者的启发很大。可以肯定地说，附缀“是”存在类推贴附的可能，附缀“是”可以直接贴附到宿主“$X_{双}$”之上，形成附缀结构“$X_{双}$＋是”。我们要做的是证明汉语中存在这类现象。本章内容包括三部分：其一，类比语法化判定标准；其二，“$X_{双}$＋是”类比语法化之个案分析；其三，附缀结构“$X_{双}$＋是”的进一步发展演化。

二、类比语法化的相关判定标准

从演化原因来看，语法化包括语言内部自身演化和语言之间接触演化。从演化方式来看,语言内部自身演化则可以进一步细分为渐变演化和突变演化两类。我们将语言之间的接触演化称为“接触语法化”(grammaticalization by contact),关于接触语法化,具体请参阅吴福祥(2007、2013、2014)系列成果。我们将语言内部的渐变演化称作“一般语法化”(general grammaticalization),就目前学界研究现状而言,很大一部分属于一般语法化的范畴,这类研究成果也最多。我们将语言内部突变演化称为类比语法化,这是本章重点讨论的内容。

一般语法化的普遍规律是“渐变性”“高频率”和“单向性”,类比语法化不同于一般语法化,体现在“可类比”“突变性”和“低频率”等三个方面,下面分别论述。

2.1 可类比

一般语法化几乎都会遵循具有语言共性特征的演化路径或规律(Heine & Kuteva 2002; Traugott & Dasher 2002;吴福祥 2005)。如 Heine & Kuteva (2002)根据对世界 500 余种语言的调查结果发现,人类语言焦点标记的最常见的两个来源是判断词和指示代词,具有类型学上的意义。类比语法化则不同,需要某一语言中存在特定的可类比的演化路径或先例:一方面,目标对象与源始对象在形式或意义功能上具有一定的相似性或相关性(Hoffmann 2004; Fischer 2011; Rhee & Koo 2015);另一方面,这些路径或先例都相对比较成熟,这样有助于类比语法化的实现。Hoffmann (2004)详细讨论了介词结构 in view of 的形成,指出:in view of 的产生是一般语法化的结果,除了 in view of 之外,还有 20 多个类似的介词结构。可以说,英语中的这类介词结构已经形成一定的规模,具有“可类比”的前提。另外,汉语的上古和中古时期,副词后缀“为”较为常见,产生了一大批双音节程度副词“X 为”,程度副词“特为”就是在成熟的已有形式“X 为”影响下产生的(雷冬平、胡丽珍 2017)。

2.2 突变性

沈家煊(1994)指出,一般语法化是个连续渐变的过程。“渐变性”决定了其赖以发生的环境具有连续性(彭睿 2008)。结合“语法化连续环境观”来看,一般语法化几乎都会依次走完非典型环境、临界环境、孤立环境和习用化环境等四个阶段。这四个阶段之间存在一定的先后顺序,属于渐进的演变过程。一般语法化一般都需要经历一个较为长期的发展历程,几乎不可能在短期内迅速完成,更加不会一蹴而就,即这一发展历程具有渐变的特征,演化遵循从实义词到语法词再到更为虚化成分的方向。

众所周知,历时语法化研究有一个重要论断:单向性。“单向性”决定了其演化路径是:“词汇成分>语法成分”或“较少语法化>较多语法化”。据董秀芳(2004)考察,汉语中存在大量双音节副词或双音节连词后加“是”的情况,如“不管是”“或者是”“好像是”“尤其是”,“是”从语法词发展为词缀,呈现出渐变性和单向性的特征,符合一般语法化的演化规律。

“单向性”与“渐变性”是对一般语法化而言的,类比语法化与一般语法化不同,不具有“渐变性”和“单向性”的特征,反而具有一定的“突变性”和“(近乎)同时性”,即目标对象与源始对象几乎是同时产生和存在的,中间不存在明显的演化路径,也不存在明显的连续演化环境,也没有清晰的渐变特征。据 Hoffmann (2004),英语中存在大量复杂的介词结构(如 by dint of、in conformity with),其中,in front of 在 18 世纪才得以形成,而常用的介词结构 in terms of 是在 20 世纪才出现的,这些介词结构并不符合一般语法化的相关特征,可以认为是类比语法化的结果。除此之外,雷冬平、胡丽珍(2017)研究程度副词“特为”的来源时,明确指出:程度副词“特为”是突变而来的,是在单音节程度副词“特”后加上副词词缀“为”直接构成的，是一个附加式的词语，不存在渐变演化的过程。

2.3　低频率

高频使用是诱发词语发生一般语法化的必要条件之一。Hopper & Traugott (1993/2003)认为，使用频率可以被看作一个语法标记出现的时间或语法化程度的一个外显特征。实词的使用频率越高，就越容易虚化，语法化程度也越高(沈家煊 1994)。彭睿(2011)在论述“临界频率”时，提出了“共时强度”和“历时厚度”两个概念，认为都与大量的实例出现有关，即“相当厚度的临界频率如果达到一定的共时强度，语法化就会发生。”沈家煊(1994)和彭睿(2011)基于的都是一般语法化，即一般语法化的发生与高频，尤其是临界高频密不可分。

类比语法化不同于一般语法化，最初出现几乎都是低频率的(Hoffmann 2004; Serrano-Losada 2018)。Hoffmann (2004)研究表明：英语中突变产生的介词结构 by dint of 和 in compliance with 用频很低，在 1 亿文字的语料中，只发现不到 100 则用例，符合“低频率”的特点。除此之外，韩启振(2013)研究情态副词“说不准”的产生时，统计了不同时期的能性动补结构“说不准$_1$”、兼有认知义和推测义的“说不准$_2$”和情态副词“说不准$_3$”，从该文表一的统计数据可以看出，不论是“说不准$_1$”还是“说不准$_2$”或是“说不准$_3$”，其使用频率都相当低，不符合一般语法化高频使用的要求。

综上所述，同样是语言内部的演化，类比语法化与一般语法化存在质的差异，判定是否是类比语法化，需要同时考虑“可类比”“突变性”和“低频率”等相关标准。相比而言，“可类比”是首要的，即必须首先具有可类比的结构；其次是“突变性”，由“可类比”的结构导致“突变”；“低频率”并非“类比语法化”的本质，属于辅助性判定标准。

具体到本章而言，判定附缀“是”是否是类比语法化的产物，需要考虑：其一，汉语中存在可类比的相对成熟的“$X_{双}$＋是”形式，且附缀“是”与“$X_{双}$”各自的意义和用法都比较成熟，“$X_{双}$＋是”与“$X_{双}$”的意义或用法具有一定的相关性；其二，“$X_{双}$＋是”在某一时期突然产生，与同形的判断动词短语以及副词短语“$X_{双}$＋是”几乎不存在时间先后问题；其三，附缀结构“$X_{双}$＋是”用频较低。

三、“$X_{双}$＋是”类推依附之个案分析

本节我们打算选取“幸亏是”“甭说是”“加之是”“虽说是”“只要是”“就算是”等六个个案，具体加以分析。之所以选取这六个个案，主要出于这样的考虑：第一，据董秀芳（2004）和张斌（2013），“$X_{双}$＋是”中的“$X_{双}$”主要以副词和连词为主，因此我们分别选取双音节的副词和关联连词。第二，附缀“是”类推贴附“X”可能发生在不同时期，既有可能发生在古汉语中（如“幸亏是”），也有可能出现在现代汉语中（如“加之是”）。

有三点需要说明：其一，考虑到语法化“并存原则”（Hopper & Traugott 1993/2003；沈家煊 1994），为了便于区分，我们把判断词“是”记做“$是_1$”，把副词“是”记做“$是_2$”，把附缀“是”记做“$是_3$”。其二，统计用频时，我们重点关注“$X_{双}$＋$是_1$”“$X_{双}$＋$是_2$”与“$X_{双}$＋$是_3$”首次共同出现时的情况，不再关注以后的用频情况。第三，据张谊生（2003）考察，唐宋时期已经出现了成词的“X＋是”，既有双音节的“$X_{单}$＋是”，如“直是”，也有三音节的“$X_{双}$＋是”，如“端的是”，说明“X＋是”是一个相对成熟的形式，具有“可类比”的可能性。结合“是”的演化轨迹（石毓智、李讷 2001；张谊生 2003；董秀芳 2004）和“$X_{双}$＋是”的成词时期来看，附缀“是”也应该早已成熟，

至少应不晚于宋代，这样才有可能进一步语法化为词缀，“$X_{双}$＋是”才会进一步成词。我们在此统一说明“$X_{双}$＋是”和附缀“是”都有成熟的可类比形式，不再在每个个案中重复说明。

3.1　“幸亏是”

“幸亏”和“是”的共现连用，最早出现在清代。我们在 CCL 古代汉语语料库中，检索到包含“幸亏是”的例句 24 例，除去重复的 1 例，共有 23 例。其中“$幸亏是_1$”有 16 例，“$幸亏是_2$”有 3 例，“$幸亏是_3$”有 4 例。为了便于观察与对比，我们将语料库中的用例及用频加以汇总，列表如下。

表 7－1　“幸亏是”用例及用频情况统计表

	CCL
“$幸亏是_1$”	16/69.57%
“$幸亏是_2$”	3/13.04%
“$幸亏是_3$”	4/17.39%
总计	23/100.00%

从表 7－1 的统计数据可以看出，“$幸亏是_3$”的用频相对要低，满足了“类比语法化”的“低频率”要求。

从实际用例来看，“$幸亏是_3$”与“$幸亏是_1$”“$幸亏是_2$”几乎是同时期产生的，时间相差很短。例如：

(1)“好家伙！你这个人$幸亏是_1$一个老头儿，要是年青的人，我决不能叫你骑在我身背后。”（清·贪梦道人[①]《康熙侠义传》第八十三回）

---

① 贪梦道人具体的生卒年不详，我们查找到如下资料：从《彭公案》二十三卷一百回及《永庆生平后传》一百回都有光绪二十年（1894 年）刊本，都署贪梦道人撰，有光绪十七年贪梦道人的序。因此，我们推测《康熙侠义传》大概也成书于 1890 年左右。

(2) 可巧艾官便悄悄的回探春说:“都是夏妈和我们素日不对,每每的造言生事。前儿赖藕官烧钱,幸亏是$_2$宝玉叫他烧的[①],宝玉自己应了,他才没话说。”(清·曹雪芹《红楼梦》第六十回)

(3) 老爷便吩咐公子:“请你母亲出来。”幸亏是$_3$安太太素来那等大方,才能见怪不怪,出来合他相见。(清·文康《儿女英雄传》第三十七回)

《康熙侠义传》可能成书于1890年左右(光绪十七年左右),《红楼梦》成书于1784年(乾隆四十九年),《儿女英雄传》现存最早刻本为光绪四年(1878年)。从“幸亏是”用例出现的时间来看,“幸亏是$_3$”与“幸亏是$_1$”“幸亏是$_2$”不存在明显的先后演化关系,即不符合“单向性”演化路径,且也不存在“渐变性”的演化环境,符合“类推依附”的“突变性”要求。

据于峻嵘(2005)考察,“幸亏”成词于明代,成熟于清代,是一个评注性副词。评注性副词“幸亏”居于句首,起到一定的篇章衔接功能(张谊生2000/2014)。“幸亏是$_3$”居于句首,同样具有一定的篇章衔接功能,与“幸亏”的意义和用法有较大的相关性,这些都为“幸亏是$_3$”的直接产生提供了一定的条件。

由上可见,“幸亏是$_3$”的产生,不符合“一般语法化”的演化规律,满足“类比语法化”的相关判定标准,符合“突变性”“低频率”和“可类比”等特征。因此,我们倾向于认为附缀结构“幸亏是$_3$”是类推依附而来的,而非渐变演化的结果。

3.2 “甭说是”

古代汉语中没有检索到“甭说是”的用例,表明“甭说是”出现的时间相对要晚。CCL现代汉语语料库中,检索到17条包含“甭

① 关于“是……的”焦点结构的相关论述,具体请参阅王文颖(2018)。

说是”的用例，其中“甭说是$_1$”有 14 例，“甭说是$_2$”有 2 例，“甭说是$_3$”有 1 例。BCC 现代汉语语料库中，检索到包含“甭说是”的例句 227 条，剔除重复的、前加修饰成分的以及与 CCL 重复的用例 43 例，还有 184 例。其中“甭说是$_1$”有 127 例，“甭说是$_2$”有 48 例，“甭说是$_3$”有 9 例。人民网中共检索到包含“甭说是”的例句 47 条，除去重复的用例 17 例，还有 30 例。其中“甭说是$_1$”有 16 例，“甭说是$_2$”有 11 例，“甭说是$_3$”有 3 例。我们将不同语料库中的使用情况加以汇总，列表如下：

表 7－2　“甭说是”用例及用频情况统计表：

	CCL	BCC	人民网
“甭说是$_1$”	14/82.35%	127/69.02%	16/53.33%
“甭说是$_2$”	2/11.76%	48/26.09%	11/36.67%
“甭说是$_3$”	1/5.89%	9/4.89%	3/10.00%
总计	17/100.00%	184/100.00%	30/100.00%

由表 7－2 的统计数据可以看出，相比“甭说是$_1$”和“甭说是$_2$”而言，“甭说是$_3$”的用频相对较低。

从检索到的例句能够看出，“甭说是$_3$”与“甭说是$_1$”“甭说是$_2$”几乎是同时期产生的，都出现在现代。例如：

（4）据媒体披露，北京不少房地产开发商自身资金投入量，甭说是 30%，甚至不足 10%。（BCC·科技文献）

（5）待日落，甭说是$_2$ 戏台下，就是整个镇子也乌黑一片了。（《人民日报》1996 年 2 月 23 日）

（6）“目前我行对各类贷款利率未做任何调整，各银行正处于贷款额度紧张之时，甭说是$_3$ 贷款利率打折了，不上浮都是不可能的。”某大型股份制银行信贷部人士说。（《国际金融报》2013 年 7 月 26 日）

周刚(2002)指出,"甭说"是现代汉语中的典型连词。据我们初步考察,"甭说"的连词化在民国时期已经完成。例如:

(7) 您要让老侠看出来谁是谁,甭说老侠客爷对这四个人都不怎么熟悉,就算熟人你也看不出来。(民国·常杰淼《雍正剑侠图》第二十四回)

(8) 云台剑客燕普点了点头,心说:无量佛!于成老迈年残,阅历丰富,甭说他还有这么一身绝艺,即便真是他一点能耐没有,他的经验、阅历也是宝贵的啊!(民国·常杰淼《雍正剑侠图》第五十六回)

"甭说是$_3$"居于句首,与连词"甭说"的意义和用法存在很大的一致性。"甭说是$_3$"与"甭说是$_2$""甭说是$_1$"之间没有明显的先后演化渐变特征,且"甭说是$_3$"的用频相对要低,这些都符合类推依附的相关标准,可以说"甭说是$_3$"是"类比语法化"的结果,是附缀"是"直接贴附到"甭说"上的。

3.3 "加之是"

古代汉语语料库中,并未检索到"加之是"的相关用例。CCL现代汉语语料库中,检索到包含"加之是"的用例有 10 条,其中"加之是$_1$"有 9 例,"加之是$_2$"有 1 例,"加之是$_3$"有 0 例。BCC 语料库中,检索到包含"加之是"的例句 227 条,剔除重复的、前加修饰成分的以及与 CCL 重复的用例 63 例,共有 164 例。其中,"加之是$_1$"有 147 例,"加之是$_2$"有 16 例,"加之是$_3$"有 1 例。人民网中,共检索到包含"加之是"的例句 165 条,剔除重复的用例 62 例,还有 103 例。其中,"加之是$_1$"有 84 例,"加之是$_2$"有 12 例,"加之是$_3$"有 7 例。我们将不同语料库中的用例加以汇总,列表如下:

表 7-3　“加之是”用例及用频情况统计表

	CCL	BCC	人民网
“加之是$_1$”	9/90.00%	147/89.63%	84/81.55%
“加之是$_2$”	1/10.00%	16/9.76%	12/11.65%
“加之是$_3$”	0/0.00%	1/0.61%	7/6.80%
总计	10/100.00%	164/100.00%	103/100.00%

由表 7-3 的统计数据可以看出，“甭说是$_3$”的用频很低，还不到 10%。

张田田(2012)指出，“加之”的连词化始于晋代，唐以后逐渐成熟。从连词“加之”和判断词“是”或副词“是”最初的形成时间来看，“加之”和“是”的共现连用应该很早就可以出现，为何在现代汉语中才出现？且“加之是$_3$”与“加之是$_1$”和“加之是$_2$”在现代汉语中并没有明显的先后演化关系，可以认为三者是同时期产生的。例如：

(9) 由于赛制新颖别致，加之是$_1$ 快棋赛，显得更为紧张刺激，扣人心弦。(新华社 2002 年 10 月份新闻报道)

(10) 由于“雪龙”号 11 月份又要赴南极，这次北极考察日程安排的比较紧，前后只有 71 天的时间，加之是$_2$ 我国首次北极科考，考察项目多，为取得大量的第一手资料，考察队员常常昼夜不停地工作。(《厦门晚报》1999 年 9 月 21 日)

(11) 由于狗的养殖成本昂贵，加之是$_3$ 肉食动物彼此攻击与伤害的程度大，不能大批量圈养以降低成本。(中国日报网 2013 年 6 月 18 日)

从表达功用上看，连词“加之”与附缀结构“加之是$_3$”有很大的共性特征：句法上都处于句首的位置，语义上表示补充义，起到了一定的连接作用。总之，“加之是$_3$”满足“突变性”“低频率”和“可类比”等条件，也可以认为是“类比语法化”的结果。

3.4 “只要是”

龙国富(2018)讨论了“就算是”“虽说是”“只要是”的形成，认为三者都是跨层构式化形成的，是渐变演化的结果。但从形成时间上看，“就算是”“虽说是”“只要是”缺乏一定的“渐变性”特征，因此我们怀疑“就算是”“虽说是”“只要是”并非自身渐变的结果，是类推突变而来的。

CCL 古代汉语语料库中，共检索到包含“只要是”的例句 76 例，剔除重复的 1 例，总共有 75 例。其中，“只要是$_1$”的用例 64 例，“只要是$_2$”的用例 7 例，“只要是$_3$”的用例 4 例。统计数据汇总如下表：

表 7-4 “只要是”用例及用频情况统计表

	CCL
“只要是$_1$”	64/85.33%
“只要是$_2$”	7/9.33%
“只要是$_3$”	4/5.34%
总计	75/100.00%

由表 7-4 的统计数据可以看出，“只要是$_3$”的用频很低，满足“低频率”的标准。

龙国富(2018)指出，连词“只要”后加“是”在清末开始出现。例如：

(12) 东方亮说：“只要是$_1$我们这里官人，我就可以能救。”(清·无名氏《小五义》第六十七回)

(13) 天霸道：“只要是$_2$捉住，不管是一个二个，总是你夫妻

两个的功劳。现在那里?”(清·无名氏《施公案》[①]第四百四十七回)

(14) 龙滔说:“皆因他父亲被花蝴蝶一毒药镖打死了,如今跟着他冯七叔练了一身功夫,他七叔就是不会打暗器,这孩子他一心要学打镖,叫我带了他,给他找个师父,跟着学打镖。学会的时节,慢慢找花蝴蝶的后人,只要是$_3$他沾亲带故,无论是谁,打死一个,就算与他天伦报仇。”(清·无名氏《小五义》第七十回)

《小五义》成书于清光绪十六年(1890年),《施公案》成书于乾隆、嘉庆年间(1736年—1821年)。从历时角度来看,“只要是$_3$”与“只要是$_1$”和“只要是$_2$”之间并不符合“单向性”演化路径,也没有明显的“渐变性”特征。

据龙国富(2018)研究,连词“只要”产生于宋代。武天骄(2014)认为,南宋出现了“只要”表示条件的用法,明清时期的“只要”用法已与现代汉语相差无几。“只要”的连词意义和用法,与“只要是$_3$”存在较大的一致性,满足“可类比”的条件。综上可见,“只要是$_3$”满足“类比语法化”相关判定标准,可以认为“只要是$_3$”是类推依附的结果。

3.5 “虽说是”

CCL古代汉语语料库中,共检索到包含“虽说是”的例句208例,除去重复的3例,总共有205例。其中,“虽说是$_1$”的用例156例,“虽说是$_2$”的用例32例,“虽说是$_3$”的用例17例。统计结果汇总如下表:

---

① 《施公案》又名《五女七贞》,清代民间通俗公案小说。早期版本亦称《施公案传》《施案奇闻》《百断奇观》,未著撰人。现存有嘉庆三年(1798年)序文,道光四年(1824年)刊本,可推知它大约成书于乾隆、嘉庆年间(1736年—1821年)。

表7-5 “虽说是”用例及用频情况统计表

	CCL
“虽说是$_1$”	156/76.10%
“虽说是$_2$”	32/15.61%
“虽说是$_3$”	17/8.29%
总计	205/100.00%

由表7-5的统计数据可以看出，“虽说是$_3$”的用频只有8.29%，属于“低频率”。

从产生时间来看，“虽说是$_1$”“虽说是$_2$”和“虽说是$_3$”的时间先后差距较小。例如：

(15) 这稗官野史虽说是$_1$个玩意儿，其为法则，则与文章家一也，必先分出个正传、附传，主位、宾位，伏笔、应笔，虚写、实写，然后才得有个间架结构。（清·文康《儿女英雄传》第十六回）

(16) 老爷虽说是$_2$能吃苦，也五十岁的人了，况且又是一场大病才好，平日这几个丫头们服侍，老婆子们伺候，我还怕他们不能周到，都得我自己调停，如今就靠这几个小子们，如何使得呢？（清·文康《儿女英雄传》第二回）

(17) “虽说是$_3$大人赏的身价不少，但是他几十岁的一个老太婆，拿了这一笔钱，难保不给歹人骗去，那时叫他更靠谁来！”（清·吴趼人《二十年目睹之怪现状》第六十五回）

《儿女英雄传》现存最早刻本为清光绪四年(1878年)，《二十年目睹之怪现状》于光绪二十九年(1903年)连载，共刊出四十五回。从时间上看，“虽说是$_3$”与“虽说是$_1$”和“虽说是$_2$”的产生相隔很短，几乎可以认为是同时产生的。

龙国富(2018)认为，连词“虽说”产生于明末清初，“虽说是”

也出现在明末清初。从检索到的语料以及用频来看,“虽说是$_1$”的用法相对成熟,“虽说是$_3$”用例则较少,用频很低。从意义和功用来看,“虽说是$_3$”与连词“虽说”相差无几。“虽说是$_3$”满足类推依附的相关标准和条件,可以认为是“突变”而来的。

3.6　“就算是”

CCL 古代汉语语料库中,共检索到包含“就算是”的例句 129 例,其中,“就算是$_1$”的用例 114 例,“就算是$_2$”的用例 11 例,“就算是$_3$”的用例 4 例。统计结果和用频汇总如下表:

表 7-6　“就算是”用例及用频情况统计表:

	CCL
“就算是$_1$”	114/88.37%
“就算是$_2$”	11/8.53%
“就算是$_3$”	4/3.10%
总计	129/100.00%

由表 7-6 的统计数据可以看出,“就算是$_3$”属于“低频率”,满足“类比语法化”对于频率的要求。

先看“就算是$_3$”与“就算是$_1$”“就算是$_2$”的实际用例。例如:

(18) 只消略略眼梢带去,口角惹着,就算是$_1$十分殷勤好意了。(明·凌濛初《初刻拍案惊奇》第二十二回)

(19) 管他呢!中了好极了,就算是$_2$不中,再听见公子小小年纪,说了这一番大道理,心中暗暗欢喜。(清·文康《侠女奇缘》第一回)

(20) 过了几天,姜玉来找三爷,说:“我也没有别的,我在这里伺候你老人家几天,就算是$_3$我报答恩公了。”(清·贪梦道人《康熙侠义传》第三十三回)

《初刻拍案惊奇》成书于明朝天启七年(1627 年),第二年由尚友堂书坊刊行问世。《侠女奇缘》是《儿女英雄传》《续儿女英雄传》的合册,约成书于清道光(1782 年—1850 年)年间。《康熙侠义传》大概成书于 1890 年左右。从时间上看,先后相差 200 多年,但考虑到当时的社会背景以及语言的“稳固性”特征,我们倾向于认为“就算是$_3$”与“就算是$_1$”“就算是$_2$”并不存在明显的演化关系。

龙国富(2018)指出,连词“就算”产生于明代。韩启振(2014)指出,“就算”在明代开始表让步条件意义;晚清,让步条件标记“就算”成熟。尚国文(2013)认为,“就算”的连词用法在明末及之后的作品中已经出现。三者的观点存在很大的一致性,都认为连词“就算”产生于明代。从实际用频来看,“就算是$_3$”的用频很低,不满足“临界高频”(彭睿 2011)的相关要求,且“就算”与“就算是$_3$”在意义和用法上,存在很大的一致性,加之汉语中早已形成成熟的“可类比”形式“X 是”,“就算是$_3$”的类推产生也是情理之中的。

3.7 小结

根据上述分析,我们可以得到以下结论:

第一,从可类比的角度来看,汉语中早已产生成熟的“X+是”形式,附缀“是$_3$”也相对成熟,“X$_双$”与“X$_双$+是$_3$”在形式和结构上具有较大的一致性,从语义和表达功用上看,“X$_双$”与“X$_双$+是$_3$”有很强的相关性。

第二,从时间上看,不论是古代汉语(多数出现在晚清,有些用例出现得更晚,符合董秀芳(2004/2016)的观点)还是现代汉语中,部分“X$_双$+是$_3$”与“X$_双$+是$_1$”“X$_双$+是$_2$”几乎是同时产生的,不存在明显的先后演化关系,不符合“渐变性”和“单向性”的特征,具有一定的“突变性”。

第三，从用频上看，相比“$X_{双}$ + 是$_{1}$”和“$X_{双}$ + 是$_{2}$”而言，“$X_{双}$ + 是$_{3}$”的用频要低，甚至可以说是很低，几乎不超过 10%（“幸亏是$_{3}$”的用频为 17.39%），具有“低频率”的特征。

“$X_{双}$ + 是$_{1}$”“$X_{双}$ + 是$_{2}$”与“$X_{双}$ + 是$_{3}$”之间在句法和语义等方面也存在明显的差异，主要体现在以下四个方面。其一，从后接成分的句法性质上看，“$X_{双}$ + 是$_{1}$”后接体词性成分（“一个老头儿”“快棋赛”），“$X_{双}$ + 是$_{2}$”后接谓词性小句或句子（“宝玉叫他烧的”“免费打印”），“$X_{双}$ + 是$_{3}$”后接句子（“安太太素来那等大方”“肉食动物彼此攻击与伤害的程度大”）。其二，从“是”是否可以省去来看，“$X_{双}$ + 是$_{1}$”中的“是”不能省去，省去后句子不成立（不能说“你这个人幸亏一个老头儿”“加之快棋赛”）；“$X_{双}$ + 是$_{2}$”中的“是”可以省去，省去后标记强调的作用也随之丧失；“$X_{双}$ + 是$_{3}$”中的“是”可以自由地省去，省去后对句子不会造成显著的影响，如可以说“幸亏安太太素来那等大方”“加之肉食动物彼此攻击与伤害的程度大”。其三，从能否添加否定副词“不”来看，“$X_{双}$ + 是$_{1}$”可以添加“不”，如可以说“你这个人幸亏不是一个老头儿”“加之不是快棋赛”；“$X_{双}$ + 是$_{2}$”也可以添加“不”；“$X_{双}$ + 是$_{3}$”不能添加“不”进行否定，如要否定，则应该是“幸亏是安太太素来没那么大方”“加之是肉食动物彼此攻击与伤害的程度不大”。其四，从“是”的表达功用来看，“是$_{1}$”表示判断，“是$_{2}$”起标记强调的作用，“是$_{3}$”主要用来增强发话人的主观情感等（具体请参阅吕佩 2019）。

综上可见，附缀“是$_{3}$”可以直接贴附到宿主“$X_{双}$”之上，形成附缀结构“$X_{双}$ + 是$_{3}$”。相比渐变演化而言，当“$X_{双}$ + 是$_{3}$”的后接成分是语义自足的句子，宿主“$X_{双}$”是副词或连词，居于句首位置，语义较为虚化，主观性程度较高，且“是$_{3}$”用于增强发话人的主观情感时，附缀“是$_{3}$”更倾向于直接贴附到宿主“$X_{双}$”上，形成附缀结构“$X_{双}$ + 是$_{3}$”。除上述分析的个案之外，我们发现汉语中还存在其他类推贴附的情况，如“假若是”“无怪乎是”“要不然是”等等。

四、附缀结构“$X_{双}$＋是$_3$”的词汇化

不论是近代汉语还是现代汉语，双音节单位明显占优势。因此很多情况下，单音节要补充成为双音节，三音节或更多音节则会省缩为双音节（吕叔湘 1989）。汉语中很大一部分三音节附缀结构“$X_{双}$＋是$_3$”是一般语法化的产物，是渐变演化而来的。按照汉语双音化的整体发展趋势，附缀“是$_3$”很多会发生脱落，附缀结构“$X_{双}$＋是$_3$”省缩为双音节标准音步“$X_{双}$”，如已经成为实体构式的“问题是”，省缩为双音步的“问题”（张璐 2015）。例如：

（21）吴：昨天我们寝室来选人大代表了，XX 她都没选。
张：问题[是]她有选的资格吗？（转引自张璐 2015）

（22）蒋：小 Y 和她男朋友吵架了，她说要搬回来住两天。
张：问题[是]她搬回来了吗？（同上）

除“问题是”之外，“关键是”也可以省去附缀“是”。李宗江（2011）指出，由于受词汇双音化的影响，在口语中“关键是”词汇化的结果，可能是丢掉“是”字而只剩下“关键”。例如：

（23）真的真的，你爷爷要不是太监就是清朝的八三四一。人家说要不也判不了你那么重，关键[是]你太黑心，卖石头就卖石头还反搭鞋，说你奶奶那小臭鞋也是文物张口要一万。（转引自李宗江 2011）

（24）夏母：怎么着？你嫌人家是个保姆，还带着个儿子，配不上你是不是？
夏锦达：不是配不配的事，关键[是]我不想结婚。（同上）

除了“问题是”和“关键是”之外，汉语中还有大量超音步附缀结构“$X_{双}$＋是$_3$”。这些“$X_{双}$＋是$_3$”在词汇化过程中出现脱落“是$_3$”的情况，比如“结果是”“主要是”等。例如：

(25) 在今天的比赛中，中国女队与丹麦女队、印尼女队与韩国女队进行了排定小组前两名座次的争夺。结果，中国女队以5：0轻取丹麦女队，列A组第一名，丹麦女队列A组第二名；印尼女队以3：2战胜韩国女队，列B组第一名，韩国女队列B组第二名。（《人民日报》1998年5月19日）

(26) 如果说，在台湾还有人真正了解一些他的过去，还能和他谈谈、和他共饮西窗下，就只有冠群夫妇了。主要，冠群娶了微珊的闺中知己——白晓芙。（琼瑶《问斜阳》）

双音节音步是标准音步，但在一定情况下，三音节的超音步也是允许存在的。王洪君（2000）指出，汉语中最常用、受限最小的标准音步是两个正常音节的音步，此外还有三音节的超音步。一般人心目中的词就是韵律词，音步不少于两个音节，不能大于三个音节（冯胜利 2000/2013）。本章考察的附缀结构“$X_{双}$＋是$_3$”，与语言自身的渐变演化有很大的差异。附缀“是$_3$”是直接贴附到宿主上去的，并非渐变演化而来，因此不会再走向脱落，有特定的表达功用，这类“$X_{双}$＋是$_3$”进一步演化的结果就是发展成为超音步的词汇词。

陈宝勤（2011）指出，三音以上结构是以单音词和双音词为基础形成的，只有双音结构实现了词汇化，才有三音以上结构的词汇化。双音节宿主“幸亏”和“加之”已经是词汇词，被相关词典（《现代汉语词典》第7版和《现代汉语规范词典》第3版）收录。附缀结构“幸亏是$_3$”和“加之是$_3$”，就是在双音节宿主“幸亏”和“加之”的基础上，再贴附一个附缀“是$_3$”，成为一个三音节单位，走上词汇化道路。这个“是$_3$”字很多时候没有多少实际的意义，正逐步变化为一个词缀（董秀芳 2004）。

从目前发展情况来看，附缀结构“$X_{双}$＋是$_3$”很少实现完全词汇化，但都已经走上了词汇化的道路。“幸亏是”和“虽说是”的词汇化程度最高，“甭说是”和“加之是”的词汇化程度要相对低一些，“只要是”和“就算是”的词汇化程度最低。附缀结构“$X_{双}$＋是$_3$”词汇化程度高低可以排列如下[①]：

“幸亏是”“虽说是”＞“甭说是”“加之是”＞“只要是”“就算是”

双音节宿主“幸亏”“虽说”“甭说”“加之”“只要”和“就算”，已经是词汇词，被相关词典(《现代汉语词典》第7版和《现代汉语规范词典》第3版)收录。董秀芳(2002/2011：318－321)讨论了进一步词汇化的相关内容，认为双音形式在成词以后，词汇化进程可以继续，即进一步词汇化。[②] 陈宝勤(2011)指出，三音以上结构是以单音词和双音词为基础形成的，只有双音结构实现了词汇化，才有三音以上结构的词汇化。本章讨论的三音节附缀结构“$X_{双}$＋是$_3$”，就是在双音节宿主“$X_{双}$”的基础上，再贴附一个附缀“是”，成为一个三音节单位，走上词汇化道路。这个“是”字很多时候没有多少实际的意义，正逐步变化为一个词缀(董秀芳2004)。例如：

(27) 林氏家族抵达厦门岛后，先买了大厝居住，无奈地小人多，厝旁的巷子太窄小，出入不方便，后来才迁到“万国租界”鼓浪屿择地置业。幸亏是，林氏当初选择了鼓浪屿，不然，就不会有菽庄花园的出现。(《厦门日报》2003年2月19日)

(28) 我估计，这类生活素材，会被曹雪芹运用到《红楼梦》八十回后。他哪里是对李纨一概赞扬，请看《晚韶华》里的

---

① “＞”是“词汇化程度高于”的意思。

② 董秀芳(2002/2011：318－321)讨论的再词汇化，主要是双音化方面的内容，关注点是“合音”现象。本章讨论内容与董秀芳不同，认为双音化完成后，内部理据性进一步丧失，会在此基础上再增加别的成分，再次走上词汇化道路，即三音节的词汇化。

这句：“虽说是，人生莫受老来贫，也须要阴骘积儿孙。”（刘心武《刘心武揭秘〈红楼梦〉》）

董秀芳（2004/2016）立足词法模式，提出某一形式发生词汇化的基本标准是句法标准，即句法上作为一个单位来使用，中间不能插入其他成分，且每个成分都不能单独被修饰。并辅以语义标准，即该形式的整体意义不是每一成分的简单相加，而是整合义。上述两个例句中的“幸亏是”和“虽说是”，满足句法和语义方面的相关标准，且韵律上出现停顿，表明这两个附缀结构的词汇化程度要高。但就目前收集到的真实语料来看，这类用例相对很少。

综上所述，附缀结构“幸亏是”“甭说是”“加之是”“虽说是”“只要是”和“就算是”是超音步单位，不符合汉语整体的双音化韵律发展趋势。但考虑到类推依附和“类比语法化”的特殊性，这类附缀结构中的“是”不会走向脱落，反而会进一步语法化为词缀，与双音节宿主进一步融合，附缀结构“$X_{双}$＋是$_3$”成为一个词汇词。

五、本章小结

汉语中附缀结构“$X_{双}$＋是”的产生，除了内部渐变演化而来之外，还有附缀“是”直接贴附到宿主“$X_{双}$”上的情况。在满足了“突变性”“低频率”和“可类比”等标准后，附缀“是”可以直接依附到双音节宿主“$X_{双}$”之上，构成“$X_{双}$＋是”附缀结构。本章考察的“幸亏是”“甭说是”“加之是”“虽说是”“只要是”“就算是”等都符合类推依附的相关标准，属于“类比语法化”的结果。附缀结构“$X_{双}$＋是”进一步发展演化的结果是走上词汇化的道路，成为一个三音节超音步的词汇词。

第八章　“$N_{一价认知}$＋是”的构式化及其构式化程度

一、引言

现代汉语中，除了袁毓林（1994）提到的三类“一价名词”之外，还存在“一价认知名词”，如“问题、结果、关键、重点、条件、前提、原则、事实、意义”等。[①] 这些“一价认知名词”后加“是”时，构成“N＋是”的表达形式（为了行文简洁，本章用“N”表示“$N_{一价认知}$”）。其中，部分“N＋是”发生了构式化，具有话语标记的用法。例如：

（1）我们每个人顺手拈来，几乎都可以找到超越时空之流的爱情故事，莎士比亚笔下的《罗密欧与朱丽叶》，曹雪芹笔下贾宝玉与林黛玉……

问题是，这些从古破空而来的不朽情爱，几乎展现了两种面目，一种是悲剧的面目，是迷人的，也是悲凄的；一种是想象的面目，是空幻的，也是绝俗的。（林清玄《时间之旅》）

（2）奇怪的是他的智慧似乎突然开启。作业不问人，一无错

① 关于“一价认知名词”，李宗江（2011）和张璐（2018）的归纳并不完全一致。这里我们把二位学者谈到的“一价认知名词”归纳到一起。

误；考试轻而易举可获满分。起初老师甚至怀疑他抄袭或做假，后反复考查证明绝无问题。

结果是，留级生又成了跳级生，还是回到自己那个年级。（莫怀戚《陪都就事》）

例句(1)和例句(2)中，“问题是”“结果是”起到的是元语表达功用：篇章衔接和主观评价，意义无法从其组成成分“N”和“是”中完全推导出来，按照 Goldberg (1995)的观点，“N＋是”是一个构式。从词汇构式(lexical construction)的角度来看，“问题是”“结果是”属于底层的个体词。按照构式层级观(constructional hierarchy)，“问题是”“结果是”之上有抽象程度较高的半图式性构式，即“N＋是”。

查阅相关文献，明确涉及“N＋是”的研究主要集中在：孙慧妍(2006)、李宗江(2008、2011)和张璐(2015、2018)。其中，讨论最多的是“问题是”，从共时平面描写和分析了“问题是”的表达功用，也谈到了“问题是”的词汇化等问题，读后深受启发。但我们仍存有一定的疑惑：其一，同为半图式性构式“N＋是”，构式家族内部成员之间的构式化程度是否相同？其二，“N＋是”发生了构式化，是否完全是汉语自身演化而来的？构式化过程中是否有过渡阶段？其构件成分“是”属于什么性质？基于此，本章主要讨论三方面的内容：第一，“N＋是”的构式化并非完全是汉语自身内部演化的结果，构式化前期受到了语言间接接触的影响。第二，同为半图式性构式，“N＋是”成员之间的构式化程度并不完全一样，存在典型与边缘之分。第三，构件成分“是”从临时依附走向典型附缀，附缀化程度也有高低之分。

二、“N＋是”的来源及其构式化历程

关于半图式性构式“N＋是”的来源，张璐(2015、2018)指出，

“N＋是”半图式性构式是从最初的非结构跨层自由形式逐渐语法化而来的，属于跨层构式化现象，在篇章中具有话语标记的语用功能。我们认同这一观点。与之不同的是，我们认为“N＋是”并非纯粹是汉语自身演化而来的，受到语言接触因素的影响。

我们选取文学作品[①]和《人民日报》(1946 年—2000 年)作为封闭语料，统计了其中“N＋是”的使用情况。统计情况具体，详见下表 8－1 和表 8－2。

表 8－1　文学作品中构式“N＋是”用例情况统计表

	问题是	结果是	关键是	重点是	前提是	条件是
明清时期	0	0	0	0	0	0
五四到建国时期	4	3	0	0	0	0
八九十年代	81	15	9	2	0	0

上述统计数据所反映的语言事实可以归纳如下：

第一，半图式性构式“N＋是”的用例真正繁荣是在 20 世纪 80 年代及其以后，“五四”时期的用例相对很少，而明清时期则没有构式化的用例。低频率和突变性说明“N＋是”的构式化不完全是汉语自身渐变演化而来的，很有可能受到了外语因素的影响，是在语言间接接触影响下产生的。

第二，虽然都是半图式性构式，但用例以及用频之间仍然存在较大的差异。其中，“问题是”的用例和用频都是最高的，比其余几个的总数之和都多。相比“问题是”而言，“结果是”和“关键

---

① 文学作品选取了三个时间段：明清时期、五四到中华人民共和国成立时期(1919 年—1949 年)和二十世纪八九十年代。晚清时期的文学作品，我们统计了《儿女英雄传》《红楼梦》《西游记》《水浒传》《三国演义》《二十年目睹之怪现状》《喻世明言》《醒世恒言》《警世通言》《封神演义》《老残游记》《聊斋志异》《儒林外史》《初刻拍案惊奇》《二刻拍案惊奇》《官场现形记》等 16 部作品。五四到中华人民共和国成立时期和八九十年代的语料，主要基于的是 CCL 现代汉语文学部分的语料。

表 8-2 《人民日报》(1946 年—2000 年)中“N+是”用例情况统计表①

考察项 / 时间段	“问题是”			“结果是”			“关键是”			“重点是”		
	N_1	N_2	R	N_1	N_2	R	N_1	N_2	R	N_1	N_2	R
1946—1950	840	19	2.26%	410	7	1.71%	66	0	0.00%	92	0	0.00%
1956—1960	1073	32	2.98%	1125	13	1.16%	274	1	0.37%	175	0	0.00%
1966—1970	1267	39	3.08%	360	9	2.50%	136	3	2.21%	55	0	0.00%
1976—1980	1693	81	4.78%	536	16	2.99%	416	11	2.64%	301	0	0.00%
1986—1990	2394	152	6.35%	890	38	4.27%	1248	14	1.12%	684	0	0.00%
1996—2000	2866	176	6.10%	930	44	4.73%	2556	18	0.70%	997	1	0.10%
总计	10133	499	4.92%	4251	127	2.99%	4696	47	1.00%	2304	1	0.04%

① 表格中的“N_1”表示包含“N+是”的句子,即“N”和“是”线性紧邻;“N_2”表示构式“N+是”的用例;“R”表示比率,即“N_2/N_1”。“条件是”和“前提是”没有一例半图式性构式的用例,因此我们没有列入表格。

是”的用例和用频相对要低，而“条件是”和“前提是”则没有一例构式用法。说明同为半图式性构式，成员之间的构式化程度并不相等。

第三，从1946年到2000年，整个构式“N＋是”的用例整体上呈现增长的趋势，除了既有构式“问题是”和“结果是”用例不断增多之外，可以进入这一构式中的“一价认知名词”的类型也逐渐增多，如“关键”和“重点”都出现了构式化的用例，说明“N＋是”的构式化程度越来越高。

贺阳（2008）指出，“如果没有特殊的原因，语法的自然发展通常采取渐变的方式，如果一个语法演变在一个很短的时间内完成并通行开来，我们就有理由怀疑这一演变可能是一种接触性演变。”这一观察很有见地。结合上述统计数据，我们倾向于认为：现代汉语中半图式性构式“N＋是”的形成至少经历了两个步骤：其一，在语言间接接触的影响下，突变产生“形似”的表达方式“N＋是”，表层形式上“一价认知名词”和“是”共现连用，实际上还不是构式，而是一个跨层片段。其二，在实际使用过程中，“形似”的“N＋是”经过汉语自身的“改造”以及内部演化，逐渐形成半图式性构式。下面具体分析。

2.1　“形似”的“N＋是”的出现

由于“五四运动”时期的特殊原因，相当一部分文人作家倡导“白话文运动”，向外语，尤其是西方语言学习。当时，“中国知识分子对西方文明普遍持欣赏和学习的态度，加之当时对旧白话的种种责难都是比较着西方语言而发的，西方语言自然成为许多人心目中的典范，‘欧化’便顺理成章地被当做改造白话的利器和重要途径。”（贺阳2008）而要创造新白话，就要直接使用和采纳外语已有的款式、文法、词法、句法、章法等。至于学习外语的有效途径，“当时的人们也有一个比较普遍的共识，那就是‘借着翻译输入新的表现法’。”(贺阳 2008)“正是处于这样的翻译目的，当时很多翻译者便都采用‘不妄改原文的字句’的直译法来翻译西方著作和作品。”(贺阳 2008)以致产生许多不符合汉语语法和语感的表达方式。

我们认为，汉语中早期出现的“N+是”表达形式，就是受直译英语的表达而产生的。英语中有类似的表达，“The question/issue/problem is that...”“The result is that...”“The key point is that...”等，为了尽量保持译文的表达形式，直译时，几乎都会翻译成“问题是……”“结果是……”“关键是……”“重点是……”等。正如朱一凡(2009)所指出的，“译者在翻译中受原文语句、表达的影响，有意或无意地在译文中留下了外国文法的痕迹。”这样，汉语中出现了“N_1 +是”的表达形式。

除了直译外来作品之外，本国的作家在文学创作过程中，也会自觉不自觉地受到类似表达形式的影响，尤其是有着留学经历的作家，如鲁迅、老舍、钱锺书、巴金和茅盾等等。这些作家中，相当一部分作家本身就支持“白话文运动”，在写作中也会自觉主动地学习外语的表达方式，希望通过以西方语言为范本来改造白话文，“这样的译本(直译)，不但在输入新的内容，也在输入新的表现法。”(贺阳 2008)在此影响之下，汉语本土作家的文学作品中，也出现了“N+是”的表达形式。例如：

(3) 天下没有不费钱的太太。问题是在自己得设法多挣。(老舍《东西》)

(4) 我非常愤怒了，觉得他简直不是人，自己的先生被杀了，连打一个电报还害怕，于是便坚执地主张要发电，同他争起来。结果是主张发电的居多数，他屈服了。(鲁迅《范爱农》)

此时的“N+是”是跨层片段。其中的“一价认知名词”都有具体的词汇义，在整个句子中充当主语，前面可以出现别的修饰语，语境中明显能找到配价成分(画波浪线的句子)。“N+是”中的“是”是判断词,无法省去,可以受到某些副词的修饰,如例(3)画线部分可以扩展为“(这里的)问题(就)是”,例(4)画线部分可以扩展为“(争执的)结果(便)是”。

2.2 “N+是”的构式化

间接接触导致的语言表达,多多少少都会接受本族语的“改造”。如果能够适应汉语的整体表达系统,这种语言现象就会保留;如果发生冲突,就会带来一定的变化甚至最终“淘汰”。“N+是”的构式化,是在外来表达形式的基础上进一步演化完成的。

由于直译及效仿等因素的影响,最初出现的“N+是”属于跨层片段,还未构式化。此时的“一价认知名词”具有客观的概念内容,从语境中可以明显找到配价成分,“是”是判断词。例如:

(5) 仙坡明知自己的脚小,可是急于听笑话,所以用手遮着脚这样说。南星也没等人家推举他,就拨着大伙儿的脚指,像老太太挑香蕉似的,检查起来。结果是两个马来小妞的最小,大家都鼓起掌欢迎她们说笑话。(老舍《小坡的生日》)

结合语境,画波浪线的句子是“结果”的配价成分,可以说成“两个马来小妞的最小是结果”。这种用例中的“N+是”仍属于“名+动”的跨层片段,并未构式化。

“N+是”的后接成分是语义相对自足的句子或谓词性小句,信息理解时,“N+是”会形成一个“信息块”。在高频使用的情况下,“一价认知名词”的词汇意义发生了一定的泛化。随着“一价认知名词”词汇意义的不断虚化,在一定语境中,“N+是”发生了两可的情况,即处于跨层片段和话语标记都可解释的境地。例如:

(6) 不过,猫人到底是猫人,他们杀人的时候偏要弄出些花样，给钱的不杀，有人代为求情的不杀，于是该杀的没杀，不该杀的倒丧了命。该杀的没杀，他们便混进哄中去出坏主意，结果是天天杀人，而一点没伸明了正义。（老舍《猫城记》）

上述例句中，“结果是”可以理解为“发展的最终状态是”。如果这样理解的话，“天天杀人，而一点没伸明了正义”是“结果”的配价成分。除此之外，“结果是”还可以理解成一个渐趋凝固的习语，结合语境，意思相当于“因此”。如果按照“因此”理解，“N＋是”的意义不能从其组成成分完全推导出来，且整个“N＋是”的结构关系也发生了变化，不再是跨层片段，而是一个渐趋凝固的话语标记，且“N＋是”句法位置上处于起始位置，起到一定的篇章衔接功能。“N＋是”的构式化就是发生在这样的语境中。

当“一价认知名词”的配价成分完全丧失后，本身的词汇意义进一步虚化。“一价认知名词”没有明确的概念语义，已经不能理解为主语和话题，无法成为命题的一部分（李宗江 2008）。“N＋是”只能重新分析为一个话语标记，客观的概念义已经漂白，句法结构和整体意义都无法得到完全预测，是一个典型的构式了，除了用于衔接语篇之外，此时还能够用来表达发话人的主观态度。构式化了的“N＋是”，意义上具有完整性，后面甚至可以出现停顿。例如：

（7）这周围的山色是如此之萧瑟，青空又如此之寥泬，木叶惊风，又多少的令人触起无名的愁绪，这个楼，这个名字的楼，在这里真是和谐得完全使我中意了。结果是，在茶客之集团中，我又多占了许多时间。有了这样的癖性，十足地有些傻气了。（施蛰存《名》）

除了汉语表达使用之外，在意译外国文学作品时，也会使用构式“N＋是”，即使外语表达中并没有出现这样的形式。这说明在语感中，“N＋是”已经完全成为一个话语标记了。请比较：

（8）She felt like snapping out abruptly:“To hell with everybody in the South! What about us?”(*Gone with the wind*　Chapter XXXI　Part Four)

（8′）她觉得想要突然大喊：“让南部的每个人见鬼去吧！问题是我们怎么办？”（翻译作品《飘》）

结合语境，例（8）画线部分第一句说的是“南部每个人的最终结果”，第二句说的是“我们不知怎么办”，画线句之间存在一种隐含的转折语义关系。例（8′）翻译时使用“问题是”，将前后句之间的转折关系显化，说明“问题是”不再具有词汇义，更多是一种语篇功能。①

“N＋是”的构式化，除了受到重新分析的制约之外，还受到了类推的影响。古代汉语中已经存在相当一部分“X是”的连词或副词，除了双音节的“X是”之外（张谊生 2003），三音节的“X是”也有很多（董秀芳 2004）。这些“X是”居于句首，主要起到一定的元语表达功用。例如：

（9）“贤弟，愚兄不敢，这是你山里头的事。但是，因为你杀的这人是我师侄，我不能不说话。（民国·常杰淼《雍正剑侠图（中）》）

（10）或者是赴试女子偶然患病，抑或缺了盘费，均未可知。（转引自董秀芳 2004）

有些“X是”还未成完全成词，出现在句首的起始位置，起到衔接的作用，如例（9）。有些“X是”已经成词，用在句首，具有连接作用，如例（10）。因此半图式性构式“N＋是”的形成受到了汉语中既有表达形式“X是”的影响，受到了类推机制的制约。正如

① 张璐（2015）在语料库统计与分析的基础上，归纳了话语标记“问题是”的四类语用功能。这四类语用功能分别是：“深究”的递进性篇章连接功能；“预设否定”的转折性篇章连接功能；“负面”的评价性标记语功能；“主题变化”的话题标记功能。具体分析和论述请参阅张璐（2015），不再赘述。

董秀芳(2004)所说的，主语与副词、连词在句法位置上的共同之处在于都经常处于分句首，这也为“是”从贴附于连词和副词到贴附于主语的发展提供了条件。

综上所述，半图式性构式“N+是”的形成，并非完全都是汉语自身内部演化造成的，受到了外来语，准确地说是英语表达方式的影响，经历了间接接触和自身演化两个步骤。其中，间接接触影响下产生的是跨层片段，这一变化属于突变，是在直译影响下产生的，并非汉语自身的产物，“是”是判断词。“N+是”的构式化则属于汉语自身的“改造”和发展，这一构式化历程是渐变的。图示如下：

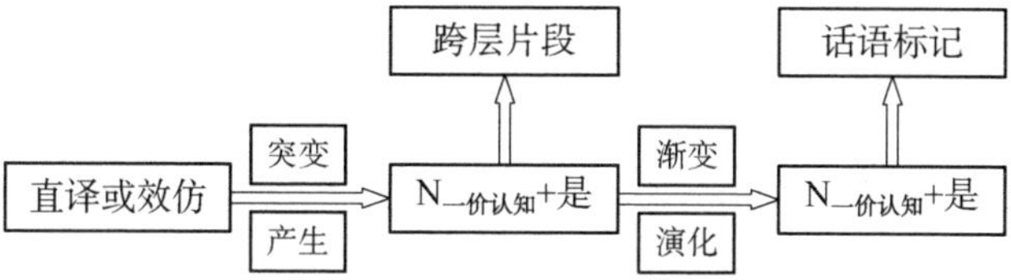

图 8-1 构式“$N_{一价认知}$ + 是”发展演化图

三、“N+是”的构式化程度

按照构式互动观(constructional interaction)，构式内部的构件成分之间具有一定的互动关系(施春宏 2018)。具体而言，构式“N+是”中，构件成分“N”和构件成分“是”之间存在一定的互动关系。考虑到“N”是名词，我们打算从名词物性结构(qualia structure)的角度出发，集中考察“N”不同物性角色对附缀“是”依附程度的影响，进而分析“N+是”整合度高低问题。我们认为，“N”的不同物性角色(qualia role)对附缀“是”的依附程度有一定的影响，从而导致“N+是”的整合度存在高低之别，进而体现在用频高低之上。

3.1 从物性角色凸显的角度看"问题是"

我们先以"问题是"为例，说明物性角色的凸显问题。[①]

《现代汉语词典》(第7版)对"问题"的释义共有五项，与名词相关的义项包括四项，分别是："[1]要求回答或解释的题目；[2]须要研究讨论并加以解决的矛盾、疑难；[3]关键；重要之点；[4]事故或麻烦。"我们对"问题是"的不同义项分别论述。

(一)"问题是$_1$"

《现代汉语词典(第7版)》中"问题"的第一个义项，其物性角色可以描述如下：

问题〈名词，中性〉要求回答或解释的题目。

形式 FOR：题目、考题、试题，等等；

构成 CON：题干、选项，等等；

单位 UNI：道、个、些，等等；

评价 EVA：难、易、一般，等等；

施成 AGE：出、设置，等等；

功用 TEL：选拔、测试，等等；

处置 HAN：回答、解释、跳过、回避、放弃，等等。

我们结合实际用例加以说明，例如：

(11) 从素质上说，他数学基本功扎实，和他讨论数学<u>问题</u>是一种享受。(《人民日报》2020年11月13日)

(12) 只有人类才有语文问题，说语文<u>问题</u>是人类头等重要的问题，也并不为过。(《人民日报》2013年8月9日)

上述用例中的"问题"，具有实在的词汇意义，表示"数学""语文"相关科目的题目，此时凸显的物性角色是"形式"，可以前加数

---

① 袁毓林教授在讲座《语言知识资源与"可解释的人工智能"》(2020年5月27日)中谈及，物性角色的凸显问题涉及背景、焦点等，需要进一步深入研究。

量短语“这个”等，且“问题”与“是”之间可以插入别的其他成分，如副词“就”。请比较：

(13) 和他讨论数学问题是一种享受。

(13′) 和他讨论这个数学问题就是一种享受。

(二) “问题是$_2$”

《现代汉语词典(第7版)》中“问题”的第二个义项，其物性角色可以描述如下：

问题〈名词，中性〉须要研究讨论并加以解决的矛盾、疑难。

形式 FOR：矛盾、疑难、困惑，等等；

构成 CON：关系、载体，等等；

单位 UNI：个、些、种，等等；

评价 EVA：困难、复杂、容易、一般、典型，等等；

施成 AGE：形成、造成、导致、引起，等等；

功用 TEL：破坏、隔阂、困扰，等等；

处置 HAN：研究、讨论、解决、回避，等等。

我们结合实际用例加以说明，例如：

(14) 雪地在这方面给了你困难，同样反过来也给了极大的便利，问题是你如何善于利用它。(曲波《林海雪原》)

(15) 现在的问题是，能不能就此事立刻对王国炎家里的人，或者对王国炎的妻子直接采取行动？(张平《十面埋伏》)

上述用例中的“问题”，词汇意义显著，表示“矛盾”“疑难”，紧接其后的内容是需要研究并解决的。可以在“问题”前加数量短语“这个”等，也可以前加定语修饰语，且“问题”与“是”之间可以插入情态动词“应该”。请比较：

(16) 问题是你如何善于利用它。

(16′) 现在的这个问题应该是你如何善于利用它。

(三) “问题是$_3$”

《现代汉语词典(第7版)》中“问题”的第三个义项，其物性角色可以描述如下：

问题〈名词，中性〉关键；重要之点

形式 FOR：关键、重点，等等；

单位 UNI：个、点、些，等等；

评价 EVA：重要、决定性的，等等；

施成 AGE：形成、造成、导致，等等；

功用 TEL：引起关注，等等；

处置 HAN：重视、把握，等等。

我们结合实际用例加以说明，例如：

(17) 瓦洛加很讲义气，说是光喝我的酒不好意思，非要请我喝他的酒不可。问题是我不会喝酒，只得拼命拒绝。(《俄罗斯酒鬼》)

(18) 我们每个人顺手拈来，几乎都可以找到超越时空之流的爱情故事，莎士比亚笔下的《罗密欧与朱丽叶》，曹雪芹笔下的贾宝玉与林黛玉……可以说是熙熙攘攘，俯拾即是。问题是，这些从古破空而来的不朽情爱，几乎展现了两种面目，一种是悲剧的面目，是迷人的，也是悲凄的；一种是想像的面目，是空幻的，也是绝俗的。(林清玄《时间之旅》)

相比第一个义项和第二个义项而言，第三个义项的词汇意义较为抽象，更多凸显的是评价角色，表达一定的情态功用。“问题”前面较难补充出来数量短语，偏离了名词的典型范畴特征。该物性角色下的“问题”与“是”之间的粘附程度较高，附缀“是”的依附程度要高，表现在句法上是：“问题是”后面出现了停顿，甚至可以易位到句尾。例如：

(19) 沈腾：早知道换一组试题了。

杨迪：我也不知道该怎么办，问题是。(《王牌对王牌》第五季)

(20) 知道不行,可我们也没有别的办法了,问题是。

(四)“问题是$_4$”

《现代汉语词典(第7版)》中“问题”的第四个义项,其物性角色可以描述如下:

问题〈名词,中性〉事故或麻烦

形式FOR:事故、麻烦;

构成CON:原因、过程、结果,等等;

单位UNI:个、些、堆、起,等等;

评价EVA:严重、轻微、厉害,等等;

施成AGE:形成、造成、导致、带来,等等;

功用TEL:困扰、伤害,等等;

处置HAN:分析、解决、回避,等等。

我们结合实际用例加以说明,例如:

(21) 小林的问题是房子、孩子、蜂窝煤和保姆、老家来人。(刘震云《一地鸡毛》)

(22) 葛洲坝大江电厂发生一起特大停电事故,问题是严重的。(《人民日报》1987年)

上述用例中的“问题”,词汇意义显著,表示“麻烦”“事故”,可以用“麻烦”或“事故”进行替换,且上文中“事故”与之共现(如例22)。请比较:

(23) 小林的问题是房子、孩子、蜂窝煤和保姆、老家来人。

(23′) 小林的麻烦是房子、孩子、蜂窝煤和保姆、老家来人。

综上所述,“问题”有不同的义项,不同义项凸显不同的物性角色。相比而言,当评价角色较为凸显时,附缀“是”的依附程度较高,此时“问题是”的整合度最高。

3.2 “N+是”的整合度高低

除了“问题是”之外,“N+是”还包括“关键是”“结果是”“重点是”“前提是”“条件是”等，本小节从整合度高低的角度出发分析上述六个“N＋是”。需要指出的是，考虑到与其他“N＋是”进行比较，虽然“问题”有四个义项，我们并不对这四个义项都进行分析，只分析第三个义项，即“问题是$_3$”的整合度。

为了便于比较，我们将“问题”“关键”“结果”“重点”“前提”“条件”的物性角色加以列表，如表 8－3：

表 8－3　六个“一价认知名词”物性角色比较

	问题	关键	结果	重点	前提	条件
形式	关键、重点，等	部分、因素，等	状态、情形，等	部分，等	因素，等	因素、状况，等
单位	个、点、些，等	个、些，等	种、样，等	个、些，等	个、些，等	个、些，等
评价	重要、决定性的，等	紧要、决定的，等	好、坏，等	主要、重要，等	重要、一般，等	重要、困难，等
施成	造成、导致，等	促成、导致，等	做、导致，等	形成、导致，等	形成、出现，等	创造、形成，等
功用	引起关注，等	决定、解决，等	满足、厌烦，等	引起注意，等	完成、满足，等	筛选、促成，等
处置	重视、把握，等	重视、把握，等	接受、排斥，等	重视、否定，等	忽视、重视，等	重视、满足，等

上述六个“一价认知名词”，都可以从六种不同的物性角色进行分析。我们结合实例加以说明，这六个“一价认知名词”凸显的是哪一种物性角色，“N＋是”的整合度高低如何。考虑到语体的一致性，检索“N＋是”用例时，我们选取文学作品中由标点符号加以标示的用例。例如：

(24) 我离开剪影者的时候，不禁反复地回味他说过的话。因为有光明的对照，黑暗才显得可怕，如果真是没有光明，黑暗又有什么可怕呢？问题是，一个人处在最黑暗的时

刻，如何还能保有对光明的一片向往。（林清玄《黑暗的剪影》）

(25) 按说售楼小姐的套路不能轻易影响沙当当的决断，关键是，沙当当本来心里中意的就是11楼那套单元，却眼睁睁看着别人当场买走了。（李可《杜拉拉升职记》）

(26) 你们一走，一半的鱼，就会被五六个头头脑脑分别以处理价分掉，还会用公车给他们一家家送到冰箱边上；另一半哩，倒可能成为明天食堂里的甲菜，我们都得用一大把菜票才能尝到一盘。结果是，你们廉洁，头头脑脑也没犯什么错误，而我们却不能沾光吃上公费报销鱼！（刘心武《曹叔》）

(27) 这两位经济学大师的著作，并没有很快地进入大学的课程。对当年僵化的哈佛大学经济学系而言，这些都是太新的观念。重点是，我并不觉得经济分析可以深入到当前世事的核心。因此，我并没有下定决心专攻经济学或成为经济学者，反而自愿入伍，因为我认为这是更有建设性的事。（《诺贝尔之路》）

(28) 朦胧诗人舒婷曾经在《致橡树》这首诗里全心全意地赞美说，如果要爱一个人，前提是，千万不要做凌霄花，一定要做木棉树，开木棉花，与高大结实的橡树不分轩轾地站在一起。（《花朵》）

(29) 每当在第一次世界大战战场上发现一具法军无名尸体时，几千名阵亡将士的母亲便一齐去认领，献上亲手制作的花圈，大哭一场。这些母亲深厚的母爱促使法国政府作出决定：在法国建立一座无名战士墓，供没有找到亲人尸骸的家庭寄托哀思。条件是，必须使几千位母亲都坚信，埋在此墓内的就是她的亲生儿子。（《无名战士墓》）

比较六个例句可以看出，“问题是”更多凸显的是其评价角色，表现在句法上是：“问题”的前面不能出现任何修饰成分，必须是光杆形式，“是”前同样不能出现任何修饰成分；表现在语义上是：“问题”语义发生了漂白，其配价成分无法从上下文中找到，“问题是”更多的是一种程式义，不参与基本命题内容的表达，其辖域是后文的整个复句；表现在语用上是：“问题是”更多表达的是发话人的主观态度，标记用法凸显，更多发挥的是调节和组织话语结构、帮助会话顺利进行的功用，起到篇章衔接和主观评注的功用，整体上可以省去。请比较：

(30) 如果真是没有光明，黑暗又有什么可怕呢？问题是，一个人处在最黑暗的时刻，如何还能保有对光明的一片向往。(林清玄《黑暗的剪影》)

(30′) 如果真是没有光明，黑暗又有什么可怕呢？一个人处在最黑暗的时刻，如何还能保有对光明的一片向往。

相比“问题是”而言，其他五个“N＋是”，或者评价角色凸显度不高(如“结果是”“关键是”)，或者可以在“N”之前补充出一定的句法成分(如“条件是”“前提是”)，或者“N”的语义漂白度较低(如“重点是”)。我们以“前提是”“条件是”为例加以说明，请比较：

(31) 如果要爱一个人，前提是，千万不要做凌霄花，一定要做木棉树。(《花朵》)

(31′) 如果要爱一个人，[爱的]前提[就]是，千万不要做凌霄花，一定要做木棉树。

(32) 在法国建立一座无名战士墓，供没有找到亲人尸骸的家庭寄托哀思。条件是，必须使几千位母亲都坚信，埋在此墓内的就是她的亲生儿子。(《无名战士墓》)

(32′) 在法国建立一座无名战士墓，供没有找到亲人尸骸的家庭寄托哀思。[这样做的]条件[就]是，必须使几千位母亲都坚信，埋在此墓内的就是她的亲生儿子。

上述两个例句中的“前提是”和“条件是”，从语义上看，“条件”和“前提”还有具体的词汇义，且配价成分（波浪画线句）明显存在；从句法上看，“前提”和“条件”以及“是”的前面都可以补充出一定的修饰语；从语用上看，“条件是”和“前提是”的客观命题义要强于主观情态义。这样看来，“前提是”和“条件是”的整合度很低。

综上，相比“问题是”而言，“结果是”“关键是”的整合度要低，“重点是”的整合度更低，“前提是”“条件是”的整合度最低。

上述属于定性分析，为了印证这一观点，我们封闭定量统计了 2001 年至 2019 年《人民日报》中六个“N＋是”的使用频率，并加以汇总，如表 8－4：

表 8－4 《人民日报》(2001 年—2019 年)中“N＋是”用频统计

	问题是	结果是	关键是	重点是	前提是	条件是
2001—2005	212	48	22	1	0	0
2006—2010	284	62	31	2	0	0
2010—2015	307	69	37	6	0	0
2016—2019	376	83	45	9	1	0

由表 8－4 用频统计可以看出，“问题是”的用频最高，可以说明其整合度也最高，属于典型的构式，“关键是”与“结果是”的用频相对要低，表明二者的整合度相对较低，属于较为典型的构式，“重点是”的用频很少，表明其整合度很低，属于典型度一般的构式，“条件是”“前提是”的用频几乎为零，表明二者的整合度最低，属于不典型的构式。我们将“N＋是”整合度高低列表如下：

表 8－5 “N＋是”整合度高低表

整合度高	整合度次高	整合度较低	整合度低
问题是	结果是/关键是	重点是	条件是/前提是

综上可见，“一价认知名词”凸显评价物性角色时，整个“N＋是”的整合度相对要高。除此之外，判定“N＋是”整合度高低，需要从句法、语义和语用等方面综合考虑。

四、“是”的附缀化及其附缀化程度

董秀芳(2004)和张璐(2015、2018)分别归纳了“是”的演化路径，可以综合为：判断词(→副词)→词内成分(→脱落[①])。据考察，构式“N＋是”中“是”是一个附缀，是从判断词直接语法化而来的，并未经历副词这一演化阶段，也还没有完全成为词缀，其演化路径应该是：判断词→附缀。

“N＋是”后接句子或谓词性小句[②]，信息理解时需要“组块”，这样“是”与“N”临时组成一个“语块”。此时的“N＋是”是“信息块”，属于跨层片段，“是”具有判断词的典型范畴特征。随着用频的增多，加之“N”是双音节以及“S”的语义自足性，“N＋是”会形成一个超音步的三音节韵律单位。“是”语音上依附于“N”，脱离这种临时的语境，“是”仍会恢复为判断词，此时句法结构上“是”与后接的“S”关系紧密，韵律上“是”依附于“一价认知名词”，句法结构与韵律结构形成了层次错配(严艳群 2013)，“是”不再是判断词，而是一个附缀(Zwicky 1977)，准确地说，是一个后附缀(刘丹青 2008/2017)，“N＋是”是一个附缀结构(吕佩 2019、2020)。当

① “脱落”这一阶段是张璐(2015、2018)归纳的，董秀芳(2004)一文并没有这一阶段。

② 为了行文方便，我们用“S”表示句子或谓词性小句，下同。

"N"的配价成分丧失，且上下文之间含有一定的转折等语用义时，"N＋是"会进一步构式化。根据董秀芳(2002/2011)的相关标准，"N＋是"还未完全成词，但"是"的附缀化程度进一步增强，更接近于词缀。这样看来，"是"从判断词到附缀，存在附缀化程度的高低问题。

结合第三小节的分析可以发现，随着"N＋是"构式化程度的提高，构件成分"是"的附缀化程度也变高了。由临时依附到逐步成为词缀，"是"本身也存在附缀化程度高低的问题。可以认为，"N＋是"中"是"的附缀化，发生在整个"N＋是"构式化语境中，是"N＋是"构式化的副产品。我们把"N＋是"的构式化历程与"是"的附缀化历程图示如下：

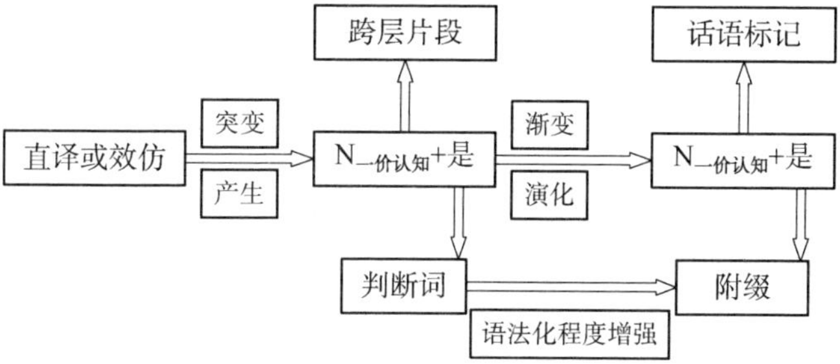

图 8－2　构式"$N_{一价认知}$＋是"及其构件成分"是"发展演化图

五、本章小结

半图式性构式"N＋是"的形成经历了语言之间的间接接触和汉语自身演化两个步骤。在英语既有表达形式的影响下，受直译或效仿等因素的影响，汉语中出现了"形似"的"N＋是"，此时的"N＋是"属于跨层片段，"是"是判断词。这一表达形式在汉语实际使用中，经历了构式化历程，最终演化成为一类半图式性的话语标记，"是"也语法化为一个附缀，但还未完全融入词内。构式内部成员的固化程度存在一定的差异，从典型到不典型构成一个连续统。其中，“问题是”的构式化程度最高，“条件是”和“前提是”的构式化程度最低。

第九章　意外范畴语用标记“X 的是”的特征、来源与发展

一、引言

现代汉语中，意外范畴的承载形式可谓多种多样，可以是词（如评注性副词“竟然”、语气词“啊”、情态动词“待”），也可以是半图式性构式（如“一不小心 X”“X 不比 Y·Z”“V 了等于没 V”），还可以是语用标记[①]（如“怎么”“不曾想”“哪里知道”）等等。[②] 我们不打算考察现代汉语中意外范畴的所有情形，只选取语用标记“X 的是”进行研究。

语用标记是近年来国内外研究的热点问题。所谓意外范畴语用标记，指的是语用标记所标记的小句、句子或句群所说的事件或行为出乎人们的意料，是会话双方或行为主体在事前没有预料到的。“X 的是”作为语用标记，具有标记意外范畴的相关用

---

① “语用标记”与“话语标记”，该采用哪种术语，目前学界仍存在一定的分歧。结合冯光武（2004）、刘艳丽（2011：26－28）、李宗江（2014）、曹秀玲（2016：2－4）、张秀松（2020）等研究，我们倾向于采用“语用标记”这一术语。“话语标记”涵盖对象较为狭窄，侧重于互动口语交际，而“语用标记”还可以包括书面语表达，涵盖范围较广。

② 具体请分别参阅张谊生（2000/2014：62）、王林哲（2018：107－108）、宗守云（2015），邵敬敏、王玲玲（2016）、胡承佼（2017）、吴福祥（2004）、吕佩、吕俊（2018）、单威（2017：86－102）、曹秀玲、辛慧（2012）和廖秋忠（1992：80－81）。

法。例如：

(1) 企业的150多名青工对全套引进的日本20多台电脑绣花机、西德粘合机及整烫台和制衣生产流水线已操作自如。没想到的是，“蛙王恤”名牌衬衫的创牌者林金镖刚跨而立之年。(《人民日报》1994年7月29日)

(2) 走进九届全国人大四次会议议案组，摆在办公桌上议案摘报本首页的“一号”议案赫然映入眼帘。但令记者有些诧异的是，络绎不绝来此采访的各媒体记者却没有像往年那样对“一号”议案额外的青睐。(新华社2001年3月份新闻报道)

(3) 读者在信里告诉我，这位抄袭者，是当地一位很有些名气的记者，平时傲气得很，自恃为一方文豪。巧的是，给我写信的读者恰好买过我的散文集《人生遐思》，他把书中的《致大雁》和《唱给大雁的歌》一对照，便认定后者是抄袭之作，写信到报社，附上了我的《致大雁》。(1994年《作家文摘》)

上述三个例句中，“没想到的是”“令记者有些诧异的是”和“巧的是”分别衔接句子或句群，“X的是”后接句子所说的事件或发生的行为超出了发话人“我”或行为主体“记者”的意料。本章所要考察的就是这类表意外范畴的语用标记“X的是”。

查阅相关文献，明确论及“X的是”的主要有：陈景元、周国光(2009)、李丽娟(2010)、祁峰(2011)、李宗江、王慧兰(2011)、李宗江(2012)、方清明(2012)、谭芳芳(2015)、王艺文(2016)和周明强(2017)等等。其中，李宗江(2012)和王艺文(2016)主要讨论了“X的是”的篇章衔接功能。祁峰(2011)论证了“X的是”的焦点标记用法。方清明(2012)从共时平面的角度分析了有标格式“X的是，Y”的形成，并指出重新分析也可以有标化。周明强(2017)基于大规模的语料分析和问卷调查，更加细致地区分了“X的是”的相关功用。不难发现，上述学者基于不同的理论，从不同的角度对"X 的是"进行了详尽地讨论，只有少数学者(李宗江 2012；谭芳芳 2015；周明强 2017)从意外范畴的角度对语用标记"X 的是"进行了相对简单地分析，并没有加以详细论述。基于此，我们打算从意外范畴的角度出发，深入考察与分析现代汉语中意外范畴语用标记"X 的是"的特征及其来源与发展。

二、"X 的是"的特征

本节从句法、语义和语用三个平面出发，对语用标记"X 的是"进行共时维度的考察和分析。

2.1　句法表现

2.1.1　"X"的句法属性以及"X 的是"语音停顿

从音节数量来看，语用标记"X 的是"中的"X"可以是单音节(如"巧")，可以是双音节(如"惊异")，可以是三音节(如"想不到")，可以是四音节(如"出人意料")，还可以是超音节[①](如"令人感到意外")。从句法性质来看，"X"可以是单词(如"奇怪")，也可以是能性动补式短语(如"想不到")，还可以是兼语结构(如"令人感到意外")。从肯定形式与否定形式来看，"X"可以是肯定形式(如"吃惊")，也可以是否定形式(如"没有想到")。分别举例如下：

(4) 她在本村逢上几个落乡班故友，他们都转行，闹婚变。巧的是，昔日和她拍档的小生阿东哥也在本村，他惨逢车祸，跛脚，靠领救济金过活。(《读者(合订本)》)

(5) 有人已经准备对他出手了，奇怪的是，蔡崇居然一直都没

① 本章把超过四音节的"X"命名为超音节。

有发出行动的号令，居然就这样看着小高走到他的面前。（古龙《英雄无泪》）

(6) 从事财会工作的李小姐经过一段时间的准备，想参加今年教育部门组织的四六级英语考试，想不到的是，她咨询了多所高校，均遭到拒绝。（CCL·C000020）

(7) 根据要求，辩方应根据论文的内容提出问题，由博士生回答。出人意料的是，这位大牌教授提出的一连串问题远远超出了博士生的论文范围，而且在问答不断深入的时候，还不时阐述自己的一些见解，包括对一些有争议的学术问题的看法。（《人民日报》2000年8月4日）

(8) 2000年12月17日夜，一蒙面歹徒闯进了考文垂市郊的一座加油站，不仅用匕首刺伤了两个工作人员，还残忍地枪杀了一个巡逻至此的警察，同时掠夺了许多现金。警方很快将年仅20岁的凶手班克斯逮捕归案。令人感到意外的是，班克斯因角膜炎于2000年3月做了移植手术，而移植的竟是盖洛普的眼角膜！（2003年《青年文摘》）

(9) 这个统计厚生劳动省每隔五年做一次，最近这次的统计结果表明，男性平均寿命最长的是长野县的居民，而女性平均寿命最长的是冲绳县的居民。令人感到不可思议的是，在上一次的调查中，冲绳县的男性平均寿命还位居全国第四，这次却跌到了第二十六名。（CCL《男人四十》）

语用标记“X的是”中的“X”具有一定的量级特征，因此能够加以扩展，可以接受相对程度副词或绝对程度副词的修饰，如“更”“最”“更为”“尤为”“特别”“非常”等等。例如：

(10) 如果用一个十倍的放大镜，可看见在这象牙丝纺织成的蛛网上，作者以刀代笔，以草书体雕刻了《红楼梦》第五回的全文，总共六千九百七十二字，更奇特的是爬着嬉

戏的仅玉米粒大小的蜘蛛背上和腿上镌刻有金陵十二钗的浮雕全身像。(《人民日报》1994年12月6日)

(11) 冬眠,是某些动物抵御寒冷、维持生命的特有本领。冬眠时,它们可以几个月不吃不喝,也不会饿死。最令人不可思议的是,母熊竟在冬眠期间生育。(CCL《中国儿童百科全书》)

(12) 他答非所问,只是以一种奇异的眼神定定凝视着她,低低的说:“你出生在冬季,生在一片梅花盛开的林子里,非常巧合的是,在你的手腕上,居然就带着一朵梅花形状的胎记,所以取名乐梅。”(琼瑶《鬼丈夫》)

(13) 动物干净利落地推倒了半打的树,把它们径直推倒山上的笼子边堆放。更为吃惊的是——他用铲子把树解成几英尺长的木段,并劈成长条。(文学翻译作品《地球杀场》)

语用标记“X的是”,后面可以出现停顿,也可以不出现。据统计,出现停顿的用例比不出现停顿的用例要多得多,二者用频比率大概为7∶3。“X的是”之所以会出现停顿,主要与信息理解时的“组块”有关(陆丙甫、蔡振光2009)。试比较:

(14) 位于莫斯科郊外的这座资料馆,是喜欢电影的斯大林下令设立的。据说里面藏有从世界各地收集来的80万本影片。其中有200余本“满映”的影片。“满映”影片绝大部分从未公开,据记载,只有一小部分曾为斯大林放映过一次。令人惊讶的是,这批影片尘封仓库50年,画面和声音却保持了相当好的质量。(《人民日报》1995年5月27日)

(14′) 尽管队中不少球员受到欧洲大牌俱乐部的青睐,但令人惊讶的是阿贾克斯的主力阵容并未受到损失,包括瑞典前锋易卜拉希莫维奇、巴西后卫马克斯韦尔以及

荷兰国脚范德瓦尔特等主力都留了下来。(新华社2004年8月份新闻报道)

(15) 遥想12年前,15岁的张海丽年少成名;2年前,29岁的张宁在雅典奥运会上夺得冠军大器晚成。巧合的是,年少成名和大器晚成都是这两名选手之间的争斗,也互相成就了对方。(CCL·C000014)

(15′) 第二届乐天杯中韩对抗赛开幕式13日在上海进行。巧合的是聂卫平抽到睦镇锡,曹薰铉抽到常昊,非常引人注目。(《人民日报》1995年8月18日)

语用标记"X的是"停顿与否,并不会对句子的句法和语义产生影响。考虑到理解时信息组块,为了阅读方便,通常会在"X的是"之后加以停顿。

2.1.2 共现成分

汉语中的意外范畴主要是通过各个层面的非形态变化手段来表达的,如负载惊讶语义的语素、词汇、句法结构与语用标记等等(陈振宇、杜克华2015;万光荣2017;强星娜2017;胡承佼2018;王林哲2018)。这些表达形式除了可以单独使用之外,还可以共现使用,即从形式上可以相互验证。具体到"X的是"而言,与该语用标记共现使用的意外范畴形式主要有:表意外的评注性副词(如"竟然""居然"等)、表转折的连词(如"但是""却"等)和表意外的短语(如"出乎某人的意料"等)。例如:

(16) 它的弹射力相当于20个大气压,而汽车轮胎的压力也不过2个大气压。更为奇妙的是,有些植物在发射传种"炮弹"时,竟能和炮兵一样掌握最佳发射角度。(《人民日报》1993年2月14日)

(17) 祖国是中药材的重要产地,也是世界药材最重要的发源地,可是,让我感到吃惊的是,咱们国家独产的这些珍贵药材,不仅在国际中药市场上无足轻重,让人更痛心的

是这些中药材大多来自其他国家。(窦应泰《李嘉诚家族传》)

(18) 出乎我们的预料,站在我们眼前的孙岩同志,身板直直的,嗓音朗朗的,眼睛中透着神采;更令人意想不到的是,她虽年逾古稀,但思维异常敏捷,头脑特别清晰。(1994年报刊精选)

除了可以两项共现之外,还可以出现三项共现的情况,即表意外的评注性副词、转折连词和语用标记“X的是”同时出现。例如:

(19) 来自市场占领者日本富士的抵制则更是可想而知了,柯达动议明显带有行业垄断的意味,一旦定案,便毋庸置疑地意味着富士从中国市场的出局。然而,让人感到意外的是,它在中国竟找不到同情者。(吴晓波《激荡三十年——中国企业史》)

(20) 原本以为马云在收购了一拍网后会集中精力培植国内网拍的老大老二,然而出人意料的是,在收购了一拍网之后马云竟然做出了关闭一拍网的惊人决定。从2006年1月24日到2月15日这段时间里,一拍网不会有任何内容更新,它只是起到将访问者带到淘宝网站的作用。(刘世英《谁认识马云》)

从线性顺序上来看,这些配合使用的表达形式,可以紧邻共现,也可以间隔共现。例如:

(21) 其实我并非白痴,谁也不知道,我也曾暗恋过一个女孩。女孩叫郭静,是我们系里数得着的美女,追他的男生不计其数,可奇怪的是郭静对谁都不感冒,一直到我辍学来到北京,也没人把他追到手。(CCL《中国北漂艺人生存实录》)

(22) 留中国爱吃中国菜,尤其爱吃川菜……和留中国交流,他会自如地运用北京土语和现代词汇，京腔京韵中含着北京语言特有的机智和幽默。令记者惊讶的是，他却不认识也不会写汉字，因为“汉字含义太深，难懂。”(《北京晚报》2006 年 8 月 18 日)

例(21)中，“可”与“奇怪的是”紧邻共现。例(22)中，“却”与“令记者惊讶的是”间隔共现。不论是紧邻共现还是间隔共现，画线部分语义相宜，配合共现能够增强意外的表达效果。

2.1.3 语篇分布

意外范畴语用标记“X 的是”可以分别出现在前后小句或句子(包括单句、复句和句群)之间，衔接前后成分，使之成为更加复杂的表达形式。据语料统计，“X 的是”衔接句子的用频最高，衔接小句的用频其次，而衔接句群的用频则最低。语用标记“X 的是”衔接前后小句组成复句。例如：

(23) 在成立“美与健康中心”之前，她曾自费走访了国内 300 多家美容院，使她吃惊的是，相当多的美容师都不是科班出身的医务人员。(1994 年报刊精选)

(24) 梵高的一生都在渴望爱情，可不幸的是，没有一位女子能爱上这样一个丑陋的生活的梦呓者。(卞庆奎《中国北漂艺人生存实录》)

语用标记“X 的是”衔接前后句子组成句群。例如：

(25) 乡里派人威胁被害者家属及现场目击人不许“乱说乱讲”，县有线电视台和省里的报纸把这事说是“错杀”，或是愚氓间的“相互殴打”，这些，其实都不具备法律效力。即便是并不太了解法律的小张庄村民，也知道只有人民检察院和人民法院说了的才真正算数。奇怪的是，案子进入法律程序之后，执法机关却并不完全在依法办事，设在地方的国家法院沦为代表地方特殊利益的地方法院，这就叫小张庄村民感到真正的恐怖与绝望了。

(CCL《中国农民调查》)

(26) 在决赛前进行的争夺第三名的比赛中,苏丹队以2∶1击败肯尼亚队。苏丹队前锋阿克马尔大出风头,上下半场各进一球,是本队取胜的头号功臣。肯尼亚队的巴拉萨在终场前8分钟扳回一球,但已无法改变比赛结果。巧合的是,去年在苏丹首都喀土穆进行的上届比赛,也是这两个队争夺第三名;当时东道主苏丹队输给肯尼亚队,只获得第四名。(新华社2004年12月份新闻报道)

语用标记"X的是"衔接前后句群组成语段。例如:

(27) 为减轻我们的负担,他们已将物品先于我们放在了和田。专门为飞机加油的中国航空油料总公司乌鲁木齐公司,特意为我们提供数百罐八宝粥和崭新的军大衣。出乎我们意料的是,在装物品的车上,两条用红纸写成的条幅跃然眼前:祝女子沙漠探险活动圆满成功!(1994年报刊精选)

(28) 在美国,一般人看到犯罪行为往往佯装没看见,之所以这样,是因为在这个多民族、多种族的国家里,物质文明的巨大化使人丧失了自己的本性。

令人震惊的是,这种明哲保身的风气竟也渗透到了警察中间。他们只在上班时负责保障人的权利和自由,维护公共安全和秩序,而下班后就成了普通人。(文学翻译作品《人性的证明》)

2.2 语义特征

2.2.1 "X"的语义特征

根据"X"的语义特征,语用标记"X的是"主要包括四大类:惊异类、料想类、巧合类和相信类。其中,"惊异"类语用标记包括:诧异的是、称奇的是、吃惊的是、惊奇的是、惊讶的是、惊异的是、奇怪的是、奇妙的是、奇特的是、震惊的是、意外的是、意想不到的是，等等。“料想”类语用标记包括：出乎意料的是、出人意料的是、不可思议的是、没（有）想到的是、想不到的是，等等。“巧合”类语用标记包括：巧的是、巧合的是、凑巧的是、可巧的是，等等。“相信”类语用标记包括：难以置信的是、无法相信的是，等等。相比四者而言，“惊异”类的用例最多，用频超过一半之多。分别举例如下：

（29）班克斯使机器连续运转，想对环状镍钛诺丝的疲劳迹象进行观察。奇怪的是，在旋转了几十万圈之后，机器竟然越转越快。原因是镍钛诺将“记忆力”发展成为双程的，它“学会”了在冷水中恢复它原来的U形的形状。（《读者（合订本）》）

（30）位于台北忠孝东路商圈中心的太平洋崇光百货，日前因有员工感染“非典”而停业3天进行全面消毒。商店13日重新开业，为重聚人气宣布部分商品五折销售。出乎意料的是，早晨百货公司还未开门，外面就聚满了前来购物的人群。尽管大家必须排队依次进入并在手上喷洒酒精，种种不便并未减退人们的购物热情。（新华社2003年5月份新闻报道）

（31）“因为我是南方人，所以原来一直很怕冷。不巧的是，导演偏偏选的是北京最冷的时候来拍这部《西楚霸王》，因此吃了不少苦头。”（1994年报刊精选）

（32）不管你从事什么工作，打篮球、唱歌、做记者、当兵，你做的事只有一个目的，就是为文化大革命服务。

最难以置信的是，领队会邀请工人、农民和士兵来观看训练。训练结束后，他们要问工农兵的意见，哪些方面需要改进——更多的投篮？改进运球？还是加强防守？工农兵对篮球懂得不多，他们通常告诉运动员们要更刻

苦地训练，永不放弃。（姚明《我的世界我的梦》）

2.2.2　意外的违逆视角

意外范畴表达的是非预期信息（Delancey 1997），而非预期信息很大程度上就是反预期信息，这样看来，意外态一般都是反预期性质的（宗守云 2015）。据吴福祥（2004），反预期类型包括：(a)与发话人①的预期相反，(b)与受话人的预期相反，(c)与包括说听双方在内的特定言语社会共享的预期相反。据实际考察，语用标记"X的是"几乎没有对话语体的用例，因此不存在与受话人预期相反的用例。除了(a)和(c)之外，语用标记"X的是"表达非预期，还包括与行为主体预期相反的情况。

2.2.2.1　违逆发话人的预期

所谓违逆发话人的预期，指的是语用标记"X的是"所标记的事件或行为与发话人（通常是"我"）的预期相反，出乎发话人的预料。例如：

（33）母亲第一个报名参加了学习班，穿上了白大褂，那双平生攥惯了镢头的手，也拿起了试管、烧瓶、分流计。更让我料想不到的是，她竟然很快学会了化验果库中氮气、氧气、二氧化碳及水分的含量，其熟练程度，令我这个学理工的本科生自叹弗如。（《人民日报》1994年12月27日）

（34）一年到头，从这个村的坝坝电影，看到那个村的坝坝电影，看来看去，就那么几部老片子。然而，儿时的我们仍然遍遍都看得那么投入，那么忘情。使我们更惊异的是，在这一遍又一遍对电影反复的咀嚼中，刚五六岁的表妹居然能把电影里那些主角的表演惟妙惟肖地模仿

---

① 吴福祥（2004）原文采用的是"说话人"。考虑到"发话人"包括言说者和阅读者，外延比"说话人"更广，因此我们统一使用"发话人"。

出来。(1994年《市场报》)

例(33)中,发话人是"我",对于母亲"很快学会了化验果库中氮气、氧气、二氧化碳及水分的含量"这一事件感到意外,甚至"自叹弗如",且句中共现配合使用了表意外的评注性副词"竟然"。例(34)中,"表妹"才"刚五六岁",按社会常理来说,这个年龄段的小孩不应该具备"把电影里那些主角的表演惟妙惟肖地模仿出来"的能力,因此表妹的行为令发话人"我们"感到意外。

2.2.2.2 违逆行为主体的预期

所谓违逆行为主体的预期,指的是语用标记"X的是"所标记的事件或行为与句中的行为主体的预期相反,不在行为主体的意料之中。例如:

(35) 入夜时分,香港岛方向的夜空已被炮火映红了。李云经意想不到的惨剧终于发生了,就在这圣诞之夜,日本军队迅速地占领了香港。更让李云经震惊的是,英国总督居然在重兵压境的形势下,挂起了示降的白旗并宣布向日军无条件投降。(窦应泰《李嘉诚家族传》)

(36) "华蟾素"早在1986年举行的国际学术交流会上,就受到外国友人的青睐,纷纷询问产品何时走向世界。然而,令张忠义难以置信的是,至今厂里的生产车间竟还是20年前修建的破旧平户,管理一片混乱,残水药液遍地横流,产量效益低得惊人。(1994年报刊精选)

例(35)中,面对"日本军队迅速占领香港"这一情形,"英国总督挂起了示降的白旗并宣布向日军无条件投降"。这一事件的发生,令行为主体"李云经"感到"震惊",出乎了行为主体的意料。评注性副词"居然"的共现,更能增强意外情态的表达效果。例(36)中,行为主体"张忠义"对于"华蟾素"抱有很大的期望,但实际情况却是管理混乱,效益很低,行为主体对这样的现状感到意外。

2.2.2.3　违逆特定言语社会共享的预期

所谓违逆特定言语社会共享的预期，指的是语用标记"X的是"所标记的事件或行为与整个社会的常情常理不相符合，违背了社会的正常期望(宗守云2015)。例如：

(37) 他家使用的"飞鹿"牌窗式空调器在这场大火中，外壳被烧毁，一家人对这台空调器已不再抱什么希望了。可是，当天气炎热时，他们试着打开了空调器，令人诧异的是，除了变形的风轮发生摩擦声外，空调器竟能够正常地工作，制冷效果良好，这让他们全家惊讶万分。(1994年报刊精选)

(38) 关于副总统人选，原内定为孙科，但出乎意料的是，李宗仁却横空出世参加竞选，并当选为副总统。(CCL《蒋氏家族全传》)

例(37)中，按社会常理来说，空调的外壳被烧毁，整个空调应该不能运转了。但实际情况却是空调器不仅"正常工作"，而且"制冷效果良好"，与整个社会常理不符合。例(38)中，根据既定的选举模式，孙科当选为副总统是在预期之中的。李宗仁参加竞选并成功当选为副总统，这一事件的发生并不符合既定模式，违背了社会的正常期望。

2.3　语用特征

2.3.1　语用测试：语用真值不能被否定

意外范畴属于语用范畴(王林哲2018)，意外范畴所说事件的真实性不能够被否定。换句话说，意外范畴是对句子所叙述事件或事件某部分的附加态度，与命题的真假无关，不论是肯定性命题还是否定性命题，都不能被否定。

语用标记"X的是"的语用真值不能够被否定，可以通过语用否定测试来验证。例如：

(39) 4月4日晚，当夜幕笼罩着乳源瑶族自治县县城时，一起罕见的凶杀案发生了。令人震惊的是，凶手是个14岁的少年，而被害者竟是其亲生母亲。(1994年报刊精选)

(39′) *当夜幕笼罩着乳源瑶族自治县县城时，一起罕见的凶杀案发生了。凶手是个14岁的少年，而被害者竟是其亲生母亲。可是我一点也不震惊。

(40) 大概是1991年，县委宣传部、《长安报》联合举办征文活动，按照领导的意图，我写了一篇关于企业改制方面的文章，题目已不记得了，发表在《长安报》上，获得一等奖。想不到的是，报社与政法委的两位同志，将文章稍作改动，堂而皇之地把自己的名字缀在了我的前面。领取获奖证书时，我才发觉了此事，当即撕毁证书，从此辍笔。(陆步轩《屠夫看世界》)

(40′) *县委宣传部、《长安报》联合举办征文活动，我写了一篇关于企业改制方面的文章，发表在《长安报》上，获得一等奖。报社与政法委的两位同志，将文章稍作改动，堂而皇之地把自己的名字缀在了我的前面。可是我一点也不惊讶。领取获奖证书时，我才发觉了此事，当即撕毁证书，从此辍笔。

例(39)中，除了事件内容不可思议之外，句法上还出现了表意外范畴的评注性副词“竟”，表明对于发话人而言，该事件具有意外性。例(39′)试图否定发话人的意外情态，造成了逻辑上的矛盾，因此是不成立的。例(40)中，语用标记“想不到的是”前后衔接的事件具有违逆性，这一标记将发话人同时也是行为主体“我”的意外态度显现。例(40′)，画线句前后内容明显矛盾，该句中画线部分的否定句明显不成立。总之，语用标记“X的是”表达意外情态，语用真值不能被否定。

2.3.2　语用推理：回溯推理

“回溯推理是根据前提和事实推导出结论，推导出的结论是‘很可能为真’。”（沈家煊 2009）这种推理模式由三段论组成：前提、事实和推论。具体到意外范畴而言，推理模式的三段论分别为：

前提：如果某一行为或事件传递的信息在会话双方或行为主体的意料之外，那么该信息可能属于非预期信息。

事实：行为、事件或命题所传递的信息是一种非预期信息。

推论：可能在会话双方或行为主体的意料之外。

我们结合实例来看语用标记“X的是”的具体推理过程。

(41) 现在各校间的教师“争夺战”愈演愈烈。很显然，湖南师大在很多方面难以与国内知名大学相抗衡。出人意料的是，10年来湖南师大竟能从国内外吸引来一大批高水平教师，包括118名博士、88位教授。（《人民日报》2000年12月15日）

(42) 巴西队与喀麦隆队之战是在巴黎的法兰西体育场进行的。巧合的是，1998年世界杯决赛巴西队也正是在这个体育场输给了东道主法国队。因此，巴西人自然会把国家队这次的表现与5年前的那场比赛相比较。（新华社2003年6月份新闻报道）

例(41)中，发话人根据目前的局势“现在各校间的教师‘争夺战’愈演愈烈”，以及实际情况“湖南师大在很多方面难以与国内知名大学相抗衡”，得出结论：湖南师大几乎不可能在“教师‘争夺战’”中占优势。但真实的情况却是“湖南师大从国内外吸引来一大批高水平教师”，发话人对于这一事件的发生表达出惊讶的态度，这一事件在发话人的预期之外，属于非预期信息，发话人使用了意外范畴语用标记“出人意料的是”。例(42)可类推解读，不再赘述。例(41)具体推理过程如下：

前提：如果不出意外的话，按照湖南师大目前的发展，很难在教师“争夺战”中占有优势，因此也几乎不可能引进高水平教师。

事实：湖南师大从国内外吸引来一大批高水平教师，包括118名博士、88位教授。

推论：湖南师大引进高水平教师这一事件出乎发话人的意料，属于非预期信息。

三、“X的是”的来源

语用标记“X的是”是从“所X”发展演变而来的。发展到现代汉语中，“所X”除了形式上有所变化之外，功用上也发生了一定的变化。据Croft (2001：18－19)和Traugott & Trousdale (2013：22－26)相关论述，“所X”发生了构式化(constructionalization)。构式化背后的动因，主要与汉语自身演化有关，后期的高频使用则受到英语表达方式的助推。

3.1 “所X”的构式化

构式是形式-意义/功能的匹配体(Goldberg 2006：5)，Croft (2001：18)指出，“形式”包括“句法特征”“形态特征”“音韵特征”三部分，“意义”则包括“语义特征”“语用特征”“语篇功能特征”三部分。构式化指的是新形式与新意义的重新匹配(Traugott & Trousdale 2013：22)，具体来说，“形式”的任何一部分与“意义”的任何一部分只要达到重新匹配，就可以认为发生了构式化。

从近代汉语语用标记“所X”发展到现代汉语语用标记“X的是”，句法上发生了明显的变化，满足了“形式”方面的要求，表达功用上也发生了一定的变化，满足了“意义”方面的要求。可以肯定地说，“所X”发生了构式化，结果是演变成为“X的是”。

多数研究一致认为，“所X”进一步发展演变的结果是“X的是”(李宗江 2012、2014;吕佩 2019：213－214;金艳芳 2020：21－22 等)。我们同意上述观点,但更倾向于认为:“X 的是”直接来源于“所 X 者”,而非“所 X”,换句话说,从“所 X”到“X 的是”,中间经历了“所 X 者”。

3.1.1　“形式”方面的变化

据李宗江(2014)研究,“所 X”在近代以前早已出现。据考察,“X 的是”是在“所 X 者”之后出现的。笔者假设认为：从“所 X”到“X 的是”,中间经历了“所 X 者”,“X 的是”直接来源于“所 X 者”,而非“所 X”。“的”代替“者”,在构式化过程中起到了关键的作用。我们先从理论的角度分析这一假设,然后结合实际语料加以证明。

吕叔湘先生(1955/2002：127)明确指出,“的”字一般都认为就是文言的“之”字和“者”字。据朱德熙先生(1983：18)研究,先秦汉语里没有跟“的”字功能正好相当的单字,“的”字的功能是由“者”和“所”两个名词化标记分别承担的。我们完全赞同两位先生的观点,认为“所 X 者”在近代汉语中发展成为“X 的”也是顺理成章的,即“的”代替了“者”。这一观点也得到蒲立本先生(2006：74)的证明,他认为:“者”在语源上跟“之”以及后来的口语形式“的”有联系,“的”在现代汉语中的功能与“者”是平行的。

我们看实际用例情况。据李宗江(2014)考察,“所 X”在中古时期已有语用标记的用例。语料检索,语用标记“所 X 者”最早用例出现在唐代。“X 的是”最早用例是在元代。这在时间上符合我们提出的假设。例如:

(43) 上天见象,增修封禅。其赦天下。所幸县毋出今年租赋,赐鳏寡孤独帛,贫穷者粟。还幸甘泉,郊泰。(转引自李宗江 2014)

(44) 十四年十月十七日,张氏殁于东都履信里,享年廿四。吁！痛乎天也！张氏明眸巧笑,知音声。所喜者,从余

学佛于上都兴善阿梨。捐馆时神不乱,必归于殊胜所。(唐・周绍良《唐代墓志汇编续集》)

(45) 行了些这没撒和的长途有十数程,越恁的骨瘦蹄轻。暮春天景物撩人兴,更见景留情。怪的是满路花生,一攒攒绿杨红杏,一双紫燕黄莺,一对蜂、一对蝶、各相比并。想天公知他是怎生,不肯教恶了人情。(元・郑光祖《倩女离魂》第四折)

"所X者"主要出现在小说、剧本等语体中,而这样的语体十分适合口语色彩浓厚的"的",甚至出现了"所X的是"的用例。例如:

(46) 从这日起,也作了几日好事,也烧了些个冥资,所喜的是何家无多亲友来往,便是安老爷的亲友本家,也因尚不知安老爷携眷回京的消息,都不曾来,倒落得少了许多应酬,可以安心作事。(清・文康《儿女英雄传》二十三回)

从宋代开始,"的"用频增多,逐步取代"者"。换句话说,从宋代开始,"所X者"用例减少,而"X的是"用例增多,二者呈现一种此消彼长的趋势。统计结果如表9-1。

表9-1 "所X者"与"X的是"用例统计表①

	宋	元	明	清
"所X者"的用例数量	31	24	17	8
"X的是"的用例数量	9	21	38	65

综上所述,从"所X"到"X的是",中间经历了"所X者","X的是"直接来源于"所X者",而非"所X"。

"X的是"中的"是"是什么性质的成分?不同学者有不同的

① 诸如"所X的是"的用例,我们归入"X的是"。

看法。祁峰(2011)、周明强(2017)、鲁莹(2019)等认为“是”是判断词;张峰辉、周昌乐(2008)认为“是”是焦点标记;方清明(2012)认为“是”是一个贴附标记(或称“后附成分”)。与上述几位学者不同的是,我们倾向于认为语用标记“X的是”中的“是”是一个附缀,准确地说,是一个后附缀。具体判定如下:句法上“是”与后接成分关系紧密,而韵律上“是”与“X的”关系紧密,“是”造成了句法和韵律的方向性错配。这可以从用例统计情况看出。有效例句中,我们在近代汉语中只找到5则“X的,是+S”的用例,而“X的是,S”的用例则有41例。请比较:

(47) 天子闻听,龙颜大悦,立刻召见,进宫见驾。一见世子,不由龙心大喜,更奇怪的,是形容态度与自己分毫不差,因此一乐,病就好了。(清·石玉昆著、俞樾修订《七侠五义》一回)

(47′) 且说由春而夏,自秋到冬,光阴迅速,转瞬过了六个年头,包公已到七岁,总以兄嫂呼为父母,起名就叫黑子。最奇怪的是,从小至七岁未曾哭过,也未曾笑过。每日里哭丧着小脸儿,不言不语,就是人家逗他,他也不理。(清·石玉昆著、俞樾修订《七侠五义》二回)

判断词“是”几乎不能省去,而附缀“是”可以较为自由地省去。请比较:

(48) 须臾间八个排长,簇拥着四个美人,歌舞双行,吹弹并举。歌的是《朝天子》《贺圣朝》《感皇恩》《殿前欢》,治世之音;舞的是《醉回回》《活观音》《柳青娘》《鲍老儿》,淳正之态。(明·施耐庵《水浒全传》八十二回)

(48′) *须臾间八个排长,簇拥着四个美人,歌舞双行,吹弹并举。歌的《朝天子》,治世之音;舞的《醉回回》,淳正之态。

(49) 他(这豹)幻成她们的丈夫,和这班女子饮酒取乐,因此激怒了一个修道的女子前去和它为难,所异的这道姑形状装束一切都是眼前同来的何仙姑样子,这一来把个钟离权骇得几乎喊出声来。(清·无垢道人《八仙得道》四十回)

(49′) 他(这豹)幻成她们的丈夫,和这班女子饮酒取乐,因此激怒了一个修道的女子前去和它为难,所异的是,这道姑形状装束一切都是眼前同来的何仙姑样子。

例句(48)中画线部分"是"是判断词,不能省去,省去后的例句(48′)不成立。例句(49)中画线部分省去附缀"是",补充出来以后,例句(49′)接受度没有任何问题。

综上,从"所X"到"X的是",语用标记"所X"在"形式"上发生了明显的变化。

3.1.2 "意义"方面的变化

相比"所X"的表达功用而言,"X的是"表达功用更为多样,具体表现在两方面:整体表达功用类型由简到繁,某一表达功用用例数量由少到多。

据周明强(2017:64-66)穷尽式地考察,现代汉语中"X的是"的功用涉及四大方面:抒发情感、评论说理、陈说事实、表明态度,具体包括十五类:示憾、示赞、示恨、示歉、示要、示理、示因、示奇、示果、示异、示况、示同、示趣、示疑、示叹。相比"所X"而言,"X的是"的表达功用类型增加了6个:示歉、示因、示果、示况、示疑、示趣。

除了整体功用类型之外,某一类表达功用的用例数量也发生了一定的变化。据考察,近代汉语中"所X"表达事理仅有3则,在所有表达功用中用频为1.67%。而在现代汉语中,"X的是"出现了大量表达事理的用例(周明强2017),在所有表达功用中用频为12.25%。由以上分析可以清楚地看到,从近代到现代,"所X"的"语篇功能特征"即"意义"也发生了一定的变化。

综上，“所 X”的进一步发展演变，同时涉及“形式”和“意义”两个方面，即出现了新形式和新意义的重新匹配，发生了构式化。相比形式方面的明显变化而言，意义方面的变化较为隐晦。

3.2 相关动因

“所 X”构式化为“X 的是”，主要与汉语自身的渐变演化有关，后期的高频使用受到了英语表达形式的影响。

由 3.1 小节分析可以看出，“所 X”发展为“X 的是”，前期完全是汉语自身演变的结果，只不过“X 的是”在近代甚至民国初期的用例相对较少。表 9-2 是我们的统计结果。

表 9-2 “X 的是”在近代以及民国初期的用例统计表

	唐	宋	元	明	清	民国初期
“X 的是”用例数量	4	9	21	38	65	82

“五四”时期以后，“X 的是”用例明显增多(李宗江 2014)，尤其是改革开放之后，“X 的是”的用例大量激增，这与直译英语表达方式有直接的关系，可以说是欧化语法的作用。例如：

(50) 原文：The means of exchange are frozen in the currents of trade; the withered leaves of industrial enterprise lie on every side; farmers find no markets for their produce; and the savings of many years in thousands of families are gone. More important, a host of unemployed citizens face the grim problem of existence, and an equally great number toil with little return.(转引自李宗江 2014)

(51) 译文：价值难以想象地贬缩了；课税增加了；我们的支付能力下降了；各级政府面临着严重的收入短缺；交换手段在贸易过程中遭到了冻结；工业企业枯萎的落叶到处可

见；农场主的产品找不到销路；千家万户多年的积蓄付之东流。更重要的是，大批失业公民正面临严峻的生存问题，还有大批公民正以艰辛的劳动换取微薄的报酬。只有愚蠢的乐天派会否认当前这些阴暗的现实。（同上）

我们统计了“五四”至中华人民共和国成立时期、改革开放至21世纪初期“X的是”的用例情况，统计结果如表9－3。

表9－3 “X的是”在“五四”至新中国成立时期、改革开放至21世纪初期用例统计表

	1919年—1949年			1978年—2008年		
	1919—1928	1929—1938	1939—1949	1978—1988	1989—1998	1999—2008
“X的是”用例数量	132	174	237	1052	1474	2106

通过表9－1、表9－2和表9－3的数据，并且结合3.1小节分析，可以得出如下结论：“所X”发展演变为“X的是”，究其根本动因仍是汉语自身的渐变演化，而英语表达方式的影响可以说在后期的高频使用中起到了助推的作用。

3.3 相关机制

由3.1.1小节的分析可以看出，“X的是”表层形式上没有发生明显的变化，实际上已经从非语用标记发展为语用标记了，导致这一变化的相关机制主要是重新分析。

关于“X的是”重新分析的详细论述，具体请参阅方清明(2012)[①]。我们这里重点想讨论的是：“X的是Y”的重新分析是有标化还是无标化。方清明(2012)认为重新分析的结果可以有

① 方清明(2012)讨论了所有“X的是”的情况，并不局限于表意外范畴的用例。方清明一文关于重新分析的论述，同样适用于本章，这里不再赘述。

标化。与方文不同的是，我们倾向于刘丹青（2008）的观点，即重新分析属于无标化。

“X的是Y”最初出现时，“是”是判断词，“Y”是体词，“X的”是“的”字结构的体词性成分，这时属于无标记用法，因为用动词谓语表行为事件，用名词表示动词论元的具体事物，是无标记匹配。

“Y”由句子或谓词性小句充当时，“是”仍是判断词，但相比无标记而言，此时的“X的是Y”已经成为了一种有标记用法，因为用动词谓语表事物，在表达需要时也可能存在，但这是高度有标记的形式。

随着用频的增多，语义重心后移到“Y”，“是”也不再负载重心而成为附缀。附缀“是”与前面的宿主“X的”语音上结合得更加紧密，“X的是”成为韵律单位甚至进一步固化成为语用标记，此时的“X的是Y”再次达到重新分析的无标化。

考虑到自然语言理解过程中的“同步组块”（陆丙甫、蔡振光2009），“X的是Y”反映到书面语上是使用逗号将“Y”与前面的“X的是”加以分隔，形成“X的是，Y”。方清明（2012）之所以认为重新分析可以有标化，是因为“X的是，Y”中有逗号出现。但是我们不能单纯以有无逗号来衡量是否是有标还是无标，毕竟“标点符号本来是不能作为语法分析依据的”（宗守云2013）。因此，我们赞同刘丹青（2008）的观点，认为重新分析都应该是无标化的。我们将“X的是Y”重新分析的无标化过程加以归纳：

1）“X的是Y”中，“X的”是体词，“是”是判断词，“Y”是体词。——无标记匹配

2）“X的是Y”中，“Y”扩展为句子或谓词性小句，“是”附缀化。——有标记扩展

3）“X的是（，）Y”中，“X的是”语用标记化，“是”依附度更高。——无标记回归

四、"X的是"的进一步发展演化

4.1 习语化甚至构式化

语用标记具有连续统的特征。在连续统的一端是固定的、约定俗成的表达形式，经历了词义虚化和音节紧缩，成为纯语用标记；而在连续统的另一端则是不那么完全固定的一些表达形式，在使用中表现出兼类现象，往往可以同其他语法结构连用（胡承佼 2017）。不同类型语用标记之间存在着连续统，即使同一语用标记内部也存在着连续统，连续统一端的标记化程度相对很高，而另一端的标记化程度相对很低。具体来说，意外范畴语用标记"X的是"中，由于"X"音节数多少的不同，会对语用标记的进一步发展演化产生影响。"X的是"的形式越长，标记化程度越低。

当"X"属于超音节时，整个"X的是"音节数偏多，较难完全固化成为一个典型的语用标记，这类"X的是"处于标记化程度较低的一端，属于不典型的语用标记。例如：

（52）站在秦皇岛北山发电厂厂区内，抬头向这台脱硫锅炉的烟囱顶端望去，正在运转的锅炉几乎看不到烟尘排出，只有些白色的蒸汽飘然散去。更令人意想不到的是，采用清华大学的循环硫化床燃烧技术后，锅炉竟由"吃"优质煤炭改"吃"当地一家煤矿出产的低热值劣质煤甚至煤矸石。（新华社2001年1月份新闻报道）

（53）我已很久没见到这么清纯、这么恬静的女孩子了，就像很久没有见到那淳朴的乡风民风了。也许这只是我当时的感觉，但我们毕竟是一见钟情，相见恨晚。更让我难以置信的是，这么单纯这么善良的人儿，竟然是一个痴迷的文学爱好者。（1994年《市场报》）

相比超音节的"X的是"而言，较少音节的"X的是"会走向习语化。尤其是四音节的“X 的是”，更容易走向构式化，毕竟符合汉语四字格式，这类语用标记，主要集中在“惊异类”和“巧合类”。例如：

(54) 每天收摊以后，刘庸生用双轮车把两个人的家什推到梁美娥家里，第二天一早再搬出来。她家离市面只三分钟的路程，一溜工棚式排房中占了两间，是标准的五十年代建筑工人住宅。意外的是，胖大嫂也是一人独居，这让刘庸生难免有些不安。(CCL·大陆作家文学作品)

(55) 考试前一天晚上，当他脱掉几乎粘在身上的衣服准备洗澡时，连自己也惊呆了，衬衣上的虱子多得可以用刷子往下扫，奇怪的是，这些天来，却一点没有感觉到虱子给他带来的困扰。(1994 年报刊精选)

(56) “戛纳”的竞争是激烈的，在全部参赛的 23 部各国影片中，呼声强烈的不仅有中国大陆的《霸王别姬》，同时还有台湾著名导演侯孝贤的《戏梦人生》以及澳大利亚女导演简·坎平的《钢琴课》。巧合的是，《戏梦人生》和《霸王别姬》一样，也是以中国传统戏曲为题材的影片，同样有着厚重的历史氛围和浓烈的传统文化气息。(1993 年《作家文摘》)

(57) 在轻松友好的气氛中，潘书记不时地用中文直接与代表团交流。一问，才知道潘书记六十年代初曾在中国深造过，巧合的是，他与我们代表团团长同是中国人民大学 64 届的同学。(《人民日报》2000 年 12 月 26 日)

4.2 “是”脱落

部分语用标记“X 的是”中的“是”会走向脱落，成为零形式。“X 的是”属于多音节或超多音节的用例。例如：

(58) 就在那一年，两棵铁树都开了花。花不像花，硬硬的，像用木头刻出来的,以至于让我怀疑是否真正看到铁树花。千年就一次,让我赶上了。

意想不到的,这两年在故乡连续看到几十朵铁树花。晋江市委市政府前边的铁树两年连续开花。罗山派出所门前一溜四棵铁树全开花。晋江财政局刚买来的铁树开花……(《人民日报》1998 年 6 月 6 日)

(59) 科尔强调:“欧洲未来需要美国,美国也需要欧洲”。但是,出乎克林顿意料的,德国的舆论对于美国总统关于德国地位的抬举,却并没有惊喜若狂,而更多的是忐忑不安。(《福建日报》1994 年 7 月 19 日)

“X 的是”还可以是四音节的,脱落“是”后,成为三音节。例如:

(60) 因为严冬的缘故,乘客终于忍无可忍了,群情滔滔地去交涉。账房却理直气壮:“船上根本没有四等客舱,这不过是茶房的好处,有位子就搭,货装满了自然就在船面上,要舒服,坐头等舱。”这话是很有道理的,省钱就得将就些。然而群众却不那么容易理喻,终于闹到了船主那里。意外的,船主却非常客气的吩咐开舱门。(田仲济《奴才的残暴》)

(61) 他不允许他的头发蓬乱和脸上有黑灰,就是在最忙碌的时候也是这样。只有一点,大家有些意见,那就是他爱漂亮,喜欢打扮,他的衣袋里除去钢笔、小本子、手帕以外,还有两样东西永不离身:一把常州出产的小木梳和一个小鸭蛋镜子。

奇怪的,一方面有人对他这个习气有意见,一方面却又有人学他的样,连部的通讯员小鬼李全就是当中的一个。(吴强《红日》)

甚至出现三音节的“X 的是”脱落“是”成为双音节的“X 的”,

如“巧的”,这类用例相对来说很少,我们只找到一例。例如:

(62) 原来他开的是个小印刷厂,巧的,他也姓钟,比较同情革命,没有轰我,也没去报告。(BCC·科技文献)

五、本章小结

本章从意外范畴的角度出发,对现代汉语中的语用标记“X的是”进行了详尽的分析。总结如下:其一,从句法平面来看,语用标记“X的是”中“X”的音节数不等,“X的是”以后面出现停顿居多,可以与表意外范畴的词语共现,可以衔接一定的成分。其二,从语义平面来看,语用标记“X的是”主要包括四大类:惊异类、料想类、巧合类和相信类。其中,“惊异”类的用例最多。该语用标记可以违逆发话人的预期,也可以违逆行为主体的预期,还可以违逆特定言语社会共享的预期。其三,从语用平面来看,语用标记“X的是”引导的句子的语用真值不能被否定,可以通过回溯推理来理解。

语用标记“X的是”的出现,除了与汉语自身因素有关之外,很大程度上受到了语言接触的影响。该语用标记内部并不具有匀质性,从典型语用标记到非典型语用标记构成一个连续统,其中,四音节的“X的是”更倾向于构式化。部分语用标记“X的是”中的“是”走上了零形化的道路,成为一个零形式。

第十章　附缀“是”前置于关联连词宿主“因为”和“由于”

一、引言

现代汉语中，专门讨论连词（周刚 2002）或复句（邢福义 2001；李晋霞 2015）的专著谈到，“是因为”“是由于”和“之所以”经常配合使用[①]，形成“之所以……是因为……”和“之所以……是由于……”前后呼应的句式。其中，“之所以”所在句子的主语与“之所以”的句法位置可前可后。例如：

（1）美法两国合作发射的卫星之所以能发现这一现象，是因为暖流在由西向东扩展的过程中，使水的体积增加，导致海平面上升，为卫星探测提供了依据。（《人民日报》1993年3月3日）

（2）老严老实交代，之所以人家最后答应了嫁给他，是因为老严把记载着那些甜言蜜语的日记给人家看，感动了人家的结果。（肖复兴《夏日里的最后一朵玫瑰》）

---

① “之所以”除了可以跟“是因为”和“是由于”共现配合外，还可以与“是为了”组成“之所以……是为了……”句式。本书不打算考察“之所以……是为了……”中的“是为了”，留待以后进一步研究。

(3) 乘客之所以出现误会，是由于旅游列车综合费从 9 月 8 日起由 4 元改为 5 元，而票面仍是 4 元，只是用“加价 1 元”的小章盖在票上作了说明。(《人民日报》1993 年 12 月 18 日)

(4) 之所以将研发地点部分地设在了上海，是由于上海的教育水平相对全国而言比较先进。(成杰《史玉柱传奇》)

已有研究明确谈及“之所以……是因为……”和“之所以……是由于……”句式的主要包括：邢福义(2001、1996/2016)、汪泰荣(2004)、肖任飞(2009)和郭中(2013)等。多数学者的讨论集中在“之所以”的词汇化或语法化上，包括：张学勤(1993)、程亚恒、陈慧(2007)、毛志刚(2008)、严慈(2010)、肖奚强、王灿龙(2006、2008、2010)、王兴才(2007、2009、2014)等。只有少数学者(周刚 2002；汪泰荣 2004；高再兰 2017)涉及了“是因为”“是由于”的词汇化问题，读后我们深受启发。笔者不打算讨论“之所以……是因为……”和“之所以……是由于……”这两个句式，也不打算就“之所以”展开论述，而是把重点放在了“是因为”和“是由于”上，重点关注“是因为”和“是由于”是否已经成词，特别关注这个“是”属于什么成分。

本章主要有以下三方面的内容：一是从词汇化和语法化等相关理论出发，阐述“是因为”和“是由于”成词的有利和不利因素；二是基于真实语料(语料库和问卷调查)的统计，从定量角度对“是因为”和“是由于”是否已经成词加以分析；三是论述“是因为”和“是由于”的性质以及二者之间的差异。

有三点需要说明：其一，邢福义(2001)明确区分了“因标”和“果标”，在“之所以……是因为……”和“之所以……是由于……”这两个句式中，“之所以”是果标，“是因为”和“是由于”是因标。其二，考虑到本章的研究目的，检索例句时，只考察“是因为”和“是由于”后接成分是句子或谓词性小句的用例，不包括后接体词性成分的用例[①]，也不包括“一是因为、二是因为”之类的用例。其三，鉴于“是因为”和“是由于”总是与“之所以”共现配合出现，我们在检索和分析语料时，重点放在了“之所以……是因为……”和“之所以……是由于……”这一句式中。

二、“是因为/是由于”是否成词的相关理论阐述

“之所以……是因为……”和“之所以……是由于……”句式中，“是因为”和“是由于”是否成词，学界存在不同的观点。其中，周刚(2002)认为“是因为”和“是由于”已经词汇化为连词，而汪泰荣(2004)和高再兰(2017)则认为“是因为”和“是由于”并未发生词汇化，“是”还是判断词，“是因为”和“是由于”仍属于跨层片段。本节打算从词汇化和语法化等相关理论出发，论述“是因为”和“是由于”的成词情况。

2.1 成词的可能性

从句法上看，“是因为”和“是由于”的后接成分都是相对自足的句子或谓词性小句。从语义上和语用上看，“是因为”和“是由于”的后接成分是新信息，同时也是信息重心。这样的话，“是因为”和“是由于”有可能固化，甚至成为一个词汇单位。具体体现在：

其一，从句位的角度来看。陈宝勤(2011)指出，句位是与词汇化紧密相关的因素之一，是实现汉语结构词汇化的先决条件。董秀芳(2002/2011)同样认为：词汇化衍生方式的基本条件限制

---

① “是因为”或“是由于”后接体词性成分时，“因为”和“由于”是介词，“是”判断词，与笔者的研究目的不符。例如：a. 梦，之所以美丽，是因为它的未知性。(《人民日报》2005 年 5 月 26 日) b. 中国对美出口虾产品之所以具有竞争力，是由于中国适宜的气候条件和较低的劳动力成本。(《人民日报》2004 年 12 月 3 日)

中，从句法位置上看，分立的成分必须在线性顺序上邻近[①]。“是”和关联连词“因为”“由于”满足了句法位置上的基本要求，即表层线性序列紧邻出现。例如：

(5) 劳动者之所以能够成为劳动力的出卖者，劳动力之所以能够成为商品，是因为劳动者摆脱了人身依附关系，有了人身的自由和人格的独立，劳动者成为劳动力的所有者，能够自由地支配他自己的劳动力。(《人民日报》1994年7月29日)

(6) 我之所以到深圳，是由于1977年我从兰州铁道学院毕业时，被分配到广州铁路局工程五段，担任给排水技术员，工资每月42元。(吴晓波《激荡三十年》)

如果“是”和“因为”或“由于”不属于紧邻成分，也就是说中间插入别的语言单位，此时“是因为”和“是由于”是不可能成词的。

其二，从韵律的角度来看。信息理解时，“是因为”和“是由于”发生“组块”，并且满足汉语的韵律要求，符合王洪君(2002)所说的“二常规三可容一四受限”。冯胜利(1997)也指出，“韵律词的‘最小限度’是由该语言的音步决定的。”既然三音节的超音步在韵律上是“可容”的，且“是”属于单音节，需要依附于一定的语言单位，那么“是”和“因为”或“由于”就有可能“桎梏”在一起，构成一个三音节的超音步韵律单位。例如：

(7) 李东生之所以如此受热捧，是因为这位当年民族品牌振兴运动中的“敢死队长”在国际化并购中再次充当了急先锋的角色。(吴晓波《激荡三十年》)

(8) 欧几里得几何学之所以崩溃，是由于绝对转动，是由于他的坐标系是坏的和被禁止的。(艾·爱因斯坦、利·英费

---

① 董秀芳(2002/2011)讨论的虽然是双音化问题，但对于三音化问题同样具有重要的意义。

尔德著，周肇威译《物理学的进化》）

汉语中双音节韵律单位占主导，但三音节韵律单位也是"可容"的。尤其是发展到现代，汉语中出现了一大批三音节词汇单位（请参看董秀芳 2004/2016）。受此发展趋势类推作用的影响，"是因为"和"是由于"有可能成词。

其三，从语义虚实的角度来看。语义上较为虚灵的成分更容易与其相邻成分发生词汇化或发生语义上的进一步变化（董秀芳 2002/2011）。"是因为"和"是由于"的后接成分是信息重心所在，"是"的判断功能发生了弱化，并且"是"的语义本身就很空灵（曹秀玲 2012），因此"是"很容易粘附到紧邻成分"因为"和"由于"上。且"是因为"和"是由于"处于其所在句子的句首位置，因此相对来说容易发生"融合"（李思旭 2011）[①]。例如：

（9）法国之所以把亚洲作为重点，是因为到下一个世纪亚洲的产值将占世界总产值的 40%。（《人民日报》1994 年 3 月 30 日）

（10）说到"物竞天择"，自然就说到了竞争。事实上，一个地区有两个竞争型企业，可口可乐与百事可乐，奔驰与宝马，那是一种幸运；之所以可口可乐走出美国摆遍全世界，是因为百事可乐逼宫城下；之所以奔驰跑得快，是因为宝马撵得紧！（牛根生《"小地方"出"大思维"》）

综上所述，"是因为"和"是由于"满足了句法、韵律和语义等方面的相关要求，很有可能固化成为一个三音节的词汇单位。

---

① 李思旭（2011）讨论的是双音化与句法位置的互动关系，认为：句首是较为容易发生"融合"，即容易发生词汇化的位置。受此启发，我们认为三音化与句法位置也存在一定的互动关系，"是因为"和"是由于"处于句首位置，且不是信息重心，因此倾向于走向"融合"。

2.2　成词的不利因素

考虑到汉语类型特征，“是因为”和“是由于”较难成为一个标准的词汇词。原因包括：

第一，三音节的超音步。吕叔湘先生（1963）指出：“单音节的活动受到限制，结果是倾向于扩充为双音节；相反倾向是把三音节压缩成双音节。”按照吕先生的观点，“是因为”和“是由于”是三音节的超音步单位，不利于成为词汇词，“是”有可能脱落，成为零形式。相比“之所以……是因为……”和“之所以……是由于……”而言，省去“是”的“之所以……因为……”和“之所以……由于……”用例要少得多。我们在北京大学 CCL 现代汉语语料库中，分别检索到包含“之所以……因为……”和“之所以……由于……”的用例 153 则和 11 则，剔除不符合的用例，分别为 139 则和 4 则。例如[①]：

（11）我之所以这样是有道理，因为你无法以一个好好先生面貌出现，因为那样的话你会被烦死。（李敖《李敖对话录》）

（12）康党之所以失败，由于不先培养革新之人才，而欲以少数人弋取政权，排斥顽旧，不能不情见势绌。（蔡元培《冷眼观变法》）

第二，依赖于特定的构式语境。语法化研究需要依赖于特定的构式语境（彭睿 2009）。词汇化研究，尤其是跨层片段的词汇化研究，更加需要考察具体的语境。董秀芳（2002/2011）指出，跨层结构词汇化多发生在特定构式中，可以说，构式是跨层结构词汇化的温床。“是因为”和“是由于”总是出现在“之所以……是因为……”和“之所以……是由于……”句式中，为“是因为”和“是由于”的词汇化提供了一定的条件。但也正是因为“是因为”“是由

---

① 下面两个例句中的“因为”和“由于”，不一定是脱落“是”后的用法。这里使用这两个例句，是为了说明有可以不出现“是”的用例。这样看来，“是”完全有可能脱落。

于”和“之所以”共现对举的缘故，导致“是因为”和“是由于”几乎只能出现在这一构式语境中，较少类推到别的语境中。换句话说，“果标”或“因标”可以单用，但相比二者共现配合的用例数量而言，单用的例句数量要少，因此“是因为”和“是由于”的词汇化程度相对要低，属于不典型的词汇词。① 且单独使用“果标”，在整齐性的表达效果上要差一些。试比较：

(13) 徐志摩说，这是一种销筋蚀骨的生活，他之所以要离开上海，寄居北京，就是要脱离这种生活。(张清平《林徽因》)

(13′) 徐志摩说，这是一种销筋蚀骨的生活，他之所以要离开上海，寄居北京，是因为要脱离这种生活。

(14) 这个新的星系之所以逃过了人们的“视线”，是由于构成它的许多恒星分布在一个非常广阔的区域里，很难把它们与银河系的恒星区分开来。(《人民日报》1994 年 4 月 8 日)

(14′) 这个新的星系之所以逃过了人们的“视线”，构成它的许多恒星分布在一个非常广阔的区域里，很难把它们与银河系的恒星区分开来。

上述例句的句法和语义都没有任何问题，相比例(13)和例(14′)而言，例(13′)和例(14)的形式要更加整齐，能够取得整齐对称的表达效果。

综上所述，我们从词汇化和语法化等相关理论出发，定性分析了“是因为”和“是由于”能否成为词汇词的有利和不利因素，这样的结论难免会有一定的主观性。下一节我们将进行定量统计

---

① “是因为”或“是由于”也可以单独出现，不与“之所以”配合共现，但这类用例相对要少。例如：a. 我们把非现实的考察对象限定于句子，是因为句子这种形式是语言交际中“相对完整的和独立的人类话段”。(王晓凌《非现实语义研究》) b. 中国哲学家的言论、文章没有表面上的联系，是由于这些言论、文章都不是正式的哲学著作。(冯友兰《中国哲学简史》)

分析，通过统计“是因为”和“是由于”在实际语料中的使用情况，进一步讨论“是因为”和“是由于”是否已经成词。

三、语料调查与统计

本节从真实语料使用的角度入手，对“是因为”和“是由于”的成词情况进行分析。主要包括两部分：语料库统计分析和问卷调查分析。

3.1　语料库统计分析

语料库统计来源包括两部分：《人民日报》图文数据库和人民网。这样做的好处是：通过统计分析封闭语料，能够较为清楚地说明“之所以……是因为……”和“之所以……是由于……”相关用频以及“是因为”和“是由于”的成词情况。

我们以报刊和新闻作为语料统计来源，选取了四个时间段，分别是：1999 年—2000 年、2004 年—2005 年、2009 年—2010 年、2014 年—2015 年。筛选语料时重点关注两方面：一是所有包含“之所以”的句子，不管后接“因标”与否；二是包含“之所以……是因为……”和“之所以……是由于……”的例句，且“因标”连接的不能是体词性成分。统计情况如下表：

表 10－1　“之所以……是因为/是由于……”用例统计表

例句用频 时间	包含“之所以”的句子数量	包含“之所以……是因为/是由于……”的句子数量
1999 年—2000 年	1142	151
2004 年—2005 年	1391	203
2009 年—2010 年	1658	317
2014 年—2015 年	1953	474

为了便于观察和比较，我们将上述统计结果加以汇总，图式如下：

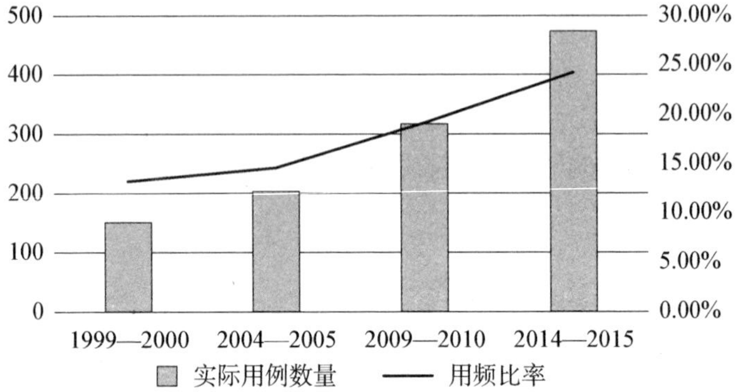

图 10-1　“之所以……是因为/是由于……”的用例数量与用频统计图

由上图可以看出，“之所以……是因为/是由于……”的实际用例数量与用频比例，都呈现出递增的趋势。随着整个句式用例和用频的增多，“是因为”和“是由于”的用例和用频也随之增多，同样呈现出递增的趋势。在高频使用的促动下，“是因为”和“是由于”的固化程度也越来越高。

3.2　问卷调查分析

本小节通过分析问卷调查的结果，考察“是因为”和“是由于”在实际语感中的情况。

3.2.1　调查对象

调查对象包括宿管（10 人）、门卫（6 人）、在校大学生（语言学专业 100 人和非语言学专业 100 人）、高中生（50 人）和初中生（50 人），总共 316 人。从年龄上看，年龄小于 20 周岁有 155 人，21 周岁至 30 周岁有 145 人，31 周岁至 40 周岁有 4 人，年龄大于 41 周岁的有 12 人。从性别上看，男性有 124 人，女性有 192 人。

这样做的好处是，可以兼顾到不同年龄段、不同性别和不同文化层次，取样具有多样性，更能体现“是因为”和“是由于”的真实使用情况。

3.2.2　问卷设计

下列句子能说吗？认为能说的请打勾，认为不能说的请打叉，认为模棱两可的请打问号。

(15) a.《奔跑吧，兄弟》自开播以来，收视率居高不下。《奔跑吧，兄弟》之所以深受欢迎，是因为该节目传递了正能量。

b.《奔跑吧，兄弟》自开播以来，收视率居高不下。《奔跑吧，兄弟》之所以深受欢迎，是由于该节目传递了正能量。

c.《奔跑吧，兄弟》自开播以来，收视率居高不下。《奔跑吧，兄弟》之所以深受欢迎，不是因为该节目传递了正能量。

d.《奔跑吧，兄弟》自开播以来，收视率让人堪忧。《奔跑吧，兄弟》之所以不受欢迎，是因为该节目没有传递正能量。

切分下面的句子，请在阅读时停顿的地方划线。

(16) a.《奔跑吧，兄弟》之所以深受欢迎，是因为该节目传递了正能量。

b.《奔跑吧，兄弟》之所以深受欢迎，是由于该节目传递了正能量。

c.《奔跑吧，兄弟》之所以深受欢迎，正是因为该节目传递了正能量。

d.《奔跑吧，兄弟》之所以深受欢迎，多半是因为该节目传递了正能量。

3.2.3　调查结果

问卷的调查结果如下：

第一，发出 316 份问卷，共收回有效问卷 297 份。

第二，针对能说、不能说和模棱两可，297 份问卷都认为例句(15)a、例句(15)b 和例句(15)d 能说。而对于例句(15)c 存在不同看法：261 份问卷认为该句不能说，表达不完整，后面应该还有别的句子，20 份问卷认为属于模棱两可，只有 16 份问卷认为可以说。

第三，针对第二部分切分句子，我们逐个统计了每种切分方式的问卷数量。[①]

(17) a.《奔跑吧，兄弟》/之所以/深受欢迎，是因为/该节目/传递了/正能量。—143

b.《奔跑吧，兄弟》/之所以深受欢迎，是因为/该节目/传递了正能量。—59

c.《奔跑吧，兄弟》/之所以/深受欢迎，是因为/该节目/传递了正能量。—84

d.《奔跑吧，兄弟》/之所以深受欢迎，是因为/该节目/传递了/正能量。—11

(18) a.《奔跑吧，兄弟》/之所以/深受欢迎，正是因为/该节目/传递了/正能量。—102

b.《奔跑吧，兄弟》/之所以/深受欢迎，正是因为/该节目/传递了正能量。—91

c.《奔跑吧，兄弟》/之所以深受欢迎，正是因为/该节目/传递了/正能量。—27

d.《奔跑吧，兄弟》/之所以深受欢迎，正是因为/该节目/

---

① 例句(16)a 的切分情况与例句(16)b 的切分情况基本相同，不再列出。例句后面的数字表示切分成这类情况的问卷数量。

传递了正能量。—53

e.《奔跑吧，兄弟》/之所以/深受/欢迎，正是/因为/该节目/传递了/正能量。—24

(19) a.《奔跑吧，兄弟》/之所以/深受欢迎，多半是/因为/该节目/传递了/正能量。—103

b.《奔跑吧，兄弟》/之所以/深受欢迎，多半是/因为/该节目/传递了正能量。—78

c.《奔跑吧，兄弟》/之所以/深受欢迎，多半是因为/该节目/传递了正能量。—36

d.《奔跑吧，兄弟》/之所以深受欢迎，多半是因为/该节目/传递了/正能量。—27

e.《奔跑吧，兄弟》/之所以深受欢迎，多半是/因为/该节目/传递了正能量。—53

3.2.4 调查结论

基于研究目的和研究对象，我们重点分析“是因为”与“是由于”的相关情况。

实际问卷调查表明：其一，当“是因为”或“是由于”前面没有出现别的语言单位时，如例句(17)，倾向于把“是因为”或“是由于”切分成为一块，说明在认知心理层面，人们把“是因为”和“是由于”当作一个“语块”来处理。其二，当“是因为”或“是由于”前面出现别的语言单位，如“正”“多半”时，“是”则倾向于与前面的修饰成分“组块”，如例(18)和例(19)a、(19)b、(19)e。值得注意的是，例(19)e中的24份问卷，都来自语言学专业同学，可能与专业学习有一定的关系，即“词是最小的可以独立使用的单位”。其三，“是”前面出现的单位音节数的多少会对切分情况有所影响，对比例(18)和例(19)的切分结果可以发现，将“多半是”切分成一个“语块”的问卷数量要比把“正是”切分成一个“语块”的要多，说明相比“多半是”而言，“正是”更像一个词，这也符合汉语整体双音化的趋势。

综上所述，在真实的语感中，“是因为”和“是由于”倾向于作为一个“语块”处理，这从韵律角度满足了二者固化的要求。上述的问卷调查结果同时也直接证明了陆丙甫、蔡振光(2009)的相关研究，即短时记忆的限度为“七左右”(7±2)以及短时记忆对“四”的敏感。

综合第二节和第三节可知，“是因为”和“是由于”以出现在特定的句式“之所以……是因为……”和“之所以……是由于……”中居多，与“之所以”配合使用，加之“是因为”和“是由于”属于三音节超音步单位，虽然“是因为”和“是由于”满足句位紧邻，语义空灵，用频增多和固化程度增强等条件，但还未完全成词。我们猜测，这可能也是汪泰荣(2004)和高再兰(2017)认为“是”还是判断词，“是因为”和“是由于”仍是跨层片段的原因。

四、“是因为/是由于”的性质与功用

“是因为”和“是由于”未完全成词，那么二者属于什么性质的单位呢？语料检索时发现，“是”可以不出现，“是”的有无会带来什么样的表达功用差异呢？

4.1　“是因为”和“是由于”的性质

我们倾向于认为：“是因为”和“是由于”处于从跨层片段到词汇词的过渡阶段，是具有关联性的附缀结构，还未完全成为连词，“是”是一个依附于双音节关联连词宿主“因为”和“由于”的前附缀。主要出于这样的考虑：

第一，“是”是容易发生附缀化的单位(刘丹青 2008/2017)，且“是因为”和“是由于”符合严艳群(2013)归纳的层次错配类型。严艳群(2013)指出：层次错配，指的是附缀语音上依附于

紧邻的词，但结构上却在短语、句子界内。具体到本章来说，“之所以……是因为……”和“之所以……是由于……”句式中，“是”语音上依附于紧邻的关联连词“因为”和“由于”，但结构上却属于“因为”和“由于”引导的谓词性小句或句子。这样的话，“是”所在的韵律结构和句法结构造成了层次错配，“是”成为一个附缀，准确的说，是一个前附缀。下面的例句更能说明问题。

(20) 内政部官员说，之所以选择斯里兰卡，是因为那里是受海啸影响最严重的地区。(《人民日报》2004 年 12 月 28 日)

(21) 新一轮天价预言之所以具有如此惊人的说服力，是由于其基础并不是流行却缺乏证据的缺油论。(《国际金融报》2006 年 5 月 10 日)

例(20)中，因标“是因为”后接肯定判断句，句中出现了判断词“是”。如果否定该释因句，必须说成“是因为那里不是受海啸影响最严重的地区”，而不能说成“不是因为那里是海啸影响最严重的地区”。例(21)中，因标“是由于”后接否定判断句，否定词“不”出现在“是由于”的后接句子中。上述两个例句，“是因为”和“是由于”中的“是”失去了判断词的部分典型范畴特征，不再是典型的判断词，向着附缀的方向发展。

第二，单音节的“是”语音上失去了独立性，但还未完全与“因为”和“由于”融合成词，是一个前附缀，起到一定的“凑音”作用，组成三音节的“可容”音步单位“是因为”和“是由于”，与该格式中的三音节韵律单位“之所以”配合共现。甚至可以在“是因为”后面出现停顿，表明“是因为”的固化程度更高了，但这类用例不多。例如：

(22) 人们之所以继续关注这一事件，是因为，作为一个网民超过 3 亿、网吧超过 10 万的网络大国，如何加强网吧管理、构建网络文明，一直是全社会广泛关注的热点问题，中央有关主管部门也已先后出台了多项有关网吧行业的管理办法，网吧从安全性到日常管理都已逐渐规范化。(《人民日报》2009 年 10 月 23 日)

(23) “应用型大学”是上位概念，“应用技术大学”是下位概念。上位概念和下位概念不能相互混淆。之所以要厘清这两个概念，是因为，当前，我国高等教育普遍存在的一个问题，就是缺乏特色，地方本科院校更是如此。(《人民日报》2015 年 8 月 13 日)

综上可见，“是因为”和“是由于”既不属于跨层片段，也还未完全成词，而是处于跨层片段到完全成词的过渡阶段：附缀结构。

4.2 “是由于”与“是因为”的区别

在“之所以……是因为……”和“之所以……是由于……”句式中，“是由于”与“是因为”之间存在一定的差异。

4.2.1 口语与书面语的不同

“是因为”口语色彩较浓，“是由于”书面语色彩较浓。具体表现在：对话语体中，我们只发现使用“是因为”的例句，没有一例“是由于”。例如：

(24) 之所以选择凌晨动手，是因为福安当地人喜欢过夜生活，大排档散得都比较晚，有时一两点钟还有人在街上吃夜宵，行动早了，围观的人多了，再有人提前通风报信，那整个行动就得泡汤……(电视节目《对话》，《女记者与大毒枭刘招华面对面》)

(25) 之所以希腊文明它能够发展出这样的一套体系，是因为他们那个地方土地不肥沃。(电视节目《对话》，《梁冬对话王东岳》)

除了典型的自然口语会话之外，在书面语的人物对话中，“因标"使用的也几乎都是"是因为"。例如：

(26) 拉拉解释说："我之所以不要求背景调查，马上推翻他，是因为他的沟通技巧挺成问题。"(李可《杜拉拉升职记》)

(27) 拉拉笑道："没问题。不过，我之所以指出来，是因为我观察到你有个特点，你自己想谈工作的时候，你会不管老板或者别的部门的同事已经要下班了，敲敲门就进去了。"(李可《杜拉拉升职记》)

这主要与"因为"和"由于"的语体色彩有关。"因为"的口语语体色彩较浓，"由于"的书面语体色彩较浓，导致附缀结构"是因为"和"是由于"在语体上也存在一定的区别。

4.2.2 主观性与客观性的差异

"之所以……是因为……"和"之所以……是由于……"属于回溯推理模式，与发话人的主观性有较为紧密的联系，因此句式中经常会出现带有表达主观性的词语。例如：

(28) 他在轮船上听到两个旅客谈话，说是杭州雷峰塔之所以倒掉，是因为乡下人迷信那塔砖放在自己的家中，凡事都必平安，如意，逢凶化吉，于是这个也挖，那个也挖，挖之久久，便倒了。(鲁迅《坟》)

(29) 大家之所以不愿费那么大气力，是因为这个著作干燥、晦涩、不合乎现有的一切概念，尤其是过于冗长。(康德著，庞景仁译《未来形而上学导论》)

例(28)中"说是"是传信标记，例(29)中"愿(意)"是典型的情态动词，这些都与发话人的主观性表达紧密相连，出现在这一回溯推理模式中，更能增强主观性的表达效果。

李晋霞(2015)指出，"因为"比"由于"更倾向于用于主观域，"因为"比"由于"更主观。这可以从"是因为"与"是由于"的用频统计中看出，在我们检索到的有效例句中，"是因为"与"是由于"

的用例比例为：5.2∶1。且肖奚强、王灿龙(2008)在考察“之所以”的篇章功能时，指出：“967 个有效用例中，‘是因为’有 304 句”，关键是“‘是因为’间或也可说成‘是由于’”，说明“是由于”的用例要少于“是因为”。肖奚强、王灿龙(2008)的论述可以作为本章的一个旁证。例如：

(30) “我”之所以会和假相分开，是因为我想“变成”什么。(电视节目《对话》，《超越时空》)

(31) “关门”本可以避免，总统和其国会中的对手之所以让政府陷入半关闭状态，是因为他们认为，至少在目前，与政府事务相比，他们更迫切需要维护自己的形象和地位。(《人民日报》1995 年 11 月 18 日)

上述例句中，“会”“想”“认为”等都有很强的主观性，与“是因为”的主观倾向相符。当然，“是因为”与主观性联系紧密是一种倾向，而非绝对的规律。

4.3　有无前附缀“是”的表达功用差异

4.3.1　语篇衔接度差异

组织语篇时，除了要考虑信息内容的传递之外，还需要考虑语篇的衔接与连贯。前附缀“是”的有无，会对语篇的连贯性产生一定的影响。试比较：

(32) 我之所以不见她，是由于我们之间的某个神秘的误会，纯粹是莫须有的误会。(马塞尔·普鲁斯特著，李恒基、桂裕芳译《追忆似水年华》)

(32′) 我之所以不见她，由于我们之间的某个神秘的误会，纯粹是莫须有的误会。

(33) 我曾经害过猫，平时也常打猫，尤其是在它们配合的时候。但我之所以打的原因并非因为它们配合，是因为它们嚷，嚷到使我睡不着，我以为配合是不必这样大嚷而

特嚷的。(鲁迅《兔和猫》)

(33′) 我之所以打的原因并非因为它们配合,因为它们嚷,嚷到使我睡不着。

与例(32)和例(33)相比,省去前附缀"是"的例(32′)和例(33′)语篇衔接度明显要低。究其原因,主要与"是"的系连功能有关。判断词"是"的功用之一在于系连判断成分与被判断成分,前附缀"是"虽然发生了一定程度的语法化,但仍保留着"是"的系连功用。因此,前附缀"是"不出现时,语篇的衔接度要差一些。

4.3.2 格式整齐性差别

除了语篇衔接有所差异之外,句式的整齐性也有所差异。"之所以"是"果标",使用的是三字格形式,在这一句式中,如果使用"因为"或"由于",句式韵律整齐度有所下降。原因正如柯航(2018)所说的,"在汉语中,音节的数目也是影响声韵和谐的重要因素之一。"如上述例(32′)和例(33′)。再比较:

(34) 他们之所以称为法术之士,是因为他们提出了治理大国的法术。(冯友兰《中国哲学简史》)

(34′) 他们之所以称为法术之士,因为他们提出了治理大国的法术。

(35) 区桃之所以显得特别动人,是由于她的头发既没有涂油,又没有很在意地梳过。(欧阳山《三家巷》)

(35′) 区桃之所以显得特别动人,由于她的头发既没有涂油,又没有很在意地梳过。

4.3.3 主客观性的趋同

前附缀"是"缩小了"因为"和"由于"的主客观性差异。"是"表判断时,具有很强的主观性,是发话人或行为主体基于自身的主观视角来判断的。在"之所以……是因为……"和"之所以……是由于……"句式中,"是"的判断义发生了一定程度的漂白,但按照语法化的"语义俯瞰"原则(储泽祥、谢晓明 2002),"是"的主观性会有保留。这样，“是”的依附使得“因为”与“由于”二者之间的主客观性差异有所减弱，二者的主观表达出现了一定的趋同，导致相当数量“是由于”也可以出现在主观性较强的句子中，可以和“是因为”互换使用。[①] 试比较：

(36) 代表们认为，英方之所以采取破坏会谈的举措，是由于英国尚余一股殖民势力，这些人不甘心将香港在1997年7月1日交还给中国。(《人民日报》1993年12月9日)

(36′) 代表们认为，英方之所以采取破坏会谈的举措，是因为英国尚余一股殖民势力，这些人不甘心将香港在1997年7月1日交还给中国。

(37) 台湾的马拉松水平之所以低下，是由于选手缺乏艰苦奋斗的精神及科学训练，另外缺乏高水平的教练员也是其水平落后的原因。(《人民日报》1994年1月14日)

(37′) 台湾的马拉松水平之所以低下，是因为选手缺乏艰苦奋斗的精神及科学训练，另外缺乏高水平的教练员也是其水平落后的原因。

例(36)中，行为主体“代表们”主观上“认为”事件发生的原因是“英国尚余一股殖民势力”，例(37)中，发话人“我”主观上认为“选手”与“教练员”是造成“台湾马拉松水平低下”的原因。不论是例(36)还是例(37)，句法形式上都出现了主观性较强的表达形式，如“认为”“要”，表明“因标”的内容都是行为主体基于一事实而得出的具有主观推论性的原因，两个例句中的“是由于”都可以替换成“是因为”。

---

① 制约“是因为”和“是由于”互换使用的因素较多，笔者不打算全部考察，具体请参阅李晋霞(2015)。

五、前附缀“是”与后附缀“是”的异同

通过本章与前面章节可以看出，前附缀“是”与后附缀“是”之间存在一定的异同。我们分别加以说明。

二者的相同点主要表现在以下几个方面：

第一，从韵律方面来看，前附缀“是”与后附缀“是”都失去了独立性，韵律上都不自足，都需要依附于一定的重音单位，比如前附缀“是”需要依附于“因为”或“由于”，后附缀“是”需要依附于“遗憾的”“可能”等。

第二，从句法方面来看，不论是前附缀“是”还是后附缀“是”，都失去了判断词或副词的典型范畴特征，比如都不能被副词“不”修饰，且句法结构与韵律结构都发生了错配。

第三，从语音上来看，附缀“是”都失去了重音，都发生了弱化轻读。

第四，从语用方面来看，前附缀“是”与后附缀“是”都具有一定的系连功能，符合“联系项居中”原则。

二者的差异主要体现在以下几个方面：

第一，从可依附的宿主类型的数量上看，前附缀“是”可以依附的宿主类型比后附缀“是”可以依附的宿主类型要少得多。后附缀“是”不仅依附的宿主类型较多，既可以依附于“一价认知名词”，也可以依附于情态动词，还可以依附于区别词、副词、连词，甚至可以依附于“的”字结构，而且宿主的数量也是较为庞大的。而据我们考察，前附缀“是”依附的宿主主要是“为了”“因为”和“由于”等三个。

第二，从附缀与宿主的粘合程度来看，前附缀“是”与宿主的粘合度比后附缀“是”与宿主的粘合度要低得多。不论是前附缀“是”还是后附缀“是”，都失去了自身的逻辑重音，需要依附于一定的重音单位，由于与宿主前后位置的不同，导致附缀“是”与宿

主的整合度存在差异，即“X 是”的成词可能性要大于“是 X”，原因正如吴为善（2006：27－28）所说的，前置单音节具有相对的独立性，而后置单音节则具有粘附性。

第三，从错配类型方面来看，前附缀“是”属于层次错配，而后附缀“是”属于方向错配。严艳群（2013：52－58）归纳了汉语中的四种错配类型，与附缀“是”有关的主要是层次错配和方向错配。前附缀“是”句法上属于整个释因句，而韵律上则与其后的宿主“因为”或“由于”关系紧密，这样造成了句法与韵律的层次性错配（如图 10－2）。后附缀“是”句法上属于紧接其后的句子 S_2，而韵律上则与其前的宿主“X”关系紧密，这样造成了句法与韵律的方向错配（如图 10－3）。分别图式如下：

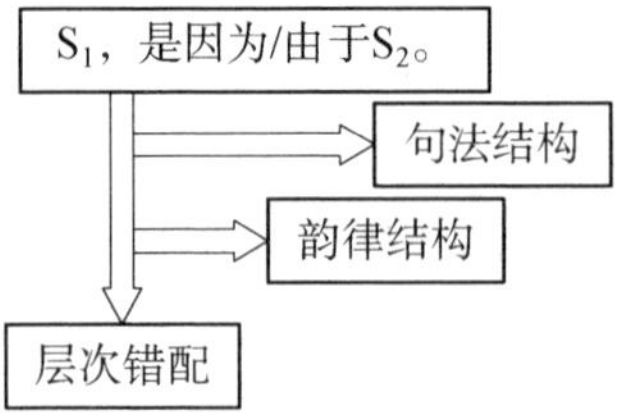

图 10－2

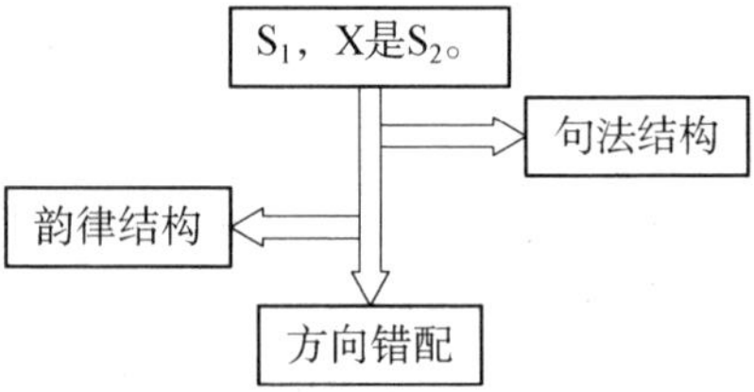

图 10－3

六、本章小结

“之所以……是因为……”和“之所以……是由于……”是现代汉语中用频较高的句式，是一种从果到因的回溯推理模式。“是因为”和“是由于”满足句位紧邻、三音节音步、语义较虚、处于句首位置和用频增多等条件，可能固化成词。但由于依赖特定的句式语境和受超音步等因素的影响，“是因为”和“是由于”还未完全成为词汇词，是附缀结构，“是”是一个前附缀。“是因为”和“是由于”处于跨层片段到词汇词的过渡阶段。

结语和思考

同印欧语相比，汉语缺乏严格意义上的形态变化，属于意合型的语言。因此，语序和虚词对汉语而言就显得尤为重要。作为从词到词缀过渡阶段的附缀，在以往的汉语研究中较少为人关注。相比国外丰硕的研究成果，国内附缀研究应该说是十分薄弱，这方面的成果可以说是寥寥无几。

本书基于汉语实际类型特征，从汉语实际用例出发，采取共时与历时、描写与解释、定量与定性相结合的方法，主要在附缀化理论的基础上，结合语法化、词汇化、主观化、构式化以及韵律句法等相关理论，对现代汉语中的附缀“是”进行了较为系统的研究。

一、核心观点与创新之处

本书的核心观点与创新之处主要表现在以下五个方面：

第一，植根汉语类型，提出附缀“是”的判定标准。

植根于汉语类型特征，本书从不同方面对附缀“是”进行了分析，提出了一定的标准，为判定这类既像词又像词缀的“是”提供了一定的参考。将附缀“是”与判断词、副词和词缀进行了区分，尝试从语音、韵律、句法、语义和语用等不同层面对附缀“是”的性质特征加以归纳。结合原型理论，区分了典型附缀“是”与非典型附缀“是”，指出现代汉语中存在准附缀“是”。

第二，基于不同情形，归纳附缀“是”的不同来源。

语言是社会的产物，随着不同民族之间的交往和接触，语言也会发生变化。语言的发展变化，除了自身内部因素影响之外，还有可能受到语言接触等外部因素的制约。现代汉语中的附缀“是”，主要来自于汉语自身的渐变演化，是由判断词或副词逐步演化而来的，符合“一般语法化”的相关特征。除此之外，还有部分附缀“是”属于语言的突变产生，是将成熟的附缀“是”直接类推依附到别的宿主之上，符合“类比语法化”的相关标准。

第三，根据语言规律，探寻附缀“是”的发展演化。

按照语法化单向性演化规律，结合汉语实际类型特征，附缀“是”多数都走向了词缀。附缀“是”与其前面或后面的宿主“X”一起经历了韵律词和语法词的阶段之后，最终融合成为一个词汇词。但是，考虑到韵律因素的制约和影响，附缀“是”也有可能走向脱落，成为一个零形式，但会留有一定的语迹。附缀“是”脱落以后，可能会对宿主造成影响，使之失去原先词类的典型范畴特征，甚至导致宿主的词类发生转化。

第四，立足动态视角，考察附缀“是”的表达功用。

从羡余的角度来看，有无附缀“是”在句法和语义等方面不会造成显著的变化，但会对语用表达产生影响。附缀“是”的不出现，主要会在互有关联的句子顺畅、命题真实、主观评价、传信表达、标记功能和意志语气等六个方面带来一定的影响，具体表现为：句子顺畅度降低、命题真实性减弱、主观评价度弱化、传信表达性减轻、标记功能的丧失和意志语气的淡化。随着语法化程度的增强，附缀“是”从基本功能羡余成分发展为完全羡余成分。

第五，结合依附方向，分析不同类型的附缀“是”。

附缀失去自身的独立性，需要依附于一定的宿主，既可以前附于宿主，也可以后附于宿主，相比而言，后附宿主的情形占绝大多数。从整体上看，现代汉语附缀“是”以后附于宿主“X”的用例居多，与宿主组成附缀结构“X 是”。此外，附缀“是”还可以前附于一定的宿主，与宿主组成附缀结构“是 X”。不论前附还是后附，主要是由于韵律结构与句法结构的错配导致的。

二、研究不足和未来展望

本书通过个案研究的范式对附缀“是”进行了力所能及的考察和分析，取得了一定的成果。与此同时，由于学识、能力、精力和时间有限，本书仍然存在一定的不足和缺陷，值得今后进一步深入研究。

第一，缺乏类型学视野。本书分析完全基于汉语事实，力图从不同角度对附缀“是”进行考察，并没有结合其他类型特征的语言，比如英语中的系动词 's、'm 等。因此，我们需要把附缀“是”的研究放到世界语言中去，一方面能够看到汉语中附缀“是”的“殊相”，另一方面也能为探寻语言的“共相”提供一定的参考。

第二，未能结合方言。本书语料的收集和整理，完全是从共同语出发的，没有结合其他方言区的用例。西方语言学界对于附缀的研究，很大一部分语料来自于方言（Spencer & Luís 2012），汉语中部分成果（严艳群 2013；董思聪 2014）考察了不同方言区的附缀，但与丰富的方言现象相比，这方面的研究明显不足。因此，我们需要结合方言中的附缀“是”来深化相关研究。

第三，没有考察真实口语用例。口语语体和书面语语体属于两类不同的语体，其使用方式和语法规律必然存在一定的差异。除了部分章节之外，本书所用语料全部来自书面语，并未考察附缀“是”在实际口语中的使用情况。因此，我们今后对于附缀“是”

的研究需要结合真实口语用例。

第四，欠缺深入考察宿主与附缀“是”之间的互动关系。附缀“是”语音上失去了自身的逻辑重音，需要依附于一定的重音单位。这样看来，附缀“是”与其依附的宿主之间存在着一定的互动关系：一方面，宿主音节数的多少、宿主的词性和宿主的词汇义等都会影响到附缀“是”的发展演化；另一方面，附缀“是”的有无、典型度的高低以及不同的来源等也会影响到宿主的发展变化。本书对这方面的研究较为粗浅，需要进一步深入挖掘。

正是由于本书存在着一定的局限和不足，为未来的进一步研究指明了方向。与此同时，也说明汉语中的附缀研究有着广阔的空间，值得越来越多的学者投入到这块领域中来。

参考文献

[1] 巴丹.现代汉语评注性副词篇章衔接功能研究[D].上海师范大学博士学位论文,2018。

[2] 白鸽、刘丹青、王芳、严艳群.北京话代词“人”的前附缀化——兼及“人”的附缀化在其他方言中的平行表现[J].语言科学,2012(4):377-385。

[3] 曹秀玲.“说”和“是”与关联词语组合浅谈[J].中国语文,2012(5):437-446。

[4] 曹秀玲、辛慧.话语标记的多源性与非排他性——以汉语超预期话语标记为例[J].语言科学,2012(3):254-262。

[5] 曹秀玲.汉语话语标记多视角研究[M].北京:中国社会科学出版社,2016。

[6] 陈宝勤.汉语词汇的生成与演化[M].北京:商务印书馆,2011。

[7] 陈光磊.汉语词法论[M].上海:学林出版社,1994。

[8] 陈景元、周国光.主位型评价结构“X的是”及其评价功能[J].社会科学论坛,2009(12):151-154。

[9] 陈亚恒、陈慧.连词“之所以”的有关问题[J].天中学刊,2007(6):96-98。

[10] 陈振宇、杜克华.意外范畴:关于感叹、疑问、否定之间的语用迁移的研究[J].当代修辞学,2015(5):71-79。

[11] 陈振宇、陈振宁.为什么“不、没(有)$_2$、别”是副词而不是附缀——汉语

句子结构的类型[A],《语言研究集刊》(第十四辑)[C]. 上海：上海辞书出版社,2015。
[12] 储泽祥. 现代汉语后缀语助词的数排式[J]. 湖北大学学报(哲学社会科学版),1995(6)：108-115。
[13] 储泽祥. “连用”手段下的多项 NP [J]. 中国语文,1999(2)：108-115。
[14] 储泽祥、谢晓明. 汉语语法化研究中应重视的若干问题[J]. 世界汉语教学,2002(3)：5-11。
[15] 丁声树等. 现代汉语语法讲话[M]. 北京：商务印书馆,2002。
[16] 董思聪、张磊.《语缀导论》述介[J]. 当代语言学,2016(3)：457-460。
[17] 董思聪. 汉语语缀：理论问题与个案分析[D]. 澳门大学博士学位论文,2014。
[18] 董思聪、黄居仁. 重庆方言的语缀“之”及语缀的分类问题[A],《语言学论丛》(第五十九辑)[C]. 北京：商务印书馆,2019。
[19] 董秀芳. 跨层结构的形成与语言系统的调整[J]. 河北师范大学学报(社会科学版),1997(3)：83-86。
[20] 董秀芳. “是”的进一步语法化：由虚词到词内成分[J]. 当代语言学,2004(1)：35-43。
[21] 董秀芳. 从虚词到词缀的转化：谈汉语虚语素的内部分类[A],《汉语史研究集刊》(第七辑)[C]. 成都：巴蜀书社,2004。
[22] 董秀芳. 词汇化与话语标记的形成[J]. 世界汉语教学,2007(1)：50-60。
[23] 董秀芳. 词汇化：汉语双音词的衍生与发展(修订本)[M]. 北京：商务印书馆,2011。
[24] 董秀芳. 2+1 式三音节复合词构成中的一些问题[J]. 汉语学习,2014(6)：3-9。
[25] 董秀芳. 汉语的词库与词法(第二版)[M]. 北京：北京大学出版社,2016。
[26] 董正存. 结构省缩与情态依附——以让步条件结构式为例[J]. 世界汉语教学,2016(5)：456-467。
[27] 董正存. 汉语中约量到可能认识情态的语义演变——以“多半”为例[J]. 中国语文,2017(1)：63-72。

[28] 董正存. 从结构式增扩看高程度义结构式“最/再 A 不过”的产生[J]. 古汉语研究,2018(4): 50 - 63。

[29] 戴耀晶. 语义缀和语法缀——英语词缀性质浅析[A],《戴耀晶语言学论文集》[C]. 上海: 复旦大学出版社,2017。

[30] 段丽. 汉语系词“是”的主观化研究[D]. 西南大学硕士学位论文,2009。

[31] 端木三. 重音理论和汉语的词长选择[J]. 中国语文,1999(4): 246 - 253。

[32] 端木三. 汉语的节奏[J]. 当代语言学,2000(4): 203 - 208。

[33] 端木三. 重音、信息和语言的分类[J]. 语言科学,2007(5): 3 - 14。

[34] 端木三. 重音理论及汉语重音现象[J]. 当代语言学,2014(3): 288 - 299。

[35] 方梅. 汉语对比焦点的句法表现手段[J]. 中国语文,1995(4): 279 - 287。

[36] 方梅. 认证义谓宾动词的虚化——从谓宾动词到语用标记[J]. 中国语文,2005(6): 495 - 506。

[37] 方清明、彭小川. 论“问题”的组配能力与临时概念化能力[J]. 语言科学,2011(4): 385 - 394。

[38] 方清明. 论现代汉语“XP 的是,Y”有标格式[J]. 语言教学与研究,2012(1): 44 - 50。

[39] 方清明. 现代汉语副词连用频率考察[J]. 汉语学报,2012(3): 87 - 94。

[40] 方清明. 论汉语叙实性语用标记“实际上”——兼与“事实上、其实”比较[J]. 语言教学与研究,2013(4): 91 - 98。

[41] 冯春田、梁苑、杨淑敏. 王力语言学词典[Z]. 济南: 山东教育出版社,1995。

[42] 冯光武. 汉语语用标记语的语义、语用分析[J]. 现代外语,2004(1): 24 -31。

[43] 冯光武. 语用标记语和语义/语用界面[J]. 现代外语,2005(3): 1 - 9。

[44] 冯胜利. 论汉语的“韵律词”[J]. 中国社会科学,1996(1): 161 - 176。

[45] 冯胜利. 韵律语法理论与汉语研究[J]. 语言科学,2007(2): 48 - 58。

[46] 冯胜利. 汉语的韵律、词法与句法(修订本)[M]. 北京: 北京大学出版社,2009。

[47] 冯胜利.汉语韵律句法学(增订本)[M].北京：商务印书馆，2013。
[48] 冯胜利.汉语句法、重音、语调相互作用的语法效应[J].语言教学与研究，2017(3)：1－15。
[49] 丰烨."是"的语义类别研究[D].华东师范大学硕士学位论文，2009。
[50] 高育花.揣测类语气副词"X 必"的词汇化与主观化[A]，载《汉语副词研究论集(二)》[C].上海：上海三联书店，2015。
[51] 高再兰.论小句标记"之所以"的多功能性[J].汉语学报，2017(4)：16－25。
[52] 葛本仪.现代汉语词汇学[M].济南：山东大学出版社，2001。
[53] 郭中.现代汉语复句关联标记模式的类别研究[D].华中师范大学博士学位论文，2013。
[54] 韩启振.类比语法化——再论"说不准"的语义演变[J].河北科技师范学院学报(社会科学版)，2013(3)：16－20。
[55] 韩启振.连词"就算"的形成[J].语文建设，2014(5)：70－71。
[56] 何伟、滑雪.现代汉语"是"字的功能研究[J].外语学刊，2013(1)：51－59。
[57] 何文彬.现代汉语"是"字强调句研究[M].北京：中国社会科学出版社，2012。
[58] 贺阳.汉语完句成分试探[J].语言教学与研究，1994(4)：26－38。
[59] 贺阳.现代汉语欧化语法现象研究[M].北京：商务印书馆，2008。
[60] 侯学超.现代汉语虚词词典[Z].北京：北京大学出版社，1999。
[61] 胡承佼.含警醒义成分的"一不 X"的功能表现及发展动因[J].语文研究，2017(4)：34－41。
[62] 胡承佼.意外范畴与现代汉语意外范畴的实现形式[J].华文教学与研究，2018(1)：58－67。
[63] 胡裕树、范晓主编.动词研究[M].开封：河南大学出版社，1995。
[64] 黄理兵.从"是"看联系项的作用[J].汉语学报，2015(1)：19－25。
[65] 胡伟.上古至西汉判断动词"是"的产生与发展[J].广州大学学报(社会科学版)，2013(1)：76－81。
[66] 胡文彬."抽象名词＋上"的附缀化现象研究[D].华中师范大学硕士学位论文，2014。

[67] 汲传波. 强调范畴及其若干句法研究[M]. 北京：北京大学出版社，2015。
[68] 贾彦德. 汉语语义学[M]. 北京：北京大学出版社，2010。
[69] 江蓝生. 语法化程度的语音表现[A]，《著名中年语法学家自选集——江蓝生卷》[C]. 合肥：安徽教育出版社，2002。
[70] 江蓝生. 跨层非短语结构"的话"的词汇化[J]. 中国语文，2004(5)：387 - 399。
[71] 江蓝生. 概念叠加与构式整合——肯定否定不对称的解释[J]. 中国语文，2008(6)：483 - 497。
[72] 江蓝生. 超常组合与语义羡余——汉语语法化诱因新探[J]. 中国语文，2016(5)：515 - 525。
[73] 蒋绍愚. 近代汉语研究概况[M]. 北京：北京大学出版社，1994。
[74] 蒋绍愚. 词义变化与句法变化[J]. 苏州大学学报(哲学社会科学版)，2013(1)：132 - 144。
[75] 姜望琪. Zipf 与省力原则[J]. 同济大学学报(社会科学版)，2005(1)：87 - 94。
[76] 金立鑫. 语法分布描写方法与案例[M]. 北京：北京大学出版社，2020。
[77] 金艳芳. 现代汉语评注性话语标记"X 的是"多角度研究[D]. 上海师范大学硕士学位论文，2020。
[78] 柯航. 韵律和语法[M]. 上海：学林出版社，2018。
[79] 科姆里. 语言共性和语言类型(沈家煊译)[M]. 北京：华夏出版社，1989。
[80] 旷书文. 论"程度副语素＋为/是"的语法化[J]. 暨南大学华文学院学报，2005(5)：58 - 66。
[81] 雷冬平、胡丽珍. 论副词"特为"形成的突变与渐变及相关问题[A]，《汉语史研究集刊》(第二十三辑)[C]. 成都：巴蜀书社，2017。
[82] 黎锦熙. 新著国语文法[M]. 北京：商务印书馆，2001。
[83] 李晋霞、刘云. 从"如果"与"如果说"的差异看"说"的传信义[J]. 语言科学，2003(3)：59 - 69。
[84] 李晋霞、王忠玲. 论"因为""所以"单用时的选择倾向与使用差异[J]. 语言研究，2013(1)：19 - 25。

[85] 李晋霞.相似复句关系词语对比研究[M].北京：中国社会科学出版社,2015。
[86] 李丽娟.现代汉语中"X的是"类话语标记语研究[D].华中师范大学硕士学位论文,2010。
[87] 李临定.现代汉语句型(增订本)[M].北京：商务印书馆,2011。
[88] 李思旭.试论双音化在语法化中双重作用的句法位置[J].世界汉语教学,2011(2)：193-205。
[89] 李思旭.从词汇化、语法化看话语标记的形成——兼谈话语标记的来源问题[J].世界汉语教学,2012(3)：322-335。
[90] 李思旭.三音节固化词语"X不是"的表义倾向及词汇化[J].世界汉语教学,2017(1)：71-83。
[91] 李小军.虚词衍生过程中的语音弱化——以汉语语气词为例[J].语言科学,2011(4)：353-363。
[92] 李小军.语法化演变中音变对义变的影响[J].汉语学报,2014(2)：54-62。
[93] 李小军.汉语语法化演变中的音变模式——附论音义互动关系[A],《语言学论丛》(第五十一辑)[C].北京,商务印书馆,2015。
[94] 李艳军.现代汉语"X+是"组合研究[D].延边大学硕士学位论文,2010。
[95] 李宗江.副词"倒"及相关副词的语义功能和历时演变[J].汉语学报,2005(1)：33-39。
[96] 李宗江.表达负面评价的语用标记"问题是"[J].中国语文,2008(5)：423-426。
[97] 李宗江.说"看来""想来""说来"的虚化和主观化[A],《汉语史学报(七)》[C].上海：上海教育出版社,2008。
[98] 李宗江.关于语法化机制研究的几点看法[A],载《语法化与语法研究(四)》[C].北京：商务印书馆,2009。
[99] 李宗江."关键是"的篇章功能及其词汇化倾向[J].语文研究,2011(3)：40-43。
[100] 李宗江."A的是"短语的特殊功能[J].汉语学习,2012(4)：22-28。
[101] 李宗江.近代汉语评价性语用标记及其向现代的演变[J].语言研究,

2014(1)：81－85。
［102］李宗江、王慧兰．汉语新虚词［M］．上海：上海教育出版社，2012。
［103］梁银峰．汉语系词“是”的形成机制［J］．语言研究，2012(2)：43－49。
［104］廖秋忠．现代汉语篇章中的连接成分［A］，载《廖秋忠文集》［C］．北京：北京语言学院出版社，1992。
［105］刘丹青．语法化中的更新、强化与叠加［J］．语言研究，2001(3)：71－81。
［106］刘丹青．语序类型学与介词理论［M］．北京：商务印书馆，2003。
［107］刘丹青．重新分析的无标化解释［J］．世界汉语教学，2008(1)：5－17。
［108］刘丹青．语法研究调查手册(第二版)［M］．上海：上海教育出版社，2017。
［109］刘菲露．“是”类标记语的元话语功能探讨［J］．湖州师范学院学报，2016(2)：88－94。
［110］刘红妮．汉语非句法结构的词汇化［D］．上海师范大学博士学位论文，2009。
［111］刘红妮．词汇化与语法化［J］．当代语言学，2010(1)：53－60。
［112］刘惠慧．现代汉语揣测语气副词“别是”的多维研究［D］．湘潭大学硕士学位论文，2012。
［113］刘坚、曹广顺、吴福祥．论诱发汉语词汇语法化的若干因素［J］．中国语文，1995(3)：161－169。
［114］刘月华、潘文娱等．实用现代汉语语法［M］．北京：商务印书馆，2012。
［115］刘正光．语言非范畴化：语言范畴化理论的重要组成部分［M］．上海：上海外语教育出版社，2006。
［116］刘志富、李丽娟．表示责怨的“X也是(的)”［J］．语言教学与研究，2013(6)：81－88。
［117］刘志富、李丽娟．“真是/也是”语法化相关问题讨论［J］．三峡大学学报(人文社会科学版)，2013(6)：51－55。
［118］龙国富．跨层构式语法化与句法创新——北京话连词“只要是、就算是、虽说是”历史演变［J］．玉溪师范学院学报，2018(2)：22－32。
［119］陆丙甫、蔡振光．“组块”与语言结构难度［J］．世界汉语教学，2009(1)：3－14。

[120] 陆丙甫.汉语的认知心理研究[M].北京：商务印书馆，2010。

[121] 陆丙甫、金立鑫.语言类型学教程[M].北京：北京大学出版社，2015。

[122] 陆丙甫、曹琳琳.“浴缸效应”与多音节词音节时长[J].汉语学习，2017(1)：3-10。

[123] 陆丙甫、完权.附缀的分布与黏着性[J].解放军外国语学院学报，2020(4)：44-52。

[124] 陆俭明、沈阳.汉语和汉语研究十五讲[M].北京：北京大学出版社，2011。

[125] 陆志韦.北京话单音节词汇[M].北京：人民出版社，1951。

[126] 罗耀华.副词化、词汇化与语法化——语气副词探微[M].武汉：华中师范大学出版社，2015。

[127] 吕佩.现代汉语粘着短语“主要是”的特征及其表达功用[J].华文教学与研究，2018(3)：47-53。

[128] 吕佩、吕俊.试论“V了等于没V”的构式义及其语用功能[J].柳州职业技术学院学报，2018(5)：81-87。

[129] 吕佩.现代汉语附缀“是”及汉语附缀判定原则[A]，《励耘语言学刊》(第三十一辑)[C].北京：中华书局，2019。

[130] 吕佩.论“$N_{一价认知}$+是”的构式化及其构式化程度——兼论构件成分“是”的附缀化[J].语言研究，2020(2)：69-76。

[131] 吕佩.附缀“是”前置于关联连词宿主“因为”和“由于”[A]，《对外汉语研究》(第二十二期)[C].北京：商务印书馆，2020。

[132] 吕佩.从语言接触、自身演化和物性角色看“$N_{一价认知}$+是”[J].新疆大学学报(哲学·人文社会科学版)，2021(4)：151-157。

[133] 吕佩.从类比语法化的角度看后附缀“是”[A]，《语言学论丛》[C].(待刊)。

[134] 吕叔湘.现代汉语单双音节问题初探[A]，《汉语语法论文集(增订本)》[C].北京：商务印书馆，2002。

[135] 吕叔湘.关于“语言单位的同一性”等等[A]，《汉语语法论文集(增订本)》[C].北京：商务印书馆，1995/2002。

[136] 吕叔湘.现代汉语八百词[Z].北京：商务印书馆，1980。

[137] 吕叔湘、朱德熙.语法修辞讲话[M].北京：商务印书馆，2013。

[138] 吕叔湘. 中国文法要略[M]. 北京：商务印书馆，2014。
[139] 吕叔湘. 汉语语法分析问题[M]. 北京：商务印书馆，2017。
[140] 马贝加、蔡嵘. 系词“是”的语法化[J]. 古汉语研究，2006(5)：57－61。
[141] 马真. 现代汉语虚词研究方法论(修订本)[M]. 北京：商务印书馆，2016。
[142] 马真、陆俭明. 现代汉语虚词散论(第三版)[M]. 北京：北京大学出版社，2017。
[143] 毛志刚. “之所以”语法化的历程、动因与机制[J]. 周口师范学院学报，2008(6)：50－54。
[144] 牛保义. 构式语法理论研究[M]. 上海：上海外语教育出版社，2012。
[145] 潘春艳. 汉语特殊比较标记“尤其(是)”的功能研究[D]. 华东师范大学硕士学位论文，2013。
[146] 潘悟云. 汉语否定词考源——兼论虚词考本字的基本方法[J]. 中国语文，2002(4)：302－309。
[147] 潘先军. “不是我说你”的话语标记化[J]. 内蒙古大学学报(哲学社会科学版)，2013(1)：112－116。
[148] 彭利贞. 现代汉语情态研究[M]. 北京：中国社会科学出版社，2007。
[149] 彭睿. “临界环境-语法化项”关系刍议[J]. 语言科学，2008(3)：278－289。
[150] 彭睿. 语法化“扩展”效应及相关理论问题[J]. 汉语学报，2009(1)：50－63。
[151] 彭睿. 临界频率和非临界频率——频率和语法化关系的重新审视[J]. 中国语文，2011(1)：3－17。
[152] 彭睿. 框架、常项和层次——非结构语法化机制再探[J]. 当代语言学，2011(4)：321－334。
[153] 彭睿. 语法化·历时构式语法·构式化——历时形态句法理论方法的演进[J]. 语言教学与研究，2016(2)：14－25。
[154] 彭睿. 同构项变化的方式及其在语法化中的角色[J]. 语言科学，2017(2)：142－155。
[155] 朴惠京. 词汇化形式“高频双音节能愿动词＋说/是”[J]. 世界汉语教学，2011(5)：470－477。

[156] 蒲立本. 古汉语语法刚要(孙景涛译)[M]. 北京：语文出版社，2006。
[157] 祁峰. “X 的是”：从话语标记到焦点标记[J]. 汉语学习，2011(4)：107-111。
[158] 齐沪扬. 语气词与语气系统[M]. 合肥：安徽教育出版社，2002。
[159] 齐沪扬、张谊生、陈昌来. 现代汉语虚词研究综述[M]. 合肥：安徽教育出版社，2002。
[160] 齐沪扬. 语气副词的语用功能分析[J]. 语言教学与研究，2003(1)：62-71。
[161] 祁雯. “X 的是”结构及“的”字确认语气的形成[D]. 上海交通大学硕士学位论文，2013。
[162] 强星娜. 意外范畴研究述评[J]. 语言教学与研究，2017(6)：103-111。
[163] 冉永平. 话语标记语的语用学研究综述[J]. 外语研究，2000(4)：8-13。
[164] 任纪华. 试论话语标记“主要是”的语法化[J]. 佳木斯职业学院学报，2016(3)：336。
[165] 单威. 现代汉语偏离预期表达式研究[D]. 吉林大学博士学位论文，2017。
[166] 尚国文. “X 算”的用法特征及其词汇化[A]，《汉语史学报》(第十三辑)[C]. 上海：上海教育出版社，2013。
[167] 邵洪亮. 汉语句法语义标记词羡余研究[M]. 北京：中国社会科学出版社，2015。
[168] 邵敬敏. 汉语语法专题研究(增订本)[M]. 北京：北京大学出版社，2009。
[169] 邵敬敏、王玲玲. “一不小心 X”构式与反预期主观情态[J]. 语言科学，2016(6)：638-643。
[170] 沈家煊. 语法化研究综观[J]. 外语教学与研究，1994(4)：17-23。
[171] 沈家煊. 不对称和标记论[M]. 南昌：江西教育出版社，1999。
[172] 沈家煊. 语言的“主观性”和“主观化”[J]. 外语教学与研究，2001(4)：268-275。
[173] 沈家煊. 复句三域“行、知、言”[J]. 中国语文，2003(3)：195-203。

[174] 沈家煊. 语用原则、语用推理和语义演变[J]. 外语教学与研究，2004(4)：243-250。

[175] 沈家煊. 跟语法化机制有关的三对概念[A]，《语法化与语法研究(四)》[C]. 北京：商务印书馆，2009。

[176] 施春宏. 句式分析中的构式观及相关理论问题[J]. 汉语学报，2013(2)：23-37。

[177] 施春宏. "招聘"和"求职"：构式压制中双向互动的合力机制[J]. 当代修辞学，2014(2)：1-10。

[178] 施春宏. 形式和意义互动的句式系统研究——互动构式语法探索[M]. 北京：商务印书馆，2018。

[179] 石定栩、韩巍峰. 系词的语法化过程与趋势[J]. 汉语学习，2013(5)：3-10。

[180] 石毓智、徐杰. 汉语史上疑问形式的类型学转变及其机制——焦点标记"是"的产生及其影响[J]. 中国语文，2001(5)：454-464。

[181] 石毓智、李讷. 汉语语法化的历程——形态句法发展的动因和机制[M]. 北京：北京大学出版社，2001。

[182] 石毓智. 汉语发展史上的双音化趋势和动补结构的诞生——语音变化对语法发展的影响[J]. 语言研究，2002(1)：1-13。

[183] 石毓智. 现代汉语语法系统的建立——动补结构的产生及其影响[M]. 北京：北京语言大学出版社，2003。

[184] 石毓智. 判断词"是"构成连词的概念基础[J]. 汉语学习，2005(5)：3-10。

[185] 石毓智. 论判断、焦点、强调与对比之关系——"是"的语法功能和使用条件[J]. 语言研究，2005(6)：43-53。

[186] 石毓智. 语法化理论——基于汉语发展的历史[M]. 上海：上海外语教育出版社，2011。

[187] 孙慧妍. "问题是"的篇章连接作用[J]. 井冈山学院学报(社科版)，2006(9)：66-68。

[188] 孙景涛. 论"一音一义"[A]，《语言学论丛》(第三十一辑)[C]. 北京：商务印书馆，2005。

[189] 孙娟娟. "双音副词性成分＋是"的考察[D]. 上海师范大学硕士学位

论文,2011。
[190] 谭芳芳. 汉英转折范畴比较研究[D]. 上海师范大学博士学位论文,2016。
[191] 太田辰夫. 中国语历史文法(蒋绍愚、徐昌华译)[M]. 北京:北京大学出版社,1987。
[192] 万光荣. 惊讶范畴:类型学研究的新领域[J]. 语言科学,2017(6):638-646。
[193] 完权. 汉语(交互)主观性表达的句法位置[J]. 汉语学习,2017(6):3-11。
[194] 王灿龙. 一个濒于消亡的主观性标记词——想是[J]. 当代语言学,2009(2):35-45。
[195] 王芳. 安阳方言中的语缀“的”[J]. 殷都学刊,2000(2):99-101。
[196] 汪国胜. 湖北大冶方言的语缀[J]. 方言,1993(5):218-227。
[197] 王洪君. 汉语的韵律词与韵律短语[J]. 中国语文,2000(6):525-536。
[198] 王洪君. 普通话中节律边界与节律模式、语法、语用的关联[A],《语言学论丛》(第二十六辑)[C]. 北京:商务印书馆,2002。
[199] 王洪君. 试论汉语的节奏类型——松紧型[J]. 语言科学,2004(3):21-27。
[200] 王洪君. 试论现代汉语的类词缀[J]. 语言科学,2005(5):3-15。
[201] 王慧兰. “于是”的词汇化——兼谈连词词汇化过程中的代词并入现象[A],《语法化与语法研究(三)》[C]. 北京:商务印书馆,2007。
[202] 王力. 中国文法中的系词[J]. 清华大学学报,1937(1):1-67。
[203] 王力. 汉语史稿[M]. 北京:中华书局,1980。
[204] 王力. 中国现代语法[M]. 北京:商务印书馆,1985。
[205] 王力. 汉语语法史[M]. 北京:商务印书馆,1989。
[206] 王林哲. 现代汉语意外情态范畴研究[D]. 上海师范大学博士学位论文,2018。
[207] 王晓凌. 非现实语义研究[M]. 上海:学林出版社,2009。
[208] 汪泰荣. “……之所以……,是因为……”句式新探[J]. 江西师范大学学报,2004(3):72-77。

[209] 汪维辉、胡波.汉语史研究中的语料使用问题——兼论系词“是”发展成熟的时代[J].中国语文,2013(4):359-369。
[210] 王兴才.关于“之所以”[J].汉语学报,2007(4):34-40。
[211] 王兴才.“之所以”词汇化质疑[J].古汉语研究,2009(1):43-48。
[212] 王兴才.“之所以”有关问题再讨论[J].古汉语研究,2014(3):39-45。
[213] 王艺文.“X+的是”话语标记语研究[D].暨南大学硕士学位论文,2016。
[214] 王寅.构式语法研究(上卷):理论思索[M].上海:上海外语教育出版社,2011。
[215] 王志英.“不是X,而是Y”构式的元语否定功能[J].学术探讨,2013(6):74-76。
[216] 温素平.作为焦点标记词的“是”分析——兼论“很是”、“最是”[J].焦作师范高等专科学校学报,2010(2):15-17。
[217] 吴福祥.关于语法化的单向性问题[J].当代语言学,2003(5):307-319。
[218] 吴福祥.试说“X不比Y·Z”的语用功能[J].中国语文,2004(3):222-230。
[219] 吴福祥.汉语语法化演变的几个类型学特征[J].中国语文,2005(6):483-492。
[220] 吴福祥.语法化演变的共相与殊相[A],《语法化与语法研究(二)》[C].北京:商务印书馆,2005。
[221] 吴福祥.关于语言接触引发的演变[J].民族语文,2007(2):3-21。
[222] 吴福祥.历时句法学理论与汉语历史语法研究[A],《当代语言学理论和汉语研究》[C].北京:商务印书馆,2008。
[223] 吴福祥.关于语法演变的机制[J].古汉语研究,2013(5):59-70。
[224] 吴福祥.语言接触与语法复制[J].百色学院学报,2013(5):40-49。
[225] 吴福祥.语言接触和语义复制——关于接触引发的语义演变[J].苏州大学学报(哲学社会科学版),2014(1):113-118。
[226] 吴福祥.近代汉语语法[M].北京:中国社会科学出版社,2015。
[227] 武荣强、赵军.“最”的语法化和主观化[J].湖南科技学院学报,2006

(6)：156－160。
[228] 武天骄.“只要”的历时考及演变机制[J].河北工程大学学报(社会科学版),2014(2)：106－108。
[229] 吴为善.论汉语后置单音节的粘附性[J].汉语学习,1989(1)：16－19。
[230] 吴为善.双音化、语法化和韵律词的再分析[J].汉语学习,2003(2)：8－14。
[231] 吴为善.平仄律、轻重音和汉语节律结构中“弱重位”的确认[J].语言研究,2005(3)：90－94。
[232] 吴为善.汉语韵律句法探索[M].上海：学林出版社,2006。
[233] 吴为善.汉语“重轻型”韵律模式的辨义功能及其系统价值[M].上海：学林出版社,2015。
[234] 吴为善.构式语法与汉语构式[M].上海：学林出版社,2016。
[235] 吴耀根、吴为善.汉语双音化效应再探[J].华东师范大学学报(哲学社会科学版),2018(3)：106－112。
[236] 吴芸莉.现代汉语认识情态动词的连用[J].汉语学习,2018(1)：39－48。
[237] 席嘉.“是”表示强调的来源和演化[J].语言研究,2013(4)：58－62。
[238] 向德珍、牛顺心.“最为”与“最是”[J].湛江师范学院学报,2006(5)：57－61。
[239] 肖任飞.现代汉语因果复句优先序列研究[D].华中师范大学博士学位论文,2009。
[240] 肖奚强、王灿龙.“之所以”的词汇化[J].中国语文,2006(6)：531－538。
[241] 肖奚强、王灿龙.“之所以”小句篇章功能论略[J].世界汉语教学,2008(3)：50－57。
[242] 肖奚强、王灿龙.“之所以”词汇化问题辨[J].汉语学报,2010(2)：21－28。
[243] 肖治野.汉语虚词的行域、知域、言域考察[M].杭州：浙江大学出版社,2016。
[244] 邢福义.说“NP了”句式[J].语文研究,1984(3)：21－26。

[245] 邢福义.汉语复句研究[M].北京：商务印书馆，2001。
[246] 邢福义.汉语语法学(修订本)[M].北京：商务印书馆，2016。
[247] 肖娅曼.汉语系词“是”的来源与成因研究[D].四川大学博士学位论文，2003。
[248] 徐杰.词缀少但语缀多——汉语语法特点的重新概括[J].华中师范大学学报(人文社会科学版)，2012(2)：113-118。
[249] 徐赳赳.现代汉语篇章语言学[M].北京：商务印书馆，2010。
[250] 严艳群.汉语中的附缀：语言类型学视角[D].中国社会科学院研究生院博士学位论文，2013。
[251] 杨成凯.高谓语“是”的语序及篇章功能研究[A]，《语法研究及探索(七)》[C].北京：商务印书馆，1995。
[252] 杨德峰.也论副词作状语的易位现象[A]，《现代汉语虚词研究与对外汉语教学》[C].上海：复旦大学出版社，2005。
[253] 杨德峰.也论易位句的特点[J].语言教学与研究，2001(5)：10-16。
[254] 杨炎华.词缀、语缀与现代汉语语法体系[D].华中师范大学博士学位论文，2013。
[255] 杨炎华.“词缀少、语缀多”的内涵及其理论意义[J].华中师范大学学报(人文社会科学版)，2015(2)：97-108。
[256] 姚小鹏.汉语副词连接功能研究[D].上海师范大学博士学位论文，2011。
[257] 叶狂、潘海华.把字句中“给”的句法性质研究[J].外语教学与研究，2014(5)：656-664。
[258] 应学凤.现代汉语黏合结构研究[M].北京：中国社会科学出版社，2020。
[259] 于红举.附着词[J].南开语言学刊，2004(1)：53-58。
[260] 于峻嵘.“幸亏”探源[J].河北师范大学学报(哲学社会科学版)，2005(1)：118-122。
[261] 袁毓林.一价名词的认知研究[J].中国语文，1994(4)：241-253。
[262] 袁毓林.词类范畴的家族相似性[J].中国社会科学，1995(1)：154-170。
[263] 袁毓林.句子的焦点结构及其对语义解释的影响[J].当代语言学，

2003(6)：323－337。
[264] 乐耀. 现代汉语传信范畴的性质和概貌[J]. 语文研究，2014(2)：27－34。
[265] 詹芳琼. 汉语系词构式的形式和功能[M]. 上海：上海外语教育出版社，2016。
[266] 张爱玲. 现代汉语常用构式的共时与历时互动研究[M]. 南京：南京大学出版社，2016。
[267] 张斌. 现代汉语虚词词典[Z]. 北京：商务印书馆，1992。
[268] 张斌. 汉语语法学[M]. 上海：上海教育出版社，2003。
[269] 张斌. 言语识别和节奏感问题[J]. 修辞学习，2008(5)：1－4。
[270] 张斌主编. 现代汉语描写语法[M]. 北京：商务印书馆，2010。
[271] 张斌. 现代汉语附缀研究[D]. 上海师范大学博士学位论文，2013。
[272] 张伯江、方梅. 汉语功能语法研究[M]. 南昌：江西教育出版社，1996。
[273] 张伯江. 语体差异和语法规律[J]. 修辞学习，2007(2)：1－8。
[274] 张和友. 情态确认型“是”字构式中“是”的语义功能[J]. 北京大学学报(哲学社会科学版)，2007(2)：95－101。
[275] 张和友、邓思颖. 词法性还是句法性：论“X是”的接口特征[J]. 世界汉语教学，2012(4)：338－345。
[276] 张慧英. 语缀现象评议[J]. 汉语学报，2011(6)：21－26。
[277] 张黎. 汉语意合语法学导论[M]. 北京：北京语言大学出版社，2017。
[278] 张璐. “问题是”的话语标记化[J]. 语言研究，2015(2)：28－32。
[279] 张璐. “$N_{一价认知}$＋是”凝固型构式语用现象及其来源探析[J]. 中国语文，2018(1)：85－94。
[280] 张敏. 认知语言学与汉语名词短语[M]. 北京：中国社会科学出版社，1998。
[281] 张田田. 与代词“并入”相关的双音词的词汇化与语法化[D]. 上海师范大学博士学位论文，2012。
[282] 张伟. 词缀“是”初探[J]. 延安大学学报(社会科学版)，1982(4)：62－70。
[283] 张先亮. “可不是”的语篇功能及词汇化[J]. 世界汉语教学，2011(2)：217－226。

[284] 张秀松. 近代汉语中语用标记“可又来”的多功能性与语用化研究[J]. 中国语文,2020(1):26 - 41。
[285] 张雪平. 非现实句和现实句的句法差异[J]. 语言教学与研究,2009(6):25 - 31。
[286] 张雪平. 现代汉语非现实句的语义系统[J]. 世界汉语教学,2012(5):449 - 460。
[287] 张雪勤. 句首“之所以”是与非辨[J]. 杭州师范学院学报,1993(2):102 - 104。
[288] 张谊生. “就是”的篇章衔接功能及其语法化历程[J]. 世界汉语教学,2002(5):80 - 90。
[289] 张谊生. “副+是”的历时演化和共时变异——兼论现代汉语“副+是”的表达功用和分布范围[J]. 语言科学,2003(3):34 - 49。
[290] 张谊生. 当代新词“零X”词族探微——兼论当代汉语构词方式演化的动因[J]. 语言文字应用,2003(1):96 - 103。
[291] 张谊生. 现代汉语副词探索[M]. 上海:学林出版社,2004。
[292] 张谊生. 附缀式新词“X门”试析[J]. 语言文字应用,2007(6):39 - 47。
[293] 张谊生、许歆媛. 浅析“X客”词族——词汇化和语法化的关系新探[J]. 语言文字应用,2008(4):77 - 82。
[294] 张谊生. 现代汉语副词分析[M]. 上海:上海三联书店,2010。
[295] 张谊生. 从错配到脱落:附缀“于”的零形化后果与形容词、动词的及物化[J]. 中国语文,2010(2):135 - 145。
[296] 张谊生. 表迅捷义的“X速”词族的功能、用法与发展——兼论加词的兼类性质与副词的词类归属[J]. 语言教学与研究,2011(4):46 - 55。
[297] 张谊生. 预设否定叠加的方式与类别、动因与作用[J]. 语言科学,2011(5):497 - 510。
[298] 张谊生. 试论叠加、强化的方式、类型与后果[J]. 中国语文,2012(2):128 - 137。
[299] 张谊生. 介词叠加的方式与类别、作用与后果[J]. 语文研究,2013(1):12 - 21。
[300] 张谊生. 现代汉语副词研究(增订本)[M]. 北京:北京商务印书

馆，2014。
[301] 张谊生. 从前加到后附：“（有）所”的跨层后缀化研究——兼论“有所”的词汇化及其功能与表达[J]. 汉语学报，2014(1)：40－53。
[302] 张谊生. 从情状描摹到情态评注：副词“生生”再虚化研究[J]. 语言研究，2015(3)：38－47。
[303] 张谊生. 现代汉语副词阐释[M]. 上海：上海三联书店，2016。
[304] 张谊生. 试论语法化的动因和机制[A]，《历史语言学研究（第十辑）》[C]. 北京：商务印书馆，2016。
[305] 张谊生. 试论关联连词在复句中的叠加表达式[A]，徐阳春、刘小川主编《汉语句式问题探索：汉语句式国际学术研讨会论文集》[C]. 北京：中国社会科学出版社，2016。
[306] 张谊生. 试论语法化的动因和机制[A]，《历史语言学研究》（第十辑）[C]. 北京：商务印书馆，2016。
[307] 张谊生. 试论语法化的性质与规律[A]，《中国语文法研究》（第 6 期）[C]. 东京：朋友书店，2017。
[308] 张谊生. 试论“有加”的附缀化与“X 有加”的构式化[J]. 中国语文，2017(3)：299－308。
[309] 张谊生. 当代汉语“X 得慌”的演化趋势与性质转化[J]. 汉语学报，2018(1)：38－47。
[310] 张谊生. 助词的功用、演化及其构式[M]. 北京：商务印书馆，2018。
[311] 赵元任. 汉语口语语法（吕叔湘译）[M]. 北京：商务印书馆，1979。
[312] 赵艳平. 现代汉语词缀研究[D]. 河北大学博士学位论文，2014。
[313] 志村良治. 中国中世语法史研究（江蓝生、白维国译）[M]. 北京：中华书局，1995。
[314] 周刚. 连词与相关问题[M]. 合肥：安徽教育出版社，2002。
[315] 周明强. 强调类话语标记语“X 的是”的语用功能考察[J]. 语言科学，2017(1)：59－69。
[316] 周韧. 现实性和非现实性范畴下的汉语副词研究[J]. 世界汉语教学，2015(2)：167－182。
[317] 周韧. 韵律、句法和语义，谁制约了谁？[A]，载《语言学论丛》（第五十五辑）[C]. 北京：商务印书馆，2017。

[318] 周士宏. 汉语句子的信息结构研究[M]. 北京：北京师范大学出版社，2016。

[319] 朱德熙. 自指和转指——汉语名词化标记"的、者、所、之"的语法功能和语义功能[J]. 方言，1983(1)：16－31。

[320] 朱德熙.《语法答问》日译本序[J]. 语文研究，1984(4)：1。

[321] 朱德熙. 语法问答[M]. 北京：商务印书馆，1985。

[322] 朱德熙. 语法讲义[M]. 北京：商务印书馆，2010。

[323] 朱俊玄."很是"的词汇化[J]. 汉语学报，2018(2)：40－48。

[324] 朱彦. 汉语复合词语义构词法[M]. 北京：北京大学出版社，2004。

[325] 朱一凡. 翻译与现代汉语的变迁(1905－1936)[D]. 华东师范大学博士学位论文，2009。

[326] 宗守云、张素玲. 晋语中的"往 CV"结构[J]. 语文研究，2013(3)：46－50。

[327] 宗守云. 说"V＋有＋数量结构"构式[J]. 语言教学与研究，2013(5)：84－90。

[328] 宗守云. 晋语中的"往 DV"结构[A]，《语言研究集刊》(第十二辑)[C]. 上海：上海辞书出版社，2014。

[329] 宗守云、张素玲. 社会固有模式对构式的影响——以"放着 NP 不 VP"为例[J]. 汉语学报，2014(3)：22－30。

[330] 宗守云. 晋方言情态动词"待"及其否定关联和意外性质[J]. 中国语文，2015(4)：341－351。

[331] 左思民. 虚词和词缀[A]，《语言规律探索集》[C]. 上海：世界图书出版公司，2014。

[332] Anderson, S. R. *Aspects of the Theory of Clitics* [M]. Oxford: Oxford University Press, 2005.

[333] Brinton, L. J. & Traugott, E. C. *Lexicalization and Language Change* [M]. Cambridge: Cambridge University Press, 2005.

[334] Dehé, N. & Stathi, K. Grammaticalization and prosody: The case of English sort/kind/type of constructions [J]. *Language*, 2016(92): 911－946.

[335] Delancy, S. Mirativity: The grammatical marking of unexpected

information [J]. *Linguistic Typology*(*1*), 1997: 33 - 52.

[336] Diewald, G. A model for relevant types of contexts in grammaticalization [A]. In Ilse Wischer & Gabriele Diewald(ed.). *New Reflections on Grammaticalization* [C]. Amsterdam/Philadelphia: John Benjamins Publishing Company, 2002.

[337] Donaldson, B. Clitic position in Old Occitan affirmative verb-first declaratives coordinated by *e* [J]. *Journal of Historical Linguistics*, 2020(3): 389 - 426.

[338] Dik, S. C. *The theory of functional grammar*: *The structure of the clause* [M]. Derlim: Mouton de Gruyter, 1997.

[339] Fang qiong, Zhan. THE CONSTRUCTIONALIZATION OF A SET OF CONNECTIVES IN CHINESE [J]. *Journal of Chinese Linguistics*, 2017(1): 104 - 144.

[340] Gerlach, B. & Grijzenhout, J. Clitics from different perspectives [A]. In Gerlach, B. & Grijzenhout, J. (ed.). *Clitics in Phonology*, *Morphology and Syntax* [C]. Amsterdam/Philadelphia: John Benjamins Publishing Company, 2000.

[341] Gerlach, B. *Clitics between Syntax and Lexicon* [M]. Amsterdam/Philadelphia: John Benjamins Publishing Company, 2002.

[342] Goldberg, A. E. *A Construction Grammar Approach to Argument Structure* [M]. Chicago and London: The university of Chicago Press, 1995.

[343] Goldberg, A. E. *Constructions at Work*: *The Nature of Generalization in Language* [M]. Oxford: Oxford University Press, 2006.

[344] Heine, B. On the role of context in grammaticalization [A]. In Ilse Wischer & Gabriele Diewald (ed.). *New Reflections on Grammaticalization* [C]. Amsterdam/Philadelphia: John Benjamins Publishing Company, 2002.

[345] Heine, B. & Kuteva, T. *World lexicon of grammaticalization* [M]. Cambridge: Cambridge University Press, 2002.

[346] Himmelmann, N. P. Lexicalization and Grammaticalization: Opposite or Orthogonal? [A] In Bisang, Himmelmann and Wiemer (eds.). *What Makes Grammaticalization—A Look from Its Fringes and Its Components* [C]. Berlin & New York: Mouton de Gruyter, 2004.

[347] Hopper, P. J. & Traugott, E. C. *Grammaticalization (2nd edition)* [M]. Cambridge: Cambridge University Press, 2003.

[348] Hoffmann, S. Are low-frequency complex prepositions grammaticalized? On the limits of corpus data—and the importance of intuition [A]. In Hans Lindquist & Christian Mair (ed.). *Corpus Approaches to Grammaticalization in English* [C]. Amsterdam/Philadelphia: John Benjamins Publishing Company, 2004.

[349] Klavans, J. L. The Independence of Syntax and Phonology in Cliticization [J]. *Language*, 1985(61): 95 - 120.

[350] Lakoff, G. & Johnson, M. *Metaphors We Live By* [M]. Chicago and London: The University of Chicago Press, 1980.

[351] Lakoff, G. *Women, Fire and Dangerous Things: What Categories Reveal about the Mind* [M]. Chicago: University of Chicago Press, 1987.

[352] Langacker, R. W. *Foundations of Cognitive Grammar (volume 1)* [M]. Stanford: Stanford University Press, 1987.

[353] Lowe, J. J. English possessive's: clitic and affix [J]. *Natural Language & Linguistic Theory*, 2013(1): 1 - 39.

[354] María José López-Couso. Continuing the dialogue between corpus linguistics and grammaticalization theory: Three case studies [J]. *Corpus Linguistics and Linguistic Theory*, 2016(1): 7 - 29.

[355] Markopoulos, T. Contact-induced grammaticalization in older texts: The Medieval Greek analytic comparatives [A]. In Andrew D. M. Smith, Graeme Trousdale & Richard Waltereit (ed.). *New Directions in Grammaticalization Research* [C]. Amsterdam/Philadelphia: John Benjamins Publishing Company, 2015.

[356] Nuyts, J. Subjectivity as an evidential dimension in epistemic modal expressions [J]. *Journal of Pragmatics*, 2001(33): 383 - 400.

[357] Nuyts, J. Notions of (inter) subjectivity [A]. In Lieselotte Brems, Lobke Ghesquière, and Freek Van de Velde (eds.). *Intersubjectivity and Intersubjectification in Grammar and Discourse* [C]. Amsterdam/Philadelphia: John Benjamins Publishing Company, 2012.

[358] Spencer, A. and Luís, A. R. *Clitics: An Introduction* [M]. Cambridge: Cambridge University Press, 2012.

[359] Taylor, J. R. *Linguistic Catrgorazation: Prototypes in Linguistic Theory(2ed edition.)* [M]. New York: Oxford University Press Inc, 1995.

[360] Traugott, E. C. & Dasher, R. B. *Regularity in Semantic Change* [M]. Cambridge: Cambridge University Press, 2002.

[361] Traugott, E. C. (Inter) subjectivity and (inter) subjectification [A]. In Krisin Davides, Lieven Vandelanotte & Hubert Cuyckens(eds.). *Subjectification, Intersubjectification and Grammaticalization* [C]. Berlin: Mouton de Gruyter, 2010.

[362] Traugott, E. C. Intersubjectification and clause periphery [A]. *Intersubjectivity and Intersubjectification in Grammar and Discourse* [C]. Amsterdam/Philadelphia: John Benjamins Publishing Company, 2012.

[363] Traugott, E. C. & Trousdale, G. *Constructionalization and Constructional Changes* [M]. Oxford: Oxford University Press, 2013.

[364] Zwicky, A. M. *On Clitics* [M]. Bloomington: Indiana University Linguistic Club, 1977.

[365] Zwicky, A. M. & Pullum, G. K. Cliticization vs. Inflection: English n't [J]. *Language*, 1983(59): 502 - 513.

[366] Zwicky, A. M. Clitics and Particles [J]. *Language*, 1985(61): 283 - 305.

[367] Zwicky, A. M. Suppressing the Zs [J]. *Journal of Linguistics*, 1987(23): 133 - 148.

[368] Zwicky, A. M. What is a clitic? [A] In Nevis, J. A., Joseph, B. D., Wanner, D. & Zwicky, A. M. (ed.). *Clitics: A Comprehensive Bibliography, 1892 - 1991* [C]. Amsterdam/Philadelphia: John Benjamins Publishing Company, 1994.

后　　记

本书是在作者博士学位论文基础上修改而成的。由于学识和能力等有限，暂时只能做到完成，完美的话留待以后进一步研究。本书的部分章节内容已发表在《语言研究》《新疆大学学报（哲学·人文社会科学版）》《对外汉语研究》《励耘语言学刊》《华文教学与研究》《海外华文教育》等刊物上，此次收录进行了一定的完善。

本科阶段，我便对现代汉语语法产生了兴趣。准备考取硕士研究生期间，还不自量力地阅读了《中国文法要略》《语法讲义》《汉语和汉语研究十五讲》《汉语复句研究》等，不过几乎都没怎么看懂。硕士研究生期间，学院邀请曹广顺、方梅、沈家煊、沈明、吴福祥、张伯江等诸位研究员举办讲座，可以说我第一次真正感受到语法是如此有趣和好玩。后来恶补了许多知识，也算是多多少少了解了一点。硕士研究生毕业后，当年未能顺利考取博士研究生，只好先去工作。在高中任教期间，非常有幸遇到了我的教学师父——张凡老师！每节课都要跟着师父听课，听不同类型的课程如何安排；每节课的PPT和教案师父都要检查，修改三四次才算勉强通过。在师父和其他诸位老师的鼓励与帮助下，连续两年获得校级青年教师讲课大赛一等奖，这也算是对师父的一点回报吧。2016年我非常幸运地考取了张谊生教授的博士研究生，读博期间，切身感受到了大师的风范！每周汇报学习研究进展，聆听张老师的无私教诲；每篇论文批注指正点拨，都凝聚着张老师的心血精力！

本书的出版离不开众多师友的帮助和支持。感谢曹秀玲教授、陈昌来教授、董正存教授、李宗江教授、吴为善教授和宗守云教授，有幸得到诸位教授的垂教！感谢陈振宇教授、方绪军教授、金立鑫教授和邵洪亮教授，诸位教授在博士论文开题和答辩时，提出了许多宝贵的意见和建议！感谢董思聪老师和严艳群老师，两位老师将未出版的博士论文慷慨相赠，对拙著的完成与出版帮助很大！感谢上海交大的王品老师，无私分享 Zwicky 的宝贵资料！感谢山西师大文学院赵变亲院长和强汾生书记，在我跳槽时给予了莫大的帮助和支持！感谢山西师大提供的出版经费，使拙著能够顺利出版。感谢上海三联书店编辑杜鹃老师！

感谢一直无私奉献和默默支持我的家人们！

感谢求学路上相遇、相识、相知的朋友们！

当然，也要感谢一下自己……

吕佩

2021年6月于山西师大教工宿舍

图书在版编目(CIP)数据

现代汉语附缀"是"研究/吕佩著. —上海：上海三联书店，2021.9

ISBN 978-7-5426-7535-4

Ⅰ. ①现… Ⅱ. ①吕… Ⅲ. ①现代汉语—语法—研究 Ⅳ. ①H146

中国版本图书馆 CIP 数据核字(2021)第 190266 号

现代汉语附缀"是"研究

著　　者 / 吕　佩

策　　划 / 杜雅萍
责任编辑 / 杜　鹃
装帧设计 / 一本好书
监　　制 / 姚　军
责任校对 / 张大伟　王凌霄

出版发行 / 上海三联书店
(200030)中国上海市漕溪北路 331 号 A 座 6 楼
邮购电话 / 021-22895540
印　　刷 / 上海惠敦印务科技有限公司

版　　次 / 2021 年 9 月第 1 版
印　　次 / 2021 年 9 月第 1 次印刷
开　　本 / 890mm × 1240mm　1/16
字　　数 / 230 千字
印　　张 / 8.25
书　　号 / ISBN 978-7-5426-7535-4/H · 107
定　　价 / 68.00 元